中国廉政史鉴

李洪峰题

思想理论卷 2

李洪峰 主编

文化藝術出版社
Culture and Art Publishing House
國家圖書館出版社

第二章 秦代廉政思想

概述

秦代（前221—前207）在中国历史上位置十分特殊。这不仅因为它是第一个大一统的封建王朝，更因为它是一个只有十五年寿命的短命王朝。秦国于战国七雄中逐渐崛起，一举成为拥有广袤国土和强盛实力的真正的大国，然而却匆匆二世而亡，这其中的成败转换，的确具有极其强烈的历史感和戏剧性，令后世不少文人墨客深深感慨，更为政治思想研究者们留下了诸多深刻的启发。我们讨论廉政思想，自然也需要围绕这个问题展开。但具体而言，这个问题的核心究竟是什么？换言之，就廉政角度而言，秦的兴起与覆亡，所反映出来的到底是哪种类型的经验教训，或者说到底落脚在哪个领域？我们在本章将致力于尝试给出单一角度的解答，其关键词便是：法家。

在先秦时期，尽管参与争鸣发声的思想流派不止百家，但是，能够在社会政治思想领域发挥实际作用、尤其能够影响统治者治国理念的学派，则唯有儒家和法家较为突出。具体到统治者廉洁奉公的领域而言，儒家重德行修养，提倡君主的楷模式教化；法家重制度约束，依赖严刑峻法的恐吓性力量。至于这两种思想倾向何者尤佳，历史已经以试错的方式给出了某种回答：秦代之后的汉代立儒学为正统。不过，透过历史的表象，我们还应该看出两个方面的问题：其一，秦代立国靠的正是各位法家思想家的辅佐；其二，法家思想在中国悠久的封建历史中并未一劳永逸地退出舞台，而是隐藏在以儒学为主的国家意识形态背后，暗中规范着国家政治行为。基于上述推证，我们特意打破人物生卒年的界限，特别地将吕不韦和韩非一并放入本章，以便较为完整地体现出法家是如何推动了秦国的兴盛，又是如何断送了秦朝的基业。当然，早在秦朝统一全国一百多年前，法家的另一代表人物商鞅的农战政策已经开启了这场制度理想国的戏剧性历程（当然也亲身体验了法律的毫不容情）。吕不韦于秦国崛起有功。韩非和李斯是荀子弟子中最为著名的两位。前者将他的思想同此前法家思想相结合，发展出一套相当完备的法家治国理论，其中也包括了一套廉政理论，是法家廉政思想的集大成者；而后者则将荀子和韩非的思想付诸实践，为秦国的强盛和统一全国立下了汗马功劳，也对后世的政治理论影响极大。

第一节　吕不韦

【人物简介】

吕不韦（？—前235），战国末年卫国濮阳（今河南濮阳西南）人，先秦时期杂家思想的代表人物。他利用自己早先积累起来的财富，帮助庄襄王继承了秦国王位，使自己被任命为丞相。庄襄王卒后，辅佐太子嬴政，被尊为相国，号称“仲父”，权倾一时。因其执政有方，为秦国兼并了众多土地，对后来的统一六国贡献很大。后因为嫪毐（Lào ǎi）叛乱受到牵连，被免除职务，迁居蜀地，最后在秦王政的逼迫下饮鸩自杀。

相传他门下曾有食客三千，这些人具有各方面的才能，被吕不韦组织起来编著了《吕氏春秋》一书。这部百科全书式的巨著分为八览、六论、十二纪，共二十多万字，汇集了先秦时期各家的学说，因此被称做“杂家”。不过，尽管此书采纳了众多学派的思想，但并非没有自己的思想体系。总的说来，《吕氏春秋》以道家学说为立足点，尽可能客观公正地对各家学说加以融合，形成了独特的论说风格。

顺生节欲

【原文】

倕①，至巧也。人不爱倕之指，而爱己之指，有之利故也。人不爱昆山之玉、江汉之珠，而爱己一苍璧小玑，有之利故也。今吾生之为我有，而利我亦大矣。论其贵贱，爵为天子，不足以比焉；论其轻重，富有天下，不可以易之；论其安危，一曙失之，终身不复得。此三者，有道者之所慎也。

有慎之而反害之者，不达乎性命之情也。不达乎性命之情，慎之何益？是师者之爱子也，不免乎枕之以糠；是聋者之养婴儿也，方雷而窥之于堂。有殊弗知慎者？

夫弗知慎者，是死生存亡可不可未始有别也。未始有别者，其所谓是未尝是，其所谓非未尝非。是其所谓非，非其所谓是，此之谓大惑。若此人者，天之所祸也。以此治身，必死必殃；以此治国，必残必亡。

夫死殃残亡，非自至也，惑召之也。寿长至常亦然。故有道者不察所召，而察其召之者，则其至不可禁矣。此论不可不熟。

使乌获[②]疾引牛尾，尾绝力勯[③]，而牛不可行，逆也。使五尺竖子引其棬[④]，而牛恣所以之，顺也。世之人主贵人，无贤不肖，莫不欲长生久视，而日逆其生，欲之何益？凡生之长也，顺之也；使生不顺者，欲也。故圣人必先适欲。

室大则多阴，台高则多阳；多阴则蹶，多阳则痿。此阴阳不适之患也。是故先王不处大室，不为高台，味不众珍，衣不燀[⑤]热。燀热则理塞，理塞则气不达；味众珍则胃充，胃充则中大鞔[⑥]，中大鞔而气不达。以此长生可得乎？昔先圣王之为苑囿园池也，足以观望劳形而已矣；其为宫室台榭也，足以辟燥湿而已矣；其为舆马衣裘也，足以逸身暖骸而已矣；其为饮食酏[⑦]醴也，足以适味充虚而已矣；其为声色音乐也，足以安性自娱而已矣。五者，圣王之所以养性也，非好俭而恶费也，节乎性也。[1]

【注释】

①倕：相传是尧时的巧匠。

②乌获：战国时期秦国的力士。

③勯（dān）：力尽。

④棬（juàn）：牛鼻环。

⑤燀（dǎn）：热气盛。

⑥鞔（mèn）：通“懑”。腹中闷胀。

⑦酏（yí）：酿酒所用的薄粥。

【译文】

倕是最巧的人。人们不爱倕的手指，却爱自己的手指，是因为自己的手指有利于自己。人们不爱昆山的美玉、江汉的明珠，却爱自己的一块小小的含石多且不圆的珠子，是因为它对自己有利。现在，我的生命属于我，而且对我有很大的好处。从它的贵贱方面看，即便贵为天子，也不能比得上它的价值；从它的轻重方面看，即便富有天下，也不能同它交换；从它的安危方面来看，一旦失去它，将永远都无法得到。由于以上三个原因，有道之人对待生命就十分谨慎。

即使对待生命很谨慎，但其实可能是在损害生命，这是因为他不明白生命的天性。假若不明白生命的天性，即便谨慎地对待生命，又有什么用呢？就像是盲人爱自己的儿子，却难免让儿子

---

〔1〕《吕氏春秋·重己》，张双棣等《吕氏春秋译注》，吉林文史出版社1987年版（下同），第15—17页。

躺在填充谷糠的枕头上；就像是聋子养育婴儿，在打雷的时候却抱着他在厅堂上向外张望。这种情况同不懂得谨慎的人相比，又有什么区别吗？

那些不懂得爱惜生命的人，对死生、存亡、可与不可一直没有分清过。他们所认为正确的从来都不正确，他们所认为错误的也从来都不是错误的。他们把错误的当成正确的，把正确的当成错误的，这就叫做大惑。像这样的人，上天会把灾祸降临到他们身上。持这种态度修身，一定会死亡和遭殃；持这种态度来治理国家，国家必定残败和灭亡。

死亡、灾祸、残败和灭亡，这些东西都不是自发出现的，而是因上面所说的大惑造成的。寿命的长短也往往是这样的原因。所以，有道之人不去考察招致它的结果，而是考察原因，那么，结果就不是不可阻止的了。这个道理不可不明白。

如果让乌获这样的大力士来拽牛尾，哪怕用尽全力，把尾巴拽断，也无法让牛跟着走，这是因为他违背了牛的习性。如果让一个小孩儿牵着牛的鼻环，牛就会很顺从地跟着他走，这是因为他顺应了牛的习性。世上的君主和地位高贵的人，不论德行好坏，没有不希望长寿的，但是他们日常行为都违背生命的天性，光有欲望，又有什么用呢？凡是生命长久的，都是因为顺应了生命的天性；让生命不顺其天性的是欲望。所以，圣人一定要节制欲望，使之适度。

如果房屋过大，阴气就多；如果楼台过高，阳气就多。阴气多就会得蹶病，阳气盛就会得痿病。这是阴阳不适度所带来的病症。因此，古代帝王不住过大的房子，不盖高楼，不求享受所有的美食，衣服不求过厚或过暖。如果衣服过厚或过暖，脉理就会闭塞，脉理一旦闭塞气血就无法通畅；饮食太过丰盛，胃就会过满，之后胸腹就会闷胀，胸腹一旦闷胀，气息就会不畅通。通过这种方式来求长寿，怎么可能办到呢？从前，先王建造园林池塘只要可以用来眺望和活动身体就可以了；他们修筑宫室台榭，其规模只要能避开干燥和潮湿就可以了；他们制作车马和衣服，只要能使身体舒适和保暖就足够了；他们制作饮食，只要符合口味、能够吃饱就可以了；他们创作音乐和歌舞，只要能够让自己快乐起来就够了。这五个方面是圣王用来怡养心性的，并不是因为自己喜好节俭而厌恶侈靡，而是因为心性需要节制。

【评述】

本篇主要是从珍重生命的角度出发，劝诫君主要顺从生命的规律，不要因为自身的欲望而损害了身体的健康，以至于无法达到长寿的目的，这带有一定的道家思想的色彩。这里把节欲作为实现长生不老的手段，对君主应当是有一定吸引力的，因而很有说服力；尤其对于那些具有较少政治智慧但珍惜个人享受的君主来说，这样的劝诫方式所能达到的效果应当是更加明显的。

节欲尊生

【原文】

天生人而使有贪有欲。欲有情，情有节。圣人修节以止欲，故不过行其情也。故耳之欲五声，目之欲五色，口之欲五味，情也。此三者，贵贱、愚智、贤不肖欲之若一，虽神农、黄帝，其与桀、纣同。圣人之所以异者，得其情也。由贵生动，则得其情矣；不由贵生动，则失其情矣。此二者，死生存亡之本也。

俗主亏情，故每动为亡败。耳不可赡，目不可厌，口不可满；身尽府种①，筋骨沈滞②，血脉壅塞，九窍寥寥，曲失其宜，虽有彭祖，犹不能为也。其于物也，不可得之为欲，不可足之为求，大失生本；民人怨谤，又树大仇；意气易动，蹻然③不固；矜势好智，胸中欺诈；德义之缓，邪利之急。身以困穷，虽后悔之，尚将奚及？巧佞之近，端直之远，国家大危，悔前之过，犹不可反。闻言而惊，不得所由。百病怒起，乱难时至。以此君人，为身大忧。耳不乐声，目不乐色，口不甘味，与死无择。

古人得道者，生以寿长，声色滋味能久乐之，奚故？论早定也。论早定则知早啬④，知早啬则精不竭。秋早寒则冬必暖矣，春多雨则夏必旱矣。天地不能两，而况于人类乎？人之与天地也同。万物之形虽异，其情一体也。故古之治身与天下者，必法天地也。

尊，酌者众则速尽。万物之酌大贵之生者众矣，故大贵之生常速尽。非徒万物酌之也，又损其生以资天下之人，而终不自知。功虽成乎外，而生亏乎内。耳不可以听，目不可以视，口不可以食，胸中大扰，妄言想见，临死之上，颠倒惊惧，不知所为。用心如此，岂不悲哉？

世人之事君者，皆以孙叔敖⑤之遇荆庄王⑥为幸。自有道者论之则不然，此荆国之幸。荆庄王好周游田猎，驰骋弋射，欢乐无遗，尽傅其境内之劳与诸侯之忧于孙叔敖。孙叔敖日夜不息，不得以便生为故，故使庄王功迹著乎竹帛，传乎后世。[1]

---

〔1〕《吕氏春秋·情欲》，《吕氏春秋译注》第43—45页。

【注释】

①府种：通“腑肿”，即浮肿。

②沈（chén）滞：积滞而不通畅。

③蹶（jué）然：不稳定的样子。

④啬（sè）：爱惜。

⑤孙叔敖：春秋时楚国人。芀（wěi）氏，名敖，字孙叔。官令尹。为政注重法治，任用贤能。曾辅佐楚庄王在邲（bì）之战中大胜晋兵。在国内兴修水利，造福于民。

⑥荆庄王：即楚庄王。春秋时楚国国君。重用孙叔敖等，国势大盛。邲之战后，成为春秋五霸之一。

【译文】

上天诞生和养育人，并使人拥有贪心和欲望。欲望有感情，感情有节制。圣人遵循节制的原则来控制欲望，所以不会过度表现自己的感情。耳朵想听各种音乐，眼睛想看到各种颜色，嘴巴想吃到各种美味，这些都是感情。在这三个方面上，无论是高贵的还是低贱的、愚笨的还是聪明的，好的还是坏的，都是一样的，即便是神农、黄帝，他们的感情也跟夏桀、商纣一样。圣人之所以跟一般人不一样，是他们的感情适度。从尊重生命的角度去做事，就会掌握适度的感情；不从尊重生命的角度去做事，就会失去适度的感情。这两点是决定生死存亡的根本所在。

俗世的君主感情无节制，所以一有风吹草动就很容易灭亡。他们嫌耳朵听得不够，眼睛看得不够，嘴巴吃得不够，以至于全身水肿，筋骨积滞，血脉阻塞，九窍空虚，全都丧失了合适的作用，这样，即使是彭祖，也是无力回天了。俗世的君主对于外物，总是想得到无法得到的东西，总是追求不可满足的欲望，这样一来，必然会丧失生命的根本；百姓会对他怨恨和指责，站在他的对立面；他们的意志容易动摇，心意变化迅速而不坚定；他们夸耀权势，喜欢要弄智谋，胸存欺诈之心；他们把道义放在一边，追逐不正当的私利。他们最终把自己弄得无路可走，即使事后对此十分后悔，也是于事无补了。他们亲近奸诈的人，疏远正直的人，以至于让国家处于极度危险的境地，到了这个时候，即使悔恨也无法回头了。听到一些危言才感到惊恐，却不知道这种后果是因什么而来的。各种疾病都爆发出来，各种暴乱危难不时出现。靠着这些来做君主，对自身是极大的坏事，以至于耳朵听着音乐却并不觉得快乐，眼睛看着美色却并不觉得高兴，嘴巴吃着美味却并不觉得香甜，这样跟死去并没有什么区别。

古时候的得道之人，生命得以长久，乐音、色彩、美味能够长久地去享受，这是为什么呢？这是因为提前懂得了尊重生命的道理。这样一来就会懂得应早爱惜生命，于是，精神就不会衰尽。秋天冷得早，冬天必定温暖；春天多雨，夏天必定干旱。天地尚且不能两全，更何况人呢？人和天地是一样的。万物情状虽然各不相同，但它们的本质是一样的。所以，古代修养身体和治理天下的人必然效法天地。

酒樽里的酒，如果舀的人多了，耗尽得就快。万物如果消耗尊贵者的生命多了，其生命耗尽得就快。除了万物消耗它，尊贵的人自己也消耗它，用它来为天下的人做事，他自己却毫不知晓。在外虽然功成名就，自身却已经损耗了。以至于耳朵不能听，眼睛不能看，嘴巴不能吃，心中十分困扰，胡言乱语，精神恍惚，在临死之前神经错乱，惊恐莫名，行动失常。如此耗心尽力，难道不可悲吗？

世上侍奉君主的人都把孙叔敖受到楚庄王的任用看做幸运的事。但是有道之人却不是这样认为的，他们认为这是楚国的幸运。楚庄王爱好四处游玩打猎，跑马射箭，享乐无度，而把治理国家的辛苦和做诸侯的忧劳都推给了孙叔敖。孙叔敖日夜不停地操劳，无暇理会养生之事，于是才使得楚庄王的功绩载入史册，流传于世。

【评述】

本篇和上篇一样都讲节欲，但角度不同。《重己》篇认为，为了顺应生命的规律以达到长寿的目的，因而必须节欲；本篇却从欲望对人身的消耗的角度出发，提出感官享受和建立功业无法两全的观点。这在最后一段的例子里更为明确：正是在孙叔敖这样的忠臣的保障下，楚庄王的享受纵欲才得以实现；不难推测，假使孙叔敖同样不知节欲，楚国定亡无日矣。

大寒既至，民暖是利

【原文】

由其道，功名之不可得逃，犹表之与影，若呼之与响。善钓者，出鱼乎十仞之下，饵香也；善弋者，下鸟乎百仞之上，弓良也；善为君者，蛮夷反舌殊俗异习皆服之，德厚也。水泉深则鱼鳖归之，树木盛则飞鸟归之，庶草茂则禽兽归之，人主贤则豪杰归之。故圣王不务归之者，而务其所以归。

强令之笑不乐，强令之哭不悲，强令之为道也，可以成小，而不可以成大。

缶醯黄，蚋聚之，有酸；徒水则必不可。以狸致鼠，以冰致蝇，虽工，不能。以茹鱼去蝇，蝇愈至，不可禁，以致之之道去之也。桀、纣以去之之道致之也，罚虽重，刑虽严，何益？

大寒既至，民暖是利；大热在上，民清是走。故民无常处，见利之聚，无之去。欲为天子，民之所走，不可不察。今之世，至寒矣，至热矣，而民无走者，取则行钧也。欲为天子，所以示民，不可不异也。行不异乱，虽信令，民犹无走。民无走，则王者废矣，暴君幸矣，民绝望矣。故当今之世，有仁人在焉，不可而不此务；有贤主，不可而不此事。

贤不肖不可以不相分，若命之不可易，若美恶之不可移。桀、纣贵为天子，富有天下，能尽害天下之民，而不能得贤名之。关龙逢、王子比干能以要领之死争其上之过，而不能与之贤名。名固不可以相分，必由其理。[1]

【译文】

如果遵循一定的途径获取功名，功名就一定能到手，就像日影与华表、回声与呼声的关系一样。善于钓鱼的人能钓到十仞深的水中的鱼，这是因为鱼饵鲜美；善于射猎的人能射中百仞高的地方的鸟，这是因为弓好；善于做君主的人能让四方有着奇异风俗的各族都归顺他，这是因为他的恩德高尚。泉水很深，鱼鳖就会游过去；树木繁盛，飞鸟就会飞过去；植物茂密，禽兽就会奔过去；君主贤明，有才干的人就会归顺他。所以，圣明的君主不是有意让人们归顺他，而是极力吸引人们归顺他。

---

〔1〕《吕氏春秋·功名（一作“由道”）》，《吕氏春秋译注》第55—56页。

强迫的笑不快乐，强制的哭不悲哀，强制命令这种做法只能成就小事，不能成就大事。

瓦器里的醋黄了，蚊子就会聚在那里，是因为有酸味。如果光是水肯定是不行的。用猫招引老鼠，用冰招引苍蝇，即便做法巧妙，也无法达到目的。用臭鱼驱逐苍蝇，苍蝇只能来得更多，难以阻止，这是因为用吸引的方法来驱逐他们。桀、纣用驱逐的办法来吸引百姓，即使惩罚再重，刑法再严，又有什么用呢？

严寒到了，百姓就追求温暖；酷暑时节，百姓就奔向凉爽的地方。因此，百姓没有固定的住处，他们总是聚集在可以看到利益的地方，离开没有利益的地方。想要做天子的，不能不仔细观察百姓奔走的原因。现在的人世极度寒冷，有时又极度炎热，百姓所以不离开，是天下的君主的作为都是一样坏呀。因此，想要做天子的人，他所显示给人民的一定要与此有别。如果君主的言行同暴君没有什么差别，那么，即便他下命令，百姓也不会归顺他。如果百姓不归顺，那么，帝王大业就荒废了，暴君就幸运了，百姓就绝望了。所以，在现在的世上，如果有仁义之人在，不可不努力从事这件事；如果有贤明的君主在，不可不做这件事。

必须区分有德和无德，这就像命运不可更改、美丑不可改变一样。桀、纣贵为天子，富有天下，能遍害天下之人，却不能获得好名声。关龙逄、王子比干能够以死谏来修正他们的君主的过错，却不能帮他们获得好名声。名声本来就不能由别人给予，它的获得是有一定规律可循的。

【评述】

本篇论述的是为君之道，侧重探究君主和人民之间的关系。

对于君主而言，他可以通过强力去勉强百姓做任何事，但无法通过强力来获取民心；只有给予百姓切实的利益，百姓才会归顺并讴歌他。我们通常说，这段文字反映了《吕氏春秋》一书宝贵的“民本主义”思想，而这种思想说到底，无非是把人民当做有欲有求的生存实体，而非君主可以任意践踏和使用的工具。只要尊重并重视人民作为“人”的那一点儿生存的要求，君主的统治便会相对安稳许多。

凡举事，必先审民心

【原文】

先王先顺民心，故功名成。夫以德得民心以立大功名者，上世多有之矣。失民心而立功名者，未之曾有也。得民必有道，万乘之国，百户之邑，民无有不说。取民之所说而民取矣，民之所说岂众哉？此取民之要也。

昔者汤克夏而正天下。天大旱，五年不收，汤乃以身祷于桑林，曰：“余一人有罪，无及万夫。万夫有罪，在余一人。无以一人之不敏，使上帝鬼神伤民之命。”于是翦其发，鄜[①]其手，以身为牺牲，用祈福于上帝。民乃甚说，雨乃大至。则汤达乎鬼神之化、人事之传也。

文王处岐事纣，冤侮雅逊，朝夕必时，上贡必适，祭祀必敬。纣喜，命文王称西伯，赐之千里之地。文王载拜稽首而辞曰：“愿为民请炮烙之刑。”文王非恶千里之地，以为民请炮烙之刑，必欲得民心也。得民心则贤于千里之地，故曰文王智矣。

越王苦会稽之耻，欲深得民心，以致必死于吴。身不安枕席，口不甘厚味，目不视靡曼，耳不听钟鼓。三年苦身劳力，焦唇干肺，内亲群臣，下养百姓，以来其心。有甘脆不足分，弗敢食；有酒流之江，与民同之。身亲耕而食，妻亲织而衣。味禁珍，衣禁袭，色禁二。时出行路，从车载食，以视孤寡老弱之渍病、困穷、颜色愁悴、不赡者，必身自食之。于是属诸大夫而告之曰："愿一与吴徼天下之衷。今吴、越之国相与俱残，士大夫履肝肺，同日而死，孤与吴王接颈交臂而偾，此孤之大愿也。若此而不可得也，内量吾国不足以伤吴，外事之诸侯不能害之，则孤将弃国家，释群臣，服剑臂刃，变容貌，易名姓，执箕帚而臣事之，以与吴王争一旦之死。孤虽知要领不属，首足异处，四枝布裂，为天下戮，孤之志必将出焉！"于是异日果与吴战于五湖，吴师大败，遂大围王宫，城门不守，禽夫差，戮吴相，残吴二年而霸。此先顺民心也。

齐庄子请攻越，问于和子。和子曰："先君有遗令曰：'无攻越。越，猛虎也。'"庄子曰："虽猛虎也，而今已死矣。"和子曰以告鸮子。鸮子曰："已死矣，以为生。故凡举事，必先审民心，然后可举。"[1]

【注释】

①鄗：疑是"磿（lì）"字之误。磿，通"枥"，压挤。"枥手"是古代的一种刑罚，用绳穿连小木棍五根，套入拇指以外的手指后收紧。相当于拶（zǎn）刑。

---

〔1〕《吕氏春秋·顺民》，《吕氏春秋译注》第238—239页。

【译文】

先王治理天下，首先顺应民心，所以才成就了功名。在上古的时候有很多依靠仁德取得了民心而建立大功、名扬天下的人。失去民心而建立功名的却不曾存在过。获得民心是有方法的，无论是具有上万辆兵车的大国还是只有上百户人家的小邑，百姓都有高兴的事情。只要做让百姓高兴的事，就能够获得民心。百姓所高兴的事难道会有很多吗？这是取得民心的关键所在。

以前，汤灭夏取得天下。天下大旱，五年都没有收成。汤于是在桑林亲自向神灵祈祷，说："是我一个人的罪责，请不要祸及天下人；要是天下的人有罪，就算到我一个人头上。不要因为我一个人没有本事，就让天帝鬼神去伤害天下人的性命。"于是汤剪断头发，挤压自己的手指，用自己的身体作为牺牲来向上帝求福。百姓于是十分高兴，雨于是也降临了。汤是懂得鬼神变化、人事转移的道理的。

文王在岐山做纣王的臣子，虽然遭到冤枉和侮辱，却依然十分恭敬和谦虚，早晚按时朝拜，进贡财物合宜，祭祀诚敬。纣很高兴，封他为西伯，赏他方圆千里的土地。文王再拜稽首，辞谢道："只希望能够替百姓恳求废掉炮烙之刑。"文王并不是不喜欢千里的土地，之所以把它作为交换条件为百姓请求废除炮烙之刑，一定是想获取民心。得到民心比得到千里的土地更好，所以说，文王是很明智的。

越王为会稽之耻感到痛苦，想要得到民心以求和吴国决一死战。于是他无法安睡，不品尝美食，不观看美色，不欣赏音乐。三年的时间里，身体劳累，唇干肺伤，对内爱抚群臣，对下教养百姓，以便使他们归顺自己。有甜美的食物，如果不够分给他人，就不敢独自吃；如果有酒，就把它倒入江中，和百姓共饮。粮食靠自己亲自耕种，穿衣靠妻子亲手纺织。饮食不求珍奇，衣服不穿两层，装饰不超过两种颜色。他还时常外出巡视，随从车辆载着食物，去探望孤寡老弱中生病的、穷困的、面色憔悴的、吃不饱的人，一定亲自给他们食物吃。然后召集诸大夫，向他们宣告："我愿与吴国一起求得上天的裁判。让吴、越两国一起灭亡，士大夫拼上性命同日战死，我跟吴王近身肉搏而亡，这是我最大的愿望。如果办不到这些，我们的国力不足以损伤吴国，结盟的诸侯也不能毁灭它，那么，我将抛弃国家，解散群臣，身带剑和利刃，改变容貌，更换姓名，充当仆役，拿起扫帚侍奉吴王，以便有朝一日跟吴王决一死战。我虽然知道这样做会招致腰断颈绝，身首异处，四肢分裂，被天下人所杀戮，但是我的志向一定要去实现！"后来，越国终于与吴国在五湖决战，吴军大败，紧接着越国的军队包围了吴王的王宫，攻下城门，抓住了夫差，杀死了吴相。两年后，越国称霸诸侯。这都是先顺应民心的结果。

齐庄子请求攻打越国，向和子讨教。和子说："先君有遗言说：'不可攻打越国，越国是只猛虎。'"庄子说："虽然是只猛虎，但是今天已经死了。"和子把这句话告诉了鸮子，鸮子说："虽然已经死了，但人们还认为它活着。"所以，凡是想要做成事，一定要先观察民心，然后再去做。

【评述】

本篇继承了我国古代政治家重视人民力量的思想，反映出在当时诸侯争霸局面中，"得民心者得天下"是一种普遍的观念。顺应民心虽然在这里被看做一种政治策略，但其客观效果是有利于人民的。在历史发展的进程中，统治者是从人民中分化出来的一个特权阶级，所享受的是人民群众的劳动成果，而具有相对高级的政治权利。这种局面造成了官与民之间的紧张关系。作为统治阶级，只有认清自己的力量源自人民群众这个事实，才可能保持自己的地位和权力。

节丧

【原文】

审知生，圣人之要也；审知死，圣人之极也。知生也者，不以害生，养生之谓也；知死也者，不以害死，安死之谓也。此二者，圣人之所独决也。

凡生于天地之间，其必有死，所不免也。孝子之重其亲也，慈亲之爱其子也，痛于肌骨，性也。所重所爱，死而弃之沟壑，人之情不忍为也，故有葬死之义。葬也者，藏也，慈亲孝子之所慎也。慎之者，以生人之心虑。以生人之心为死者虑也，莫如无动，莫如无发。无发无动，莫如无有可利，则此之谓重闭。

古之人有藏于广野深山而安者矣，非珠玉国宝之谓也，葬不可不藏也。葬浅则狐狸扣[①]之，深则及于水泉。故凡葬必于高陵之上，以避狐狸之患、水泉之湿。此则善矣，而忘奸邪、盗贼、寇乱之难，岂不惑哉？譬之若瞽师之避柱也，避柱而疾触杙[②]也。狐狸、水泉、奸邪、盗贼、寇乱之患，此杙之大者也。慈亲孝子避之者，得葬之情矣。

善棺椁，所以避蝼蚁蛇虫也。今世俗大乱，之主愈侈其葬，则心非为乎死者虑也，生者以相矜尚也。侈靡者以为荣，节俭者以为陋，不以便死为故，而徒以生者之诽誉为务。此非慈亲孝子之心也。父虽死，孝子之重之不怠；子虽死，慈亲之爱之不懈。夫葬所爱所重，而以生者之所甚欲，其以安之也，若之何哉？

民之于利也，犯流矢，蹈白刃，涉血盩③肝以求之。野人之无闻者，忍亲戚、兄弟、知交以求利。今无此之危，无此之丑，其为利甚厚，乘车食肉，泽及子孙。虽圣人犹不能禁，而况于乱？

国弥大，家弥富，葬弥厚。含珠④鳞施⑤，玩好货宝，钟鼎壶滥，舆马衣被戈剑，不可胜其数。诸养生之具，无不从者。题凑⑥之室，棺椁数袭，积石积炭，以环其外。奸人闻之，传以相告。上虽以严威重罪禁之，犹不可止。且死者弥久，生者弥疏；生者弥疏，则守者弥怠；守者弥怠而葬器如故，其势固不安矣。

世俗之行丧，载之以大輴，羽旄旌旗如云，偻翣⑦以督之，珠玉以佩之，黼黻文章以饬之，引绋者左右万人以行之，以军制立之然后可。以此观世，则美矣，侈矣；以此为死，则不可也。苟便于死，则虽贫国劳民，若慈亲孝子者之所不辞为也。[1]

【注释】

①扫（hú）：掘，挖。

②杙（yì）：木桩。

③盩（chōu）：同“抽”。

④含珠：古代贵族丧礼，人死后，把珍珠放入死者口中叫做含珠。

⑤鳞施：玉制的葬服。把玉石琢成各种形状的小薄片，角上

〔1〕《吕氏春秋·节丧》，《吕氏春秋译注》第265—267页。

穿孔，连缀而成。因套在死者身上犹如玉鳞，故名“鳞施”，又名“玉匣”。

⑥题凑：古代天子的椁制，也赐用于大臣。椁室用大木累积而成，好像四面有檐的屋子，木的头部都向内，故名题凑。题，头。凑，聚。

⑦偻翣（liǔ shà）：棺盖边的饰物。

【译文】

明察生命是圣人的重要任务，明察死亡是圣人最为紧急的任务。明察生命的目的在于不伤害生命，即养生；明察死亡的目的在于不损害死者，即为了死后的安宁。这两件事只有圣人才能知晓。

凡存在于天地之间的事物必然会灭亡，谁也无法避免。孝子尊重他们的父母，父母疼爱他们的子女，疼爱之心十分深切，这是天性。所尊重和疼爱的人，死后却把他们抛入沟壑，这是人之常情所不忍心做的，因而产生了埋葬死者的道义。葬就是藏，这是慈爱的父母和孝顺的子女所应当慎重的。所谓慎重，就是说活着的人要为死者考虑。活着的人为死者考虑，没有比不移动死者更重要的了，没有比不让坟墓被掘开更重要的了。而要做到这两点，不如让人无法从中获利，这就叫做“大闭”。

古代的人有葬在野外深山之中而至今平安的，这并非是由于有珠玉至宝，而是说埋葬处十分隐蔽。葬浅了，就能被狐狸掘开坟墓；葬深了，就会连到泉水。所以一定要葬在高高的土山上，目的是避开狐狸的破坏和泉水的渗透。这样做固然好，但是如果忘了坏人、盗贼、土匪的祸害，岂不是糊涂吗？这就像盲乐师躲避柱子一样，避开了柱子，却撞到了尖木桩上。狐狸、水泉、坏人、盗贼、土匪的祸害，这是大大的尖木桩啊！慈爱的父母和孝顺的子女埋葬死者时能够避开这些，才是把握了埋葬的本意了。

使棺椁坚固，是为了避开蝼蚁蛇虫的破坏。现在的社会风气不好，君主行葬越来越奢侈，他们心中不是为死者考虑，而是活着的人相互炫耀攀比。他们把奢侈浪费看做光荣，把节约看成鄙陋，不考虑死者的方便，只考虑活着的人的毁誉。这不合于慈爱的父母和孝顺的儿女的初衷。父母虽然死了，孝子对于父母的尊重却不会减少；子女虽然死了，父母对于他们的疼爱也不会减弱。埋葬所疼爱所尊重的人，却用活着的人想要的东西陪葬，想靠这些东西来让死者得到安宁，怎么可能做到呢？

百姓对于利益，宁肯冒着飞箭、踩着利刃、流着鲜血掏出心肝去追求它。野蛮人无知无识，残忍地对待父母、兄弟、朋友而去求利。现在，挖掘坟墓的人没有这种危险和耻辱，获得的利益却是巨大的，可以乘车吃肉，恩惠延及子孙。这种情况即使是圣人尚且无法禁止，更何况是在乱世呢？

国越大，家越富，随葬品就越丰厚。死者口含的珍珠、身穿的玉衣，供玩赏的宝物、钟鼎浴盆、车马衣被戈剑，数不胜数。各种养生的东西无不随葬。椁室里用大木累积而成，好像四面有檐的屋子，里面有数层棺椁，并堆积着石头、木炭，环绕在外。恶人听说此事，互相转告。君主尽管用严厉的刑罚来制止他们，但恐怕无法禁止。再说，死者死去的时间越久，活着的人对他们的感情就越是疏远；感情越疏远，守墓人就越懈怠；守墓人越来越懈怠，可是墓中随葬的器物保持不变，这种形势本来就不安全。

俗世之人举行葬礼，用大车载着棺材，挂着如云的各种旗帜，棺盖上装饰着偻翣，棺材上点缀着珠玉，画着各种花纹。灵车左右送葬的有上万人，牵引灵车行进，这么多人需要像军队那样来指挥才行。这种葬礼在世人眼中是够美够盛大的了，但是用来安葬死者是不行的。倘若厚葬真的有利于死者，那么即使这样做会使得国家贫困、人民劳苦，慈爱的父母和孝顺的子女是不会拒绝的。

【评述】

本篇提倡节丧，反对厚葬，因此作为反对厚葬的文本，在与墨家思想相互生发的意义上是有一定参考价值的。但是，与墨子所不同的是，此段文字的主要论据并非立足于厚葬对于国家和百姓的伤害及耗费，而是从保证死者安宁的角度，来说明节丧的必要性。这种论证逻辑绕开了厚葬的真正危害之所在，因而其说服力相对墨子的《节葬》篇而较弱。

以不受为宝

【原文】

古之人非无宝也，其所宝者异也。

孙叔敖疾，将死，戒其子曰："王数封我矣，吾不受也。为我死，王则封汝，必无受利地。楚、越之间有寝之丘者，此其地不利，而名甚恶。荆人畏鬼，而越人信禨[①]。可长有者，其唯此也。"孙叔敖死，王果以美地封其子，而子辞，请寝之丘，故至今不失。孙叔敖之知，知不以利为利矣。知以人之所恶为己之所喜，此有道者之所以异乎俗也。

五员[②]亡，荆急求之。登太行而望郑曰："盖是国也，地险而民多知；其主，俗主也，不足与举。”去郑而之许，见许公而问所之。许公不应，东南向而唾。五员载拜受赐，曰：“知所之矣。”因如吴。过于荆，至江上，欲涉，见一丈人，刺小船，方将渔，从而请焉。丈人度③之，绝江。问其名族，则不肯告，解其剑以予丈人，曰：“此千金之剑也，愿献之丈人。”丈人不肯受，曰：“荆国之法，得五员者，爵执圭，禄万檐④，金千镒。昔者子胥过，吾犹不取，今我何以子之千金剑为乎?”五员过于吴，使人求之江上，则不能得也。每食必祭之，祝曰：“江上之丈人!”天地至大矣，至众矣，将奚不有为也？而无以为。为矣，而无以为之。名不可得而闻，身不可得而见，其惟江上之丈人乎！

宋之野人耕而得玉，献之司城子罕，子罕不受。野人请曰：“此野人之宝也，愿相国为之赐而受之也。”子罕曰：“子以玉为宝，我以不受为宝。”故宋国之长者曰：“子罕非无宝也，所宝者异也。”

今以百金与抟黍⑤以示儿子，儿子必取抟黍矣；以和氏之璧与百金以示鄙人，鄙人必取百金矣；以和氏之璧、道德之至言以示贤者，贤者必取至言矣。其知弥精，其所取弥精；其知弥粗，其所取弥粗。[1]

【注释】

①机（jī）：迷信鬼神和灾祥。

②五员（yún）：即伍子胥。春秋时吴国大夫，名员（yún），字子胥。其父被楚平王杀害后，他辗转逃亡吴国。后助吴王阖闾

〔1〕《吕氏春秋·异宝》，《吕氏春秋译注》第278—279页。

攻入楚都。吴王夫差时，渐被疏远，后被赐死。

③度：同“渡”。

④檐（dàn）：通“担（擔）”。

⑤抟（tuán）黍：捏成的饭团。

【译文】

从前的人不是没有宝物，而是他们所宝贵的东西同今人不一样。

孙叔敖病了，临死时告诫他的儿子说：“大王曾多次赐封给我土地，我没有接受。我死后，大王就会给你封地，你千万不要接受肥沃的土地。楚国和越国之间有个寝丘，土地贫瘠，而且地名不吉利。楚人怕鬼，而越人迷信鬼神和灾祥。所以，能够长久占有的恐怕只有这块地了。”孙叔敖死后，楚王果然想把肥沃的土地赐给他的儿子，但孙叔敖的儿子谢绝了，请求赐给寝丘，所以这块土地至今也没有失去。孙叔敖的聪明之处在于懂得不把世俗的利益看做利益。懂得把别人所厌恶的当做自己所喜爱的，这就是有道之人不同于世俗的地方。

伍员逃亡，楚国紧急追捕他。他登上太行山，遥望郑国说：“这个国家，地势险要而百姓智慧；但是它的国君昏庸，不足以谋举大事。”于是离开郑国来到许国，拜见许公，并询问自己应当去的国家。许公不回答，向东南方向吐了一口唾沫。伍员拜了又拜，说：“我知道该去的国家了。”于是往吴国赶路。路过楚国，到了长江岸边，想要渡江。他看到一位老人撑着小船正要打鱼，于是走过去请求老人。老人把他送过江。伍员问老人的姓名、宗族，老人却不肯说。他解下自己的宝剑送给老人，说：“这是价值千金的宝剑，我愿意把它送给您。”老人不肯接受，说：“楚国的法令规定，捉到伍员的，将被授爵并享受万石俸禄，赐给千镒黄金。从前伍子胥从这里经过，我尚且不捉他去领赏，如今我为什么要接受你价值千金的宝剑呢?”伍员到了吴国，派人到江边找老人，却找不到了。伍员每当吃饭时一定要祭祀那位老人，祷告说：“江上的老人!”天地大到了极点，所养育的万物多到了极点，天地难道做了什么吗? 什么也没做。做了事情却毫无所求，不留名字也不见身影，做到这一点的只有江边的老人吧!

宋国有个农夫，在耕地的时候得到了一块玉，把它献给司城子罕，子罕不接受。农夫请求说：“这是我一个农民的宝物，希望相国您收下。”子罕说：“你把玉当做宝物，我把不接受当做宝物。”所以，宋国的年长者说：“子罕不是没有宝物，而是他所宝贵的东西与别人不同啊!”

如果现在把百金和黄米饭团放在小孩儿的面前，小孩儿一定会选择黄米饭团；如果把和氏璧和百金放在鄙陋的人面前，他一定会选择百金；如果把和氏璧和关于道德的至理名言放在贤人面前，他一定会选择后者。他们的智慧越精深，所选择的东西就越珍贵；他们的智慧越低下，所取得的东西就越粗陋。

【评述】

子罕的故事在《韩非子》里也有记载：“宋之鄙人得璞玉而献之子罕，子罕不受。鄙人曰：‘此宝也，宜为君子器，不宜为细人用。’子罕曰：‘尔以玉为宝，我以不受子玉为宝。’是鄙人欲玉，而子罕不欲玉。故曰：‘欲不欲，而不贵难得之货。’”（《韩非子·喻老》）。对于廉洁的品质，有人将它作为一种道德约束力，有人则将它看做一种智慧。本篇就属于后者。相比纯粹的道德约束，作为智慧的廉洁品质更容易得到赞赏，因此也在人格塑造方面更有吸引力。这或许就是子罕不受玉的故事广为流传的原因吧。

临大利而不易其义，可谓廉矣

【原文】

士议之不可辱者，大之也。大之则尊于富贵也，利不足以虞其意矣。虽名为诸侯，实有万乘，不足以挺其心矣。诚辱则无为乐生，若此人也，有势则必不自私矣，处官则必不为污矣，将众则必不挠北[①]矣。忠臣亦然。苟便于主利于国，无敢辞违，杀身出生以徇之。国有士若此，则可谓有人矣。若此人者固难得，其患虽得之有不智。

吴王欲杀王子庆忌而莫之能杀，吴王患之。要离[②]曰："臣能之。"吴王曰："汝恶能乎？吾尝以六马逐之江上矣，而不能及；射之矢，左右满把，而不能中。今汝拔剑则不能举臂，上车则不能登轼，汝恶能？"要离曰："士患不勇耳，奚患于不能？王诚能助，臣请必能。"吴王曰："诺。"明旦加要离罪焉，挚[③]执妻子，焚之而扬其灰。要离走，往见王子庆忌于卫。王子庆忌喜曰："吴王之无道也，子之所见也，诸侯之所知也。今子得免而去之，亦善矣。"要离与王子庆忌居有间，谓王子庆忌曰："吴之无道也愈甚，请与王子往夺之国。"王子庆忌曰："善。"乃与要离俱涉于江。中江，拔剑以刺王子庆忌。王子庆忌捽[④]之，投之于江，浮则又取而投之，如此者三。其卒曰："汝天下之国士也，幸汝以成而名。"要离得不死，归于吴。吴王大说，请与分国。要离曰："不可。臣请必死!”吴王止之，要离曰：“夫杀妻子，焚之而扬其灰，以便事也，臣以为不仁。夫为故主杀新主，臣以为不义。夫捽而浮乎江，三入三出，特王子庆忌为之赐而不杀耳，臣已为辱矣。夫不仁不义，又且已辱，不可以生。”吴王不能止，果伏剑而死。要离可谓不为赏动矣，故临大利而不易其义；可谓廉矣，廉，故不以贵富而忘其辱。

卫懿公有臣曰弘演，有所于使。翟人攻卫，其民曰：“君之所予位禄者，鹤也；所贵富者，宫人也。君使宫人与鹤战，余焉能战?”遂溃而去。翟人至，及懿公于荣泽，杀之，尽食其肉，独舍其肝。弘演至，报使于肝，毕，呼天而啼，尽哀而止，曰：“臣请为襮⑤。”因自杀，先出其腹实，内⑥懿公之肝。桓公闻之曰：“卫之亡也，以为无道也。今有臣若此，不可不存。”于是复立卫于楚丘。弘演可谓忠矣，杀身出生以徇其君。非徒徇其君也，又令卫之宗庙复立，祭祀不绝，可谓有功矣。[1]

【注释】

①挠（náo）北：败北。

②要（yāo）离：春秋末吴国人。相传由伍子胥推荐给吴王阖闾，谋刺在卫的公子庆忌。

③挚（zhì）：攫取。

④捽（zuó）：揪。

⑤襮（bó）：外表。

⑥内（nà）：同“纳”。

---

〔1〕《吕氏春秋·忠廉》，《吕氏春秋译注》第298—299页。

【译文】

士的名节不可受到侮辱，因为士十分珍视它。珍视名节，就会把它看得比富贵还贵重，利益就不足以使士感到快乐了。即使成为诸侯，拥有万辆兵车，也不足以使士改变心意。如果受到羞辱就不愿意再活下去，像这样的人，有了权势一定不会谋取私利，做了官一定不会贪污，率领军队一定不会屈服和逃跑。忠臣也是如此。只要有利于君主和国家的事，绝不会推辞不做，哪怕牺牲自己的生命。国家如果有这样的士，就可以称得上有人才了。像这样的人本来就很难得到，如果遇到了却不了解他们，这是国家的不幸。

吴王想要杀死王子庆忌，但是没有人能做到。吴王很忧虑。要离说："我能做到。"吴王说："你怎么能做到呢？我曾经乘六匹马驾的车追赶他，一直追到江边也赶不上他；用箭射他，射了无数箭，却射不中他。而今你拔剑在手却举不起手臂，爬上战车却无法登上车轼，你怎么能做到呢？"要离说："士人只担忧自己不够勇敢，哪会担忧做不到呢？大王如果能够帮忙，我一定会成功的。"吴王说："好吧。"第二天，吴王假装将要离治罪，逮捕了他的妻子和孩子，杀死了他们，焚烧了尸体，扬散了骨灰。要离逃到卫国去见王子庆忌。王子庆忌高兴地说："吴王的暴虐你亲眼见到了，也是诸侯所共知的。如今你离开了他，也算一件好事。"要离在王子庆忌那里住了一段时间，对他说："吴王更加暴虐无道，我愿意跟您一起夺回吴国。"王子庆忌说："好。"于是和要离一起渡江。到了江心，要离拔剑刺中王子庆忌。王子庆忌揪住要离的头发，把他投入江中，等他浮出水面又把他投进去，如此重复了三次。最后说："你是天下的国士，饶你一命，让你成名。”要离得以不死，回到吴国。吴王非常高兴，愿意把一部分国土分给他。要离说：“不行。我一定要死。”吴王劝阻他，要离说：“我让您杀死我的妻子和孩子，并烧了他们的尸体，扬散了骨灰，为的是把事做成，我认为这是不仁。为原先的主人杀死新主人，我认为这是不义。王子庆忌抓住我的头发把我投入江中，我三次被投入水里，王子庆忌不杀我，我已经受到羞辱了。我不仁不义，又受到侮辱，决不能再活下去。”吴王劝阻不住，要离最终拔剑自杀了。要离称得上不为赏赐所动的人，所以面对很大的利益而不改变他的节操；要离可以称得上廉洁了，由于廉洁，所以不因富贵而忘却自己的耻辱。

卫懿公有个臣子叫弘演，受命出使。狄人攻打卫国，卫国的百姓说：“国君给予官位和俸禄的是鹤，赐予地位和钱财的是宫中的侍从。国君还是让宫中的侍从和鹤去迎战吧，我们怎么能迎战呢?”于是溃散而去。狄人到了，在荣泽追上了懿公，把他杀了，吃光了他的肉，只把他的肝留下。弘演赶到后，向懿公的肝复命。复命完毕，呼叫着上天痛哭，极尽哀痛之后，说：“我愿意为您作躯壳。”于是剖腹自杀，拿出自己腹中的内脏，再把懿公的肝放进去，而后就死了。齐桓公听说了这件事之后，说：“卫国之所以灭亡，是因为它的国君荒淫无道；而今有像弘演这样的臣子，不可能不存在下去。”于是在楚丘重建了卫国。弘演可称得上忠心了，牺牲自己的生命来殉他的君主。他不仅殉了国君，还使得卫国的宗庙重新建起来，祭祀不断，真算得上是有功啊。

【评述】

本篇名为“忠廉”，两个例子都是在讲忠臣的行为：要离为了忠诚于自己的君主而牺牲家人的性命，弘演为了忠诚于自己的君主而牺牲自己的生命；从另一方面看，他们的举动符合先秦时期的士阶层对自身道德标准的设定，即“临大利而不易其义”，因而是“廉洁”的楷模。由此可见，先秦时期对于“廉”的规定比今天更为宽泛，与道德自律或者说节操大约可以画上等号。这一点是我们在关注先秦廉政文本时需要留意的。

第二节　韩非

【人物简介】

韩非（约前280—前233），战国末哲学家。出身于韩国贵族，曾师从荀子，与后来的秦相李斯是同学。他多次上书韩王，建议韩国变法图强，但不被重用，只好埋头著书立说。后来被秦王嬴政邀至秦国，但他没有能够施展其治国之道，却遭到李斯、姚贾的陷害，最终冤死狱中。

他从荀子那里学到了实用的政治思想，比较各国变法的得失，对已有的法家思想加以吸收和改造，提出了以法为主、法术势相结合的理论，最终成为法家思想的集大成者，为他的治国思想奠定了坚实的理论基础。他所创立的法家学说，为中国第一个统一的中央集权制国家秦朝的诞生提供了理论依据。

群臣之太富，君主之败也

【原文】

爱臣太亲，必危其身；人臣太贵，必易主位；主妾无等，必危嫡子；兄弟不服，必危社稷。臣闻：千乘之君无备，必有百乘之臣在其侧，以徙其民而倾其国；万乘之君无备，必有千乘之家在其侧，以徙其威而倾其国。是以奸臣蕃息，主道衰亡。是故诸侯之博大，天子之害也；群臣之太富，君主之败也。将相之管主而隆国家，此君人者所外也。万物莫如身之至贵也，位之至尊也，主威之重，主势之隆也。此四美者，不求诸外，不请于人，议之而得之矣。故曰：人主不能用其富，则终于外也。此君人者之所识也。昔者纣之亡，周之卑，皆从诸侯之博大也。晋之分也，齐之夺也，皆以群臣之太富也。夫燕、宋之所以弑其君者，皆以类也。故上比之殷、周，中比之燕、宋，莫不从此术也。是故明君之蓄其臣也，尽之以法，质之以备。故不赦死，不宥刑；赦死宥刑，是谓威淫，社稷将危，国家偏威。是故大臣之禄虽大，不得藉威城市；党与虽众，不得臣士卒。故人臣处国无私朝，居军无私交，其府库不得私贷于家。此明君之所以禁其邪。是故不得四从，不载奇兵，非传非遽，载奇兵革，罪死不赦。此明君之所以备不虞者也。[1]

【译文】

君主如果过于亲近大臣，必定会危及自身；如果大臣的地位

〔1〕《韩非子·爱臣》，王先慎撰：《韩非子集解》，中华书局1998年版（下同），第24—26页。

太高，必定会取代君主的位置；如果妻妾不分等级，必定会危及嫡子；如果君主的兄弟不服从命令，必定会危害国家。我听说：千乘之国的国君如果没有防备，必定有拥有百乘之众的臣子暗中观察，准备夺取他的百姓，颠覆他的国家；万乘大国的国君如果没有防备，必定有拥有千乘之众的大夫的家族在一旁窥视，准备夺走他的权力，颠覆他的国家。因此，当奸臣的势力扩张时，君主的权势就会丧失。所以，诸侯的强大，是天子的隐患；群臣的过度富有，是君主的失败。将相控制君主而中饱私囊是君主应当拒绝的。万事万物之中，没有比君主自身更高贵、比君主的位置更尊崇、比君主的威严更强大、比君主的权力更强盛的。这四种好东西，不必借助于外界，不必向别人索取，只要处理恰当就都会得到。所以说：君主若不能使用他的财富，最终将会被架空，这是统治者要牢记的。以前，商纣的灭亡，周朝的衰微，都是因为诸侯的强大；晋国被三分，齐国被田氏夺取，都是因为众臣过于富有。燕国和宋国的臣子杀掉国君的原因，都是类似的。所以，向上对照商、周，中间对照燕、宋，这些国家无一不是这样做的。因此，高明的君主蓄养他的众臣，会用法令完全控制住他们，防备他们的奸邪之心。所以君主不赦免死囚，不宽宥罪犯。赦免死囚，宽宥罪犯，会造成威势丧失，国家将会危险，君权将会丢失。因此，大臣的俸禄即使很多，也不能凭借威势建立城市；党羽即使很多，也不能拥有私人军队。所以，臣子在国内不得建立私人朝廷，在军中不许有私人交谊，个人的财物不能私自借给别人。这是圣明的君主用来禁止奸邪的手段。因此，大臣出外不能有许多人马随从，不能在车上携带兵器；如果不是传递紧急文件，凡车上带有兵器的，一律判处死刑，绝不宽恕。这是圣明的君主用来防备意外的办法。

【评述】

本篇题为《爱臣》，实为替专制君王设计的制约大臣的策略。篇名只是取篇首二字，与本文无关，这是上古命题的一种常用方法。在这里，韩非子清醒地认识到君权旁落对专制君王的威胁，显示了他相当敏锐的政治洞察力。这段文字在先秦众多廉政思想中显得十分独特，它属于君臣论思想的组成部分。

臣制财利则主失德

【原文】

道在不可见，用在不可知。虚静无事，以暗见疵。见而不见，闻而不闻，知而不知。知其言以往，勿变勿更，以参合阅焉。官有一人，勿令通言，则万物皆尽。函掩其迹，匿其端，下不能原；去其智，绝其能，下不能意。保吾所以往而稽同之，谨执其柄而固握之。绝其望，破其意，毋使人欲之。不谨其闭，不固其门，虎乃将存。不慎其事，不掩其情，贼乃将生。弑其主，代其所，人莫不与，故谓之虎。处其主之侧，为奸臣，闻其主之忒，故谓之贼。散其党，收其余，闭其门，夺其辅，国乃无虎。大不可量，深不可测，同合刑名，审验法式，擅为者诛，国乃无贼。是故人主有五壅：臣闭其主曰壅，臣制财利曰壅，臣擅行令曰壅，臣得行义曰壅，臣得树人曰壅。臣闭其主则主失位，臣制财利则主失德，臣擅行令则主失制，臣得行义则主失名，臣得树人则主失党。此人主之所以独擅也，非人臣之所以得操也。人主之道，静退以为宝。不自操事而知拙与巧，不自计虑而知福与咎。是以不言而善应，不约而善增。言已应则执其契，事已增则操其符。符契之所合，赏罚之所生也。故群臣陈其言，君以其言授其事，事以责其功。功当其事、事当其言则赏，功不当其事、事不当其言则诛。明君之道，臣不得陈言而不当。是故明君之行赏也，暧乎如时雨，百姓利其泽；其行罚也，畏乎如雷霆，神圣不能解也。故明君无偷赏，无赦罚。赏偷则功臣堕其业，赦罚则奸臣易为非。是故诚有功则虽疏贱必赏，诚有过则虽近爱必诛。近爱必诛，则疏贱者不怠，而近爱者不骄也。[1]

【译文】

道是不可见的，其功用是不可知的。保持虚静无为的状态，在暗中观察过失。看见了却好像没看见，听到了却好像没听到，知道了却好像不知道。了解其想法以后不要改变，目的是要验证它。每个官职只安排一个人，不要让他们相互沟通，事物的真相就都会显露出来。君主如果掩盖自己的行迹，隐藏自己的念头，臣下就无法掌握他；如果君主去除智慧，弃掉才能，臣下就无法揣度他。守住并掩饰自己的意图而验证臣下，谨慎地抓住权柄而牢固地掌握它。杜绝臣下的窥视，破除臣下的揣测，不要让人产生欲望。如果不谨慎地紧闭门户，老虎就会闯入。如果不慎重做事，不掩盖感情，贼就会产生。杀死君主之后取而代之的人，人们没有不归附的，所以称他为虎。在君主身边做奸臣，知晓君主的过失，所以称他为贼。君主若解散他的朋党，收拾他的余孽，封闭他的门户，杀掉他的帮凶，国中就没有虎了。大不可量，深不可测，如果统一名实，依照法度，诛灭擅自行动的人，国中就

〔1〕《韩非子·主道》，《韩非子集解》第28—30页。

不会有贼了。所以，君主有五种受蒙蔽的情况：臣下闭塞君主，臣下控制财权，臣下擅自发令，臣下私自给人好处笼络人心，臣下得以扶植朋党。如果臣下使君主闭塞，君主就会失去君位；如果臣下控制财利，君主就会失去恩德；如果臣下擅自发号施令，君主就会失去控制权；如果臣下私自给人好处笼络人心，君主就会失去英明之名；如果臣下得以扶植朋党，君主就会失去支持他的人。这就是为什么君主要独握大权、不能让臣下夺权。君主行事崇尚静和退。不亲自做事而能知道臣下办事的优劣，不亲自考虑事情而能知道臣下谋事的好坏。因此，君主不多说话而臣下就要好好谋划，不做规定而臣下就要恪尽职守。臣下作出承诺，君主就当做凭证；如果臣下已经做完事情，君主就作验证。验证那些凭证，就是赏罚产生的根据。所以，群臣陈述他们的主张，君主根据那些主张授予他们职事，依照职事责求他们的结果。如果结果符合职事、职事符合主张，就赏；如果结果不符合职事、职事不符合主张，就罚。明君的原则，要求臣下言必有信。因此明君行赏像及时雨一样温润，百姓都能受到他的恩惠；君主行罚像雷霆那么可怕，即便是神灵圣人也不能缓解。所以明君不随便赏赐，也不赦免惩罚。如果随便赏赐，功臣就会懈怠他的事业；如果赦免惩罚，奸臣就容易大行其道。因此，只要确实有功，即使关系疏远和地位卑贱的人也必定赏赐；只要确实有罪，即使亲近的人也必定惩罚。如果能做到这一点，那么，疏远卑贱的人就不会懈怠，而亲近的人就不会骄横了。

【评述】

本选文也是从君臣关系的角度来论证预防臣子贪污腐败的原因和手段。韩非子给出的原因是“臣制财利则主失德”，他给出的手段是谨慎赏罚，两种手段兼施并用，不可偏废。《二柄》篇里有一段话便是对这种恩威并施的思想的概括："明主之所导制其臣者，二柄而已矣。二柄者，刑、德也。何谓刑、德？曰：杀戮之谓刑，庆赏之谓德。"[1] 韩非子以"铁血"著称的政治思想由此可见一斑。

奉公法，废私术

【原文】

贤者之为人臣，北面委质，无有二心，朝廷不敢辞贱，军旅不敢辞难，顺上之为，从主之法，虚心以待令而无是非也。故有口不以私言，有目不以私视，而上尽制之。为人臣者，譬之若手，上以修头，下以修足；清暖寒热，不得不救入，镆铘傅体，不敢弗搏。无私贤哲之臣，无私事能之士。故民不越乡而交，无百里之戚。贵贱不相逾，愚智提衡而立，治之至也。今夫轻爵禄，易去亡，以择其主，臣不谓廉。诈说逆法，倍主强谏，臣不谓忠。行惠施利，收下为名，臣不谓仁。离俗隐居，而以非上，臣不谓义。外使诸侯，内耗其国，伺其危险之陂以恐其主，曰"交非我不亲，怨非我不解"，而主乃信之，以国听之，卑主之名以显其身，毁国之厚以利其家，臣不谓智。此数物者，险世之说也，而先王之法所简也。先王之法曰："臣毋或作威，毋或作利，从王之指；毋或作恶，从王之路。"古者世治之民，奉公法，废私术，专意一行，具以待任。夫为人主而身察百官，则日不足力不给。且

---

〔1〕《韩非子·二柄》，《韩非子集解》第39页。

上用目则下饰观，上用耳则下饰声，上用虑则下繁辞。先王以三者为不足，故舍己能而因法数，审赏罚。先王之所守要，故法省而不侵。独制四海之内，聪智不得用其诈，险躁不得关其佞，奸邪无所依。远在千里外，不敢易其辞；势在郎中，不敢蔽善饰非。朝廷群下直凑单微，不敢相逾越。故治不足而日有余，上之任势使然也。[1]

【译文】

贤人做臣子时，向北称臣，效忠君主，没有别的心思，在朝廷上不敢推辞低贱的事，在军队里不敢推辞难办的事，顺从君主的行为，遵守君主的法令，虚心等待派遣而不问其是非。所以，不讨论私事，不关注私事，君主控制着他们的一切。臣子犹如双手，上用来理头，下用来理脚；在各种天气状况下，不能不关心君主的身体，利剑刺来的危急时刻，不敢不为君主拼命。不要因为私事而使用贤臣，使用智能之士。所以，百姓不离乡背井与人交往，不担心远走他乡。不逾越贵贱的界限，无论愚智之人各得其所，这是治理国家的最高境界。对现今那种轻视爵禄、轻易就流亡他国而易主的，我不认为这是廉正的行为。说谎犯法，违背君主而强行进谏，我不认为这是忠臣的行为。通过施行恩惠、笼络人心来抬高自己的声望，我不认为这是有道德的行为。避世隐居，而随便非议君主，我不认为这是义的行为。出使他国，损害本国，在本国陷入危机时便恐吓君主，说："如果没有我，就不能促进交往；如果没有我，就不能解除积怨。"而君主竟然相信他并

〔1〕《韩非子·有度》，《韩非子集解》第34—37页。

把国家托付给他，这样通过贬低君主来抬高自己，损害国家利益来获取自己的私利，我不认为是明智的行为。这几种行为是乱世君主所喜欢而先王的法度所轻视的。先王的法令说："臣下不要逞威风，不要谋私利，要顺从君主；不要作恶，要听从君主的调遣。"古代太平盛世的百姓，秉公守法，不走邪门歪道，对君主绝无二心，准备条件随时等待被任用。如果君主亲自考察百官，在时间和精力上都不可能做到。而且君主若注重看，臣子就会修饰外表；君主若注重听，臣子就会修饰言辞；君主若注重想，臣子就会夸夸其谈。先王认为仅仅看、听和想还不够，所以放弃自己的才能而依赖法令，严明赏罚。先王掌握着关键，所以法令简明而君权不受侵害。一国之内专权独断，聪明人不能实施欺诈，阴险的人不能依靠巧言，奸邪的人无所依恃。臣子即使远在千里之外，也不敢改变说辞；即使近在郎署之中，也不敢隐藏好的，掩饰坏的；朝廷的群臣，无论是集中的还是单独的，都不敢相互做超出职权范围的事。因此政事不多而时间有余，这是君主运用权势而得来的。

【评述】

本段选文从公、私对立的角度，主张将臣子的责任、利益归入国家政治体制之内，从而使国家大权牢牢地掌握在君主一人的手中，以杜绝贪污腐败、损公肥私的现象发生。所谓廉政，从本质上看，无非是一"公"一"私"。需要注意的是，这里所说的"奉公法，废私术"的"私术"，并不仅仅指个人生活的物质享受，而是具有宽泛的内涵，主要指帝王身边的官员为了一己私利而从事的乱主之"术"。

人臣之所道成奸者

【原文】

凡人臣之所道成奸者有八术：一曰在同床。何谓同床？曰：贵夫人，爱孺子，便僻好色，此人主之所惑也。托于燕处之虞，乘醉饱之时，而求其所欲，此必听之术也。为人臣者内事之以金玉，使惑其主，此之谓同床。二曰在旁。何谓在旁？曰：优笑侏儒，左右近习，此人主未命而唯唯，未使而诺诺，先意承旨，观貌察色，以先主心者也。此皆俱进俱退，皆应皆对，一辞同轨以移主心者也。为人臣者内事之以金玉玩好，外为之行不法，使之化其主，此之谓在旁。三曰父兄。何谓父兄？曰：侧室公子，人主之所亲爱也；大臣廷吏，人主之所与度计也。此皆尽力毕议，人主之所必听也。为人臣者事公子侧室以音声子女，收大臣廷吏以辞言，处约言事，事成则进爵益禄以劝其心，使犯其主，此之谓父兄。四曰养殃。何谓养殃？曰：人主乐美宫室台池，好饰子女狗马以娱其心，此人主之殃也。为人臣者尽民力以美宫室台池，重赋敛以饰子女狗马，以娱其主而乱其心，从其所欲而树私利其间，此谓养殃。五曰民萌。何谓民萌？曰：为人臣者散公财以说民人，行小惠以取百姓，使朝廷市井皆劝誉己，以塞其主而成其所欲，此之谓民萌。六曰流行。何谓流行？曰：人主者固壅其言谈，希于听论议，易移以辩说。为人臣者求诸侯之辩士，养国中之能说者，使之以语其私，为巧文之言，流行之辞，示之以利势，惧之以患害，施属虚辞以坏其主，此之谓流行。七曰威强。何谓威强？曰：君人者，以群臣百姓为威强者也。群臣百姓之所善则君善之，非群臣百姓之所善则君不善之。为人臣者聚带剑之客、养必死之士以彰其威，明为己者必利，不为己者必死，以恐其群臣百姓而行其私，此之谓威强。八曰四方。何谓四方？曰：君人者，国小则事大国，兵弱则畏强兵，大国之所索，小国必听，强兵之所加，弱兵必服。为人臣者重赋敛，尽府库，虚其国以事大国，而用其威求诱其君；甚者举兵以聚边境而制敛于内，薄者数内大使以震其君，使之恐惧，此之谓四方。凡此八者，人臣之所以道成奸，世主所以壅劫，失其所有也，不可不察焉。明君之于内也，娱其色而不行其谒，不使私请。其于左右也，使其身必责其言，不使益辞。其于父兄大臣也，听其言也必使以罚任于后，不令妄举。其于观乐玩好也，必令之有所出，不使擅进，不使擅退，群臣虞其意。其于德施也，纵禁财，发坟仓，利于民者必出于君，不使人臣私其德。其于说议也，称誉者所善，毁疵者所恶，必实其能，察其过，不使群臣相为语。其于勇力之士也，军旅之功无逾赏，邑斗之勇无赦罪，不使群臣行私财。其于诸侯之求索也，法则听之，不法则距之。所谓亡君者，非莫有其国也，而有之者皆非己有也。令臣以外为制于内，则是君人者亡也。听大国，为救亡也，而亡亟于不听，故不听。群臣知不听，则不外诸侯；诸侯之不听，则不受臣之诬其君矣。明主之为官职爵禄也，所以进贤材劝有功也。故曰：贤材者处厚禄，任大官；功大者有尊爵，受重赏。官贤者量其能，赋禄者称其功。是以贤者不诬能以事其主，有功者乐进其业，故事成功立。今则不然，不课贤不肖，论有功劳，用诸侯之重，听左右之谒。父兄大臣上请爵禄于上，而下卖之以收财利，及以树私党。故财利多者买官以为贵，有左右之交者请谒以成重。功劳之臣不论，官职之迁失谬。是以吏偷官而外交，弃事而财亲。是以贤者懈怠而不劝，有功者隳而简其业，此亡国之风也。[1]

【译文】

臣子得以实现奸诈计谋的手段有如下八种：一是“同床”。什么叫同床？即高贵的夫人和受宠的小妾，她们既善于谄媚又美丽，是君主所迷恋的人。她们趁着君主快乐安适的时候去要求她们想要得到的，以此让君主必定听从。而做臣子的会通过内线用财宝去贿赂内宫的人，让她们去迷惑君主，这就叫做“同床”。二是“在旁”。什么叫在旁？即倡优侏儒和亲信侍从。这些人君主还没有下令指使他们，他们就唯唯诺诺地答应下来，他们事先察言观色，预先揣摩君主的想法。他们往往一致行动，众口一词，目的是想改变君主的想法。臣子们通过内线用珍宝去贿赂他们，自己在宫外干违法的事，让他们影响君主，以化解自己的罪行，这就叫做“在旁”。三是“父兄”。什么叫父兄？即叔伯兄弟这些君主所亲近爱护的人，和大臣廷吏这些与君主一同谋划事情的人。这些人都尽力从政，君主必然会听取他们的意见。臣子们用音乐舞女来取悦君主的叔伯兄弟，用言辞来笼络君主的大臣廷吏，让他们在关键时刻帮自己说话，许诺帮他们加官进爵，这样来怂恿他们，使他们干扰君主的判断，这就叫“父兄”。四是“养殃”。什么叫养殃？君主喜欢修建楼阁景观，喜欢打扮美女和畜类来娱乐，这是君主的灾祸。做臣子的用尽民力来修建宫殿，通过加重赋税的手段敛财来打扮美女狗马，这样来娱乐君主而扰乱他的意志，

〔1〕《韩非子·八奸》，《韩非子集解》第53—58页。

顺从他的欲望，并从中谋取私利，这就叫做“养殃”。五是“民萌”。什么叫民萌？臣子们用公款笼络百姓，用一些小恩小惠来赢得百姓的爱戴，让百姓都称颂自己，以此来蒙蔽君主，从而达到他的欲望，这就叫做“民萌”。六是“流行”。什么叫流行？君主不常与人交谈，很少听到臣下议论，因此容易听信谣言。臣子寻找国内外能言善辩的人，让他们在君主面前为自己说话。这些人侃侃而谈，滔滔不绝，用有利的形势来诱导君主，用祸害来恐吓他，编造虚假的事实来损害他，这就叫做“流行”。七是“威强”。什么叫威强？统治者是靠群臣百姓而拥有威势的。凡群臣百姓所喜欢的，君主就应喜欢；凡不是群臣百姓所喜欢的，君主就不应喜欢。而臣子却集结带剑的侠客，供养亡命之徒，用来耀武扬威，凡为自己卖力的就给他们好处，不为自己出力的就杀死他们，以此来恐吓群臣百姓，从而达到个人目的，这就叫做“威强”。八是“四方”。什么叫四方？做国君的，国小就侍奉大国，兵弱就恐惧强兵。大国勒索，则小国就会听从；强兵入侵，则弱兵就会屈服。臣子却加重赋税，耗尽钱粮，削弱自己的国家去侍奉大国，借助大国的威势来诱逼自己的君主；甚至于招引大国军队聚集到边境上来挟制国内，也有的屡屡招来大国使者来威吓君主，这就叫“四方”。上述这八种手段，是臣子实施奸计的方式，是君主受到蒙蔽挟制以至丢失权势的原因，是一定要明察的。明君对于宫内的夫人美女，只欣赏她们的美色而不理会她们的话，不准奏请私事。对于左右近侍，一定要严察他们的言论，不准夸大其词。对于父兄和大臣，在听取他们的意见时，一定要使他们担保后果，不许胡乱推举。对于观赏玩乐的东西，一定要依照法令，不准擅自进献或裁减，不让他们猜度到君主的心意。明君在施行恩惠时，凡是发放国家的钱粮，凡是有利于百姓的事，一定要用君主的名义，不要让臣下归功于自己。君主听到对人的褒贬之词时，对于被赞美或被攻击的人，一定要去核实他们的才能，查明他们的过失，不让群臣胡乱吹捧或肆意诽谤。对于有勇力的人，作战立功不破格行赏，私斗犯法不赦免，不让群臣收买人心。对于其他诸侯国的要求，合适的就听从，不合适的就拒绝。所谓亡国之君，并非这个国家消亡了，而是这个国家全然不归他所拥有。若臣下用外力控制国内，就是君主丧失自己的国家了。为了挽救国家危亡而一味屈从于大国，这会加速灭亡，所以不要听从。群臣一旦知道君主不听从，就不会去勾结国外诸侯；国外诸侯一旦知道君主不听从，也就不接受臣下诬蔑其君主的谰言了。明君设置官职和爵禄，是用来提拔有贤德和才干的人以及鼓励功臣的。所以说，有贤才的人受厚禄、做高官，功劳大的人有尊爵、受重赏。根据他的才能任命贤才，根据他的功劳授予俸禄。因此，有才能的人不隐藏自己的才能来为君主效力，有功劳的人乐于为君主效命，所以事情才能办成，功业才能建立。现在却不是这样，不考核有没有品德和才能，不论有无功劳，任用被他国诸侯所看重的人，听从左右近侍的请求。父兄大臣向君主请求爵禄，在私下里却用它来谋取自己的利益以及发展自己的党羽。所以，富有的就买官而成为地位高的人，同君主近侍有交往的就成为有权势的人。那些勤勤恳恳且有功劳的臣子得不到肯定，官职的变动完全失序。因此官吏玩忽职守而向四处交往，抛弃事务而贪图财利。因此，有才能的人懒惰而不求上进，有功劳的人堕落而不务正业，这是亡国的先兆啊！

【评述】

韩非子认为，国君必须严加防范“国地削而私家富，主上卑而大臣重”[1] 的现象。本文的“奸”特指对专制君主的权力构成威胁的政治阴谋，包括同床、在旁、父兄、养殃、民萌、流行、威强、四方等八种方式。在这些以贪贿的形式出现的行为背后，其实是一个个足以导致亡国的政治阴谋。这段选文体现了韩非对官场斗争的敏锐洞察力和高度概括力，有利于从各个源头上杜绝贪污腐败现象的发生。

不以清廉方正奉法，犹上高陵之颠，堕峻溪之下而求生

【原文】

凡奸臣皆欲顺人主之心，以取信幸之势者也。是以主有所善，臣从而誉之；主有所憎，臣因而毁之。凡人之大体，取舍同者则相是也，取舍异者则相非也。今人臣之所誉者，人主之所是也，此之谓同取；人臣之所毁者，人主之所非也，此之谓同舍。夫取舍合而相与逆者，未尝闻也。此人臣之所以取信幸之道也。夫奸臣得乘信幸之势以毁誉进退群臣者，人主非有术数以御之也，非参验以审之也，必将以曩之合己信今之言，此幸臣之所以得欺主成私者也。故主必蔽于上，而臣必重于下矣。此之谓擅主之臣。国有擅主之臣，则群下不得尽其智力以陈其忠，百官之吏不得奉法以致其功矣。何以明之？夫安利者就之，危害者去之，此人之情也。今为臣尽力以致功，竭智以陈忠者，其身困而家贫，父子

〔1〕《韩非子·孤愤》，《韩非子集解》第84页。

罹其害；为奸利以弊人主，行财货以事贵重之臣者，身尊家富，父子被其泽。人焉能去安利之道而就危害之处哉！治国若此其过也，而上欲下之无奸，吏之奉法，其不可得亦明矣。故左右知贞信之不可以得安利也，必曰："我以忠信事上，积功劳而求安，是犹盲而欲知黑白之情，必不几矣。若以道化行正理，不趋富贵事上而求安，是犹聋而欲审清浊之声也，愈不几矣。二者不可以得安，我安能无相比周，蔽主上、为奸私以适重人哉！"此必不顾人主之义矣。其百官之吏，亦知方正之不可以得安也，必曰："我以清廉事上而求安，若无规矩而欲为方圆也，必不几矣。若以守法不朋党治官而求安，是犹以足搔顶也，愈不几也。二者不可以得安，能无废法行私以适重人哉！"此必不顾君上之法矣。故以私为重人者众，而以法事君者少矣。是以主孤于上而臣成党于下，此田成之所以弑简公者也。夫有术者之为人臣也，得效度数之言，上明主法，下困奸臣，以尊主安国者也。是以度数之言得效于前，则赏罚必用于后矣。人主诚明于圣人之术，而不苟于世俗之言，循名实而定是非，因参验而审言辞。是以左右近习之臣知伪诈之不可以得安也，必曰："我不去奸私之行，尽力竭智以事主，而乃以相与比周，妄毁誉以求安，是犹负千钧之重，陷于不测之渊而求生也，必不几矣。"百官之吏亦知为奸利之不可以得安也，必曰："我不以清廉方正奉法，乃以贪污之心枉法以取私利，是犹上高陵之颠，堕峻溪之下而求生，必不几矣。"安危之道若此其明也，左右安能以虚言惑主，而百官安敢以贪渔下？是以臣得陈其忠而不弊，下得守其职而不怨。此管仲之所以治齐，而商君之所以强秦也。从是观之，则圣人之治国也，固有使人不得不爱我之道，而不恃人之以爱为我也。恃人之以爱为我者危矣，恃吾不可不为者安矣。夫君臣非有骨肉之亲，正直之道可以得利，则臣尽力以事主；正直之道不可以得安，则臣行私以干上。明主知之，故设利害之道以示天下而已矣。夫是以人主虽不口教百官，不目索奸邪，而国已治矣。人主者，非目若离娄乃为明也，非耳若师旷乃为聪也。不任其数，而待目以为明，所见者少矣，非不弊之术也；不因其势，而待耳以为聪，所闻者寡矣，非不欺之道也。明主者，使天下不得不为己视，使天下不得不为己听。故身在深宫之中，而明照四海之内，而天下弗能蔽、弗能欺者，何也？暗乱之道废，而聪明之势兴也。故善任势者国安，不知因其势者国危。[1]

【译文】

凡是奸臣都想顺从君主的想法，从而取得宠幸的权势。因此，只要是君主喜欢的，奸臣就会跟着赞美；只要是君主讨厌的，奸臣就会跟着毁谤。人大体都是如此，凡是观点相同的就相互肯定，观点相异的就相互指责。现在，臣子所赞美的正是君主所肯定的，这叫做“同取”；而臣子所毁谤的正是君主所讨厌的，这叫做“同舍”。取舍一致却还互相对立，这种情况还没有听说过。这是臣子用来取得宠幸的途径。奸臣能够凭借被宠幸的地位来毁谤或夸赞、提升或罢免群臣，如果君主不用权术来制裁他，不用检验的方法来考察他，必定会因为他过去合自己的心意而轻信他现在的话，这是宠臣所以能够欺骗君主、谋取私利的原因。所以，处在上位的君主所以一定会受到蒙蔽，是因为奸臣必定在下面受到

〔1〕《韩非子·奸劫弑臣》，《韩非子集解》第98—101页。

重用。这样的臣子叫做控制君主的臣子。国家如果有了这样的臣子，则众大臣就不能竭尽其智慧和力量来效忠君主，百官也就不能奉行法令来建立功勋。何以明白这一点呢？因为趋利避害是人之常情。现在，臣下竭尽全力来建功立业，竭尽智慧来效忠君上，结果却自身没有出路而家庭贫穷，父子都身受其害；而那些通过行奸谋利去蒙蔽君主、通过贿赂去投靠重臣的人却获得高位，家庭富裕，父子都得到好处。人怎么会愿意离开安全有利的途径而走向危险有害的地方呢？治理国家如果有了这样的错误，而君主却希望朝廷上没有奸邪、官吏们奉行法令，显然不可能做到。所以，近臣都知道忠心诚信不可能得到安全和利益，必定会说："我凭忠心诚信来侍奉君主，以不断立功来求得安全，这就像是盲人想辨别黑白，一定不可能做到。如果按照法令的规定行正道，不去趋炎附势，只通过侍奉君主而求得安全，这就像是聋子想要辨别声音的清浊，那就更不可能做到了。既然这两种做法都不安全，我怎能不结党营私、蒙蔽君主、作奸行私来迎合有权势的人呢！"这样他就一定不会顾及君主的权益了。各级官吏们也知道正直的做法不可能得到安全，一定会说："我凭清廉去侍奉君主来求得安全，就像没有规矩而想画出方和圆一样，肯定是不可能的。假如凭借守法、不结党营私、兢兢业业来求得安全，这好像用脚搔头，就更不可能了。既然这两种做法都不能获得安全，那我能不通过废除法令和谋取私利来迎合有权势的人吗？"这样就一定不会顾及君主的法令了。这样一来，为了私利去帮助权势者的人就多了，而遵守法令去侍奉君主的人就少了。因此，居于上位的君主成了孤家寡人，而奸臣在朝堂之外却结成朋党，这就是田成为什么能杀掉齐简公的原因。如果任用懂得权术的人做臣子，他能够献出权术的主张，对上帮助彰明君主的法令，对下帮助降服那些奸臣，以此来拥戴君主和安定国家。因此，如果权术被重视在前，赏罚制度就必然能施行于后。君主如果真正懂得了圣人的权术，而不受阻于世俗的言论，就会按照名实来判定是非，通过验证来鉴别言论。因此，那些近臣知道了作伪欺诈不可能获得安全，一定会说："我不放弃欺诈的行为、竭尽全力去侍奉君主，而竟想通过结党营私和妄加评论来获得安全，这就好比背负千钧重担的人掉入了深渊却还想生还，肯定是不可能的。"各级官吏们也知道了作奸营私不可能获得安全，一定会说："我不靠清廉方正来执行法令，而竟用奸诈贪贿的心态违反法令来谋取私利，这就如同从高山之顶坠入深谷却还想生还一样，肯定是不可能的。"安危的分别如此明显，那么近臣怎么还能用空话欺骗君主、百官还怎么敢因为贪欲来残害百姓呢？这样一来，臣子就能够表达他的忠心而不蒙蔽君主，官吏就能够忠于职守而没有怨言。这就是管仲能使齐国大治而商鞅能使秦国强大的原因所在。由此看来，圣人治理国家，本来就有使人不得不拥护君主的办法，而不靠着别人出于爱戴而为自己效力。后一种情形是危险的。只有使人不得不为自己效力才能保住平安。君臣之间没有血缘关系，如果凭借正直的态度就可以得利，那臣下就会尽力来侍奉君主；如果凭借正直的态度不能求得平安，那臣下就会通过谋取私利来侵犯君主。明智的君主懂得这个道理，因此设立赏罚措施来昭示天下，如此而已。因此，君主虽然不亲口教化百官，不亲眼查找奸邪，国家却已治理好了。君主的眼睛并非要像离娄那样才算锐利，君主的耳朵并非要像师旷那样才算灵敏。假如不依赖君主的权术，而要等到亲眼看见才算是明白，那就看不到多少；这不是保证君主不受蒙蔽的方法。

假如不依赖君主的权势，而要等到亲耳听到才算是清楚，那就听不到什么；这不是保证君主不受欺骗的方法。作为明智的君主，要使天下不得不让我看到和听到。所以，他身处深宫之中，而能明察四海之内，天下臣民都不能蒙蔽和欺骗他，这是什么原因呢？因为他已经抛弃了错乱和不明智的办法，而形成了明察秋毫的形势。所以，善于借势的君主，其国家就安定；不知借势的君主，其国家就危险了。

【评述】

本段选文节选自《奸劫弑臣》篇，是韩非子廉政思想的代表性篇章。其文风相当犀利，直指君臣关系的要害。总体而言，本篇宣扬君主对臣子的控制方法，尤其在控制臣子的贪污行为方面提出了以“任势”、“明法”为核心的主导思想。在韩非子看来，这样的控制手段将“潜规则”和“显规则”很好地结合起来，不仅简捷便利，而且效果明显：“安危之道若此其明也，左右安能以虚言惑主，而百官安敢以贪渔下？”

饕贪而无餍，近利而好得者，可亡也

【原文】

凡人主之国小而家大，权轻而臣重者，可亡也。简法禁而务谋虑，荒封内而恃交援者，可亡也。群臣为学，门子好辩，商贾外积，小民内困者，可亡也。好宫室台榭陂池，事车服器玩好，罢露百姓，煎靡货财者，可亡也。用时日，事鬼神，信卜筮而好祭祀者，可亡也。听以爵不以众言参验，用一人为门户者，可亡也。官职可以重求，爵禄可以货得者，可亡也。缓心而无成，柔茹而寡断，好恶无决而无所定立者，可亡也。饕贪而无餍，近利而好得者，可亡也。[1]

【译文】

凡是君主的国家弱小而臣下的私家强大、君主权轻而臣下权重的，国家就会灭亡。凡是法令粗糙而好用计谋、荒废内政而依赖外援的，就可能灭亡。凡是群臣喜好私学、贵族子弟喜欢辩术、商人在国外囤积财富、百姓在国内走投无路的，就可能灭亡。凡是喜好宫殿楼阁池塘、爱好车马服饰美器玩物，以至于让百姓劳累不堪，而且挥霍钱财的，就可能灭亡。凡是喜欢挑选吉日良辰，敬奉鬼神，迷信卜筮，喜好祭祀的，就可能灭亡。凡是君主只看爵位高低而不去验证众人的意见是否正确，只通过一个人来获取信息的，就可能灭亡。凡是官职可以靠权重得到、爵禄可以用钱财买到的，就可能灭亡。凡是办事迟疑而没有功效、软弱怯懦而优柔寡断、好坏不分而没有定见的，就可能灭亡。凡是贪得无厌、追求私利而爱占便宜的，就可能灭亡。

【评述】

本文节选自《亡征》篇。“亡征”的意思是国家灭亡的征兆。韩非子在本篇中一共列出四十七条灭亡的征兆，均是韩非子本人在研究了历代王朝兴衰更替的历史之后所总结出的经验教训，对君主治国有着十分重要的借鉴意义。其中，我们在此选文中列出

〔1〕《韩非子·亡征》，《韩非子集解》第109—110页。

的两条“好宫室台榭陂池，事车服器玩好，罢露百姓，煎靡货财者，可亡也”和“饕贪而无餍，近利而好得者，可亡也”，发人深省，对于有效地拒绝贪污腐败、加强国家的廉政建设有着现实的指导作用。

所谓廉者，轻恬资财也

【原文】

所谓方者，内外相应也，言行相称也。所谓廉者，必生死之命也，轻恬资财也。所谓直者，义必公正，心不偏党也。所谓光者，官爵尊贵，衣裘壮丽也。今有道之士，虽中外信顺，不以诽谤穷堕；虽死节轻财，不以侮罢羞贪；虽义端不党，不以去邪罪私；虽势尊衣美，不以夸贱欺贫。其故何也？使失路者而肯听习问知，即不成迷也。今众人之所以欲成功而反为败者，生于不知道理而不肯问知而听能。众人不肯问知听能，而圣人强以其祸败适之，则怨。众人多而圣人寡，寡之不胜众，数也。今举动而与天下为仇，非全身长生之道也，是以行轨节而举之也。故曰：“方而不割，廉而不刿，直而不肆，光而不耀。”[1]

【译文】

所谓方，指的是表里一致、言行相称。所谓廉，指的是舍生忘死、不看重钱财。所谓正直，指的是在道义上坚守公正、心不偏私。所谓光耀，指的是地位高贵、衣着华丽。现在那些得道之

[1] 《韩非子·解老》，《韩非子集解》第137—138页。

人，即使内心和外表都诚信顺从，也并不诽谤中伤困苦堕落的人；即便能为节操而死、轻视财货，也并不会侮辱软弱的人和耻笑贪贿的人；即使品行端正、不结党营私，也并不嫌弃奸邪的人、惩罚自私的人；即使地位尊贵衣着华美，也并不藐视卑贱的人和欺侮贫穷的人。这是为什么？如果迷路的人肯听从认路的人、请教他们，就不会迷路了。现在，所以一般人希望成功却反而失败，是由于不懂得道理而又不肯去向知道的人请教，不肯听从能干的人的意见。一般人不肯请教知道的人和听从能干的人，而圣人却要责备他们的失败，这就会招致不满了。一般人众多而圣人少，圣人不能压过一般人，这是必然的道理。如果一举一动都与天下的人作对，那不是保全自身获得长寿的办法，因此，圣人引导众人依法行事。所以（老子）说："圣人要方正而不割伤人，有棱角而不刺伤人，正直但不放纵，有光彩但不耀眼。"

【评述】

《喻老》和《解老》两篇是韩非子对老子《道德经》的解释，也是现存最早的注释《老子》的文献。在此引起我们注意的，是韩非子对老子的"廉而不刿"一说的解释。由于他站在法家的立场上使用老子的文本，因此将"廉"的道德意义放到了其法术意义之后，可见韩非子对老子学说的改造牢牢地立足于其本人的思想。按照这个逻辑来说，圣人之所以"廉而不刿"，是因为普通人虽然力量较弱，但其合力是可观的，因此圣人要运用法令来限制和引导民众的力量，而不是借用自己的能力去欺压他们。

欲利之心不除，其身之忧也

【原文】

人有欲则计会乱，计会乱而有欲甚，有欲甚则邪心胜，邪心胜则事经绝，事经绝则祸难生。由是观之，祸难生于邪心，邪心诱于可欲。可欲之类，进则教良民为奸，退则令善人有祸。奸起则上侵弱君，祸至则民人多伤。然则可欲之类上侵弱君而下伤人民。夫上侵弱君而下伤人民者，大罪也。故曰："祸莫大于可欲。"是以圣人不引五色，不淫于声乐；明君贱玩好而去淫丽。

人无毛羽，不衣则不犯寒。上不属天，而下不著地，以肠胃为根本，不食则不能活。是以不免于欲利之心，欲利之心不除，其身之忧也。故圣人衣足以犯寒，食足以充虚，则不忧矣。众人则不然，大为诸侯，小余千金之资，其欲得之忧不除也。胥靡有免，死罪时活，今不知足者之忧，终身不解，故曰："祸莫大于不知足。"〔1〕

【译文】

人如果有了欲望，算计就会混乱，进而欲望会更强，导致邪念炽烈，之后，做事就会失去定则，从而引发灾难。由此看来，灾难产生于邪念，邪念产生于欲望。能够引起欲望的那类东西，进可以让好人做坏事，退可以使善良的人遭到祸患。这些坏事，向上会侵害君主并削弱他的力量，向下会损害百姓，这两者都是

〔1〕《韩非子·解老》，《韩非子集解》第145—146页。

大罪。所以（老子）说："没有比可引起欲望的东西更大的祸患了。"因此，圣人不受五光十色的引诱，不沉溺于音乐；明智的君主轻贱奇珍异宝，抛弃过于华丽的东西。

人没有羽毛，如果不穿衣服就会受冻。人的身体不属天地，把肠胃作为根本，如果不吃饭就不能活下去。因此，人不能免除贪心。但如果贪心不免除，就是他自身的忧患。所以，圣人穿衣如果足以御寒，吃饭如果足以充饥，就不再忧愁了。普通人却不是这样的，大到尊为诸侯，小到拥有千金资财，他们贪得的忧虑也不能去除。轻罪可以赦免，死罪有时也可以存活，而现今的一些不知满足的人的忧虑却一生都不能解脱，所以（老子）说："没有比不知足更大的祸害。"

【评述】

韩非在这里对老子的思想作出深刻的解读。从"欲"到"祸"，有时候只有短短几步的距离。韩非不否认人的生存的基本物质需要，也不否认人的贪欲之心是生而有之的。他所强调的是，在欲望的驱使下，人的理智往往无法将行为控制在应有的范围之内，而这之后，灾祸便会接踵而至。

俭用其财则家富

【原文】

周公曰："冬日之闭冻也不固，则春夏之长草木也不茂。"天地不能常侈常费，而况于人乎！故万物必有盛衰，万事必有弛张，国家必有文武，官治必有赏罚。是以智士俭用其财则家富，圣人

爱宝其神则精盛，人君重战其卒则民众。民众则国广，是以举之曰："俭故能广。"〔1〕

【译文】

周公说："如果冬天的冰封冷冻不坚固，那么春夏时草木的生长就不会茂盛。"天地尚且不能经常浪费和消耗，更何况人呢？所以万物必定有兴盛和衰弱，万事必定有松弛和紧张，国家必定既有文官也有武将，对于官员做事必定有赏有罚。因此，如果聪明的人节俭，其家庭就富裕；如果圣明的人珍惜他的精神，其精力就旺盛；如果君主不轻易发动战争，他的百姓就会众多。百姓众多了，国土就宽广。因此（老子）称道说："因为节俭，所以能够宽广。"

【评述】

"俭故能广"取自老子的《道德经》，原文为："我有三宝，持而保之。一曰慈，二曰俭，三曰不敢为天下先。慈故能勇；俭故能广；舍后且先，死矣！夫慈，以战则胜，以守则固。天将救之，以慈卫之。"（《老子·第六十七章》）韩非将这段文字中所蕴涵的目的论意味彰显出来，在他看来，"俭"是为了"广"；对于一个国家来讲，既然一盛一衰不可避免，那么，持续性的俭省则能够推迟衰败的来临，因而应该把节俭作为一项永久性的国策。

〔1〕《韩非子·解老》，《韩非子集解》第151页。

不节下而自节者，谓之贫

【原文】

叶公子高问政于仲尼，仲尼曰："政在悦近而来远。"哀公问政于仲尼，仲尼曰："政在选贤。"齐景公问政于仲尼，仲尼曰："政在节财。"三公出，子贡问曰："三公问夫子政一也，夫子对之不同，何也?"仲尼曰："叶都大而国小，民有背心，故曰：'政在悦近而来远。'鲁哀公有大臣三人，外障距诸侯四邻之士，内比周而以愚其君，使宗庙不扫除，社稷不血食者，必是三臣也。故曰：'政在选贤。'齐景公筑雍门，为路寝，一朝而以三百乘之家赐者三，故曰：'政在节财。'"

或曰：仲尼之对，亡国之言也。叶民有倍心，而说之"悦近而来远"，则是教民怀惠。惠之为政，无功者受赏，则有罪者免，此法之所以败也。法败而政乱，以乱政治败民，未见其可也。且民有倍心者，君上之明有所不及也。不绍叶公之明，而使之悦近而来远，是舍吾势之所能禁而使与不行惠以争民，非能持势者也。夫尧之贤，六王之冠也，舜一从而咸包，而尧无天下矣。有人无术以禁下，恃为舜而不失其民，不亦无术乎！明君见小奸于微，故民无大谋；行小诛于细，故民无大乱。此谓"图难于其所易"也，"为大者于其所细"也。今有功者必赏，赏者不得君，力之所致也；有罪者必诛，诛者不怨上，罪之所生也。民知诛罚之皆起于身也，故疾功利于业，而不受赐于君。"太上，下智有之。"此言太上之下民无说也，安取怀惠之民？上君之民无利害，说以"悦近来远"，亦可舍已！哀公有臣外障距内比周以愚其君，而说之以“选贤”，此非功伐之论也，选其心之所谓贤者也。使哀公知三子外障距内比周也，则三子不一日立矣。哀公不知选贤，选其心之所谓贤，故三子得任事。燕子哙贤子之①而非孙卿②，故身死为僇；夫差智太宰嚭而愚子胥，故灭于越。鲁君不必知贤，而说以“选贤”，是使哀公有夫差、燕哙之患也。明君不自举臣，臣相进也；不自贤，功自徇也。论之于任，试之于事，课之于功。故群臣公正而无私，不隐贤，不进不肖。然则人主奚劳于选贤？景公以百乘之家赐，而说以“节财”，是使景公无术以享厚乐，而独俭于上，未免于贫也。有君以千里养其口腹，则虽桀、纣不侈焉。齐国方三千里，而桓公以其半自养，是侈于桀、纣也；然而能为五霸冠者，知侈俭之地也。为君不能禁下而自禁者，谓之劫；不能饰下而自饰者，谓之乱；不节下而自节者，谓之贫。明君使人无私，以诈而食者禁；力尽于事，归利于上者必闻，闻者必赏；污秽为私者必知，知者必诛。然故忠臣尽忠于公，民士竭力于家，百官精克于上，侈倍景公，非国之患也。然则说之以“节财”，非其急者也。夫对三公一言而三公可以无患，知下之谓也。知下明则禁于微，禁于微则奸无积，奸无积则无比周，无比周则公私分，公私分则朋党散，朋党散则无外障距内比周之患。知下明则见精沐，见精沐则诛赏明，诛赏明则国不贫。故曰：“一对而三公无患，知下之谓也。”[1]

【注释】

①子之：战国时燕国人，燕王哙即位后任用他为燕相，子之

〔1〕《韩非子·难三》,《韩非子集解》第373—376页。

办事果断，善于监督和考核臣属，得到燕王的赏识和重用。但十几年后，齐宣王攻下燕国，杀死了燕王哙，子之逃亡，后被齐国人杀死。

②孙卿：即荀况。

【译文】

楚国的叶公子高向孔子请教什么是为政之道，孔子说："为政之道应该让近处的人高兴，让远处的人前来归顺。"鲁哀公向孔子请教什么是为政之道，孔子说："为政之道在于选用贤人。"齐景公向孔子请教什么是为政之道，孔子说："为政之道在于节约财力。"这三个人走后，子贡问孔子："这三个人都向您请教什么是为政之道，您却给出不同的回答，这是为什么呢?"孔子说："叶地附城大而都城小，百姓有可能背叛，所以我说，为政之道在于让近处的人高兴，让远处的人前来归顺。鲁哀公有三个大臣，他们对外阻挡其他诸侯国的士人到鲁国来，对内交结党羽谋求私利来愚弄君主，导致无法打扫宗庙、祭祀社稷的，一定是这三个大臣。所以我说，为政之道在于选用贤人。齐景公修筑雍门，建造路寝高台，仅一个早上就赏赐了三个人，其中每个人都被赐为拥有三百套马车的大夫，所以我说，为政之道在于节约财力。"

有人说孔子的回答是亡国之论。叶地的百姓对国君有背叛之意，孔子却劝他"让近处的人高兴，让远处的人前来归顺"，这是教人伸手要恩赐。如果把恩赐作为治国的手段，那无功的人也可以得到恩赐，有罪的人也可能被免罪，这是法制败坏的原因。法制败坏，政治就会混乱，用混乱的政治来治理败坏的百姓，是不可能成功的。再说，百姓之所以有背叛之心，是因为君主没有明察。不让叶公学会明察，却让他取悦近处的人而招徕远处的人，这就等于舍弃自身权势，让他和臣子一样用恩赐的方式去争夺百姓，这不是能掌握权势的办法。尧的贤明列于尧、舜、禹、汤、文、武六王之首，然而只要舜搬迁一次，其所到之处就会形成新的城邑，最后尧失去了天下。有人不能用权术来控制臣下，却希望仿效舜而不失民心，不也是没有治国的办法吗？明智的君主能从小的地方发现坏事的萌芽，所以百姓没有大的阴谋；在小事上予以轻罚，所以百姓没有大乱。这就是“处理难事要从易处着手”、“处理大事要从小处开始”的意思。现在，有功的人必定被赏赐，受赏的人却并不感激君主，因为他出了力气；有罪的人必定受惩罚，受罚的人却并不怨恨君主，因为他的确有罪。百姓知道受罚和受赏都是自身造成的，所以急于在做事时谋取利益，因而不接受君主的恩赐。“最高明的君主，百姓只知道有那么一个人而已。”这句话的意思是，最高明的君主统治下的百姓并没有什么爱好，更谈不上得到他的恩赐了。最高明的君主统治下的百姓对君主不讲利害，像“悦近来远”也是不对的！鲁哀公有些臣子对外阻挡士人到鲁国来，对内结党营私来欺骗君主，而孔子却劝说哀公选用贤人，这不是根据功劳来选用贤人，而是要君主选择他所认为的贤人。假如哀公知道孟孙、季孙、叔孙对外阻挡士人到鲁国来，对内结党营私，那么这三个人必定要倒台。哀公却并不懂得如何选用贤人，他所选的只是他所认为的贤人，所以这三个人一直得势。燕王哙认为子之是贤人而不认为荀况有才能，结果自己被杀，遭到羞辱；吴王夫差认为太宰嚭聪明而伍子胥愚蠢，结果被越国所灭。鲁君不一定懂得贤人，却劝说他选贤人，这是让哀公遭遇夫差和燕王哙那样的祸患哪。明智的君主不凭个人的喜好来提拔臣子，臣子也会自己表现；就算他不做判断，立功的人也会显现出来。从行事才能上鉴别他们，用实际工作去测试他们，从成绩上考察他们，那么群臣就会做到公正无私，不隐瞒贤人，不推荐不贤的人。既然如此，君主又何必甄选人才呢？齐景公用百套马车作为赏赐，而孔子却劝他节财，这是要让景公无法去了解富家的奢侈，而独自做到节俭，结果却可能陷入贫穷。君主如果用千里土地的收入供养自己，那么，即使是桀、纣也不会更奢侈。齐国方圆三千里，而桓公用国家收入的一半来供养自己，比桀、纣奢侈多了。然而桓公能位列五霸之首，是因为他知道什么是奢侈，什么是节俭。做君主的不能禁止臣下而只能约束自己，这是灾难；不能整治臣下而只是约束自己，这是混乱；不能节制臣下而只是节制自己，这是穷困。明智的君主使百姓没有私欲，阻止靠诈骗为生的人；对于那些尽力工作并把利益归于君主的人，君主一定要知晓，随后一定给予赏赐；对于那些行为不端而只求满足私利的人，君主一定要知晓，接着一定对他重罚。只有这样，忠臣才能为国家尽忠，百姓必能为大夫之家卖力，百官在朝廷上必能做到廉洁公正，即使比景公奢侈数倍，也不会成为国家的祸患。那么，节约财力对于景公来说并非最急迫的事。如果用一句话来回答三个人就可以使他们免于祸患，那这句话就是要了解下情。如果了解下情，在坏事尚未发展起来时就禁止它，这样，奸邪就不会出现；随后，结党营私的事就不会发生，那么公私就会分明，朋党就会解散，因而就不会有对外阻挡士人到鲁国来、对内结党营私的祸患。了解下情，就会看清形势，那么赏罚就会公正，国家就不会陷入穷困。所以说："用一句话回答就可以使三个人都没有祸患，那就是要了解下情。"

【评述】

《难三》篇共分八章，本选文为其中的第四章。这是法家和儒家的一次短兵相接。这段文字主要反映了法家和儒家在治国方略上的针锋相对：韩非子反对孔子的仁政、选贤、节财等注重伦理的治国主张；他从法家的实用主义思想出发，认为对于君主来说，仁、贤、俭等不是必要的品质，而首先应当拥有"知下"的能力，同时要赏罚分明，用法制来治理国家。这样的话，即便国君生活奢侈，国家也不会灭亡；否则，即便自身十分节俭，也无法杜绝臣子的奢侈行为，进而还会危害到国家社稷的长治久安。

第三节 李斯

【人物简介】

李斯（？—前208），字通古。秦朝著名的政治家。战国末年楚国人。早年曾任小官，后跟从荀子学帝王之术，学成入秦。初被吕不韦任为郎，后劝说秦王政灭诸侯、成帝业，被任为长史。秦王采纳其计谋，遣谋士持金玉游说关东六国，离间各国君臣，又任其为客卿。秦王政十年（前237年）下令驱逐六国客卿。李斯上《谏逐客书》阻止，为秦王嬴政所采纳，后升为廷尉。可见他在秦王政统一六国的事业中起了较大作用。秦统一天下后，与王绾、冯劫议定尊秦王政为皇帝，并制定有关的礼仪制度，被任为丞相。他建议拆除郡县城墙，销毁民间的兵器，以加强对人民的统治；反对分封制，坚持郡县制；又主张焚诗书，禁私学。还参与制定了法律，统一车轨、文字、度量衡制度。秦始皇死后，他与赵高合谋，篡改遗诏，迫令始皇长子扶苏自杀，立少子胡亥为二世皇帝。后为赵高所忌，于秦二世二年（前 208 年）被腰斩于咸阳闹市，并夷三族。

李斯的一生经历了秦国逐渐富强、统一天下继而衰败的全过程，亲眼看到了我国第一个统一的封建王朝的盛衰，积累了相当丰富的历史经验和教训。

谏秦二世极意声色

【原文】

放弃《诗》《书》，极意声色，祖伊①所以惧也；轻积细过，恣心长夜，纣所以亡也。〔1〕

【注释】

①祖伊：商纣王的大臣。据传纣王荒淫无道，大臣祖伊劝谏，纣王拒不接受，最终导致亡国。

【译文】

放弃攻读《诗》《书》，极力追求歌舞女色，这是当时祖伊所恐惧的东西；轻视细小的过失，随心所欲，整夜地淫乐，这是商纣王亡国的原因。

〔1〕《史记·乐书第二》。

【评述】

据传，秦始皇治国之时勤于朝政，而到了秦二世却十分荒淫。李斯借古讽今，希望秦二世勿以恶小而为之，不要重蹈商纣王亡国的覆辙。因贪图享乐而亡国，这在中国是古已有之的教训，同时又是集权制国家很难避免的历史现象。每当一朝衰败的时候，几乎都会出现荒淫无道的帝王和拼死进谏的臣子。具体在这段史实里，李斯进谏也同样遭到了失败。从我们今天的视角来看，其克服之道与其说在道德修养上下工夫，毋宁说是当时的集权制度的必然产物。

狱中骂秦二世

【原文】

嗟乎，悲夫！不道之君，何可为计哉！昔者桀杀关龙逢[①]，纣杀王子比干[②]，吴王夫差杀伍子胥[③]。此三臣者，岂不忠哉？然而不免于死。身死而所忠者非也。今吾智不及三子，而二世之无道过于桀、纣、夫差，吾以忠死，宜矣。且二世之治岂不乱哉！日者夷其兄弟而自立也，杀忠臣而贵贱人，作为阿房之宫，赋敛天下。吾非不谏也，而不吾听也。凡古圣王，饮食有节，车器有数，宫室有度，出令造事，加费而无益于民利者禁，故能长久治安。今行逆于昆弟，不顾其咎；侵杀忠臣，不思其殃；大为宫室，厚赋天下，不爱其费：三者已行，天下不听。今反者已有天下之半矣，而心尚未寤也，而以赵高为佐，吾必见寇至咸阳，麋鹿游于朝④也。[1]

【注释】

①桀杀关龙逢：据传关龙逢因劝谏夏桀而遭囚杀。

②纣杀王子比干：比干是中国历史上著名的忠臣。据传商纣王荒淫无道，横征暴敛，比干强谏，惨遭纣王剖心。

③吴王夫差杀伍子胥：伍子胥是吴国大夫，曾劝吴王夫差不要接受越王勾践求和并停止攻齐，夫差不听，反逼伍子胥自杀。

④麋鹿游于朝：麋鹿出没于朝廷之中，景象荒凉，比喻亡国。

【译文】

唉，真是可悲呀！这个无道的昏君，怎么能为他出谋划策呢！以前夏桀杀死关龙逢，商纣杀死比干，吴王夫差杀死伍子胥。这三个大臣难道不忠心吗？然而却最终死去。他们虽然尽忠而死，可惜效忠错了君主。现在，我的智慧比不上这三个人，而秦二世的暴虐却超过了那三位暴君，我因尽忠而死，也是应当的。况且秦二世治国难道不是胡作非为吗！不久前他杀死了兄弟而自立为皇帝，又杀害良臣，重用地位低贱的人，修建阿房宫，对天下百姓横征暴敛。我并非没有劝他，实在是他不听我的呀。古代圣明的帝王，其饮食都有节制，车马器物都有一定的数量，宫殿都有一定的限度，在颁布法令和兴办事情时，只是增加费用而不对百姓有利的事情一律禁止，所以才能巩固政权。现在秦二世杀害自己的兄弟，不考虑会有什么灾祸；滥杀忠臣，不考虑会有什么坏

〔1〕《史记·李斯列传》。

的结果；大力修筑宫殿，加重对百姓的税收，不吝惜钱财：发生上述三件事以后，百姓都不肯服从他。现在，揭竿而起的人已占天下人的一半了，但秦二世却还未醒悟，竟任用赵高为辅佐，我一定会看到起义军攻进咸阳，使朝廷变为麋鹿玩耍的地方。

【评述】

自古以来，兴邦的途径各有不同，但亡国的路数大体一致——倒行逆施，迫害忠良，厚赋天下，纸醉金迷……桀、纣、夫差、秦二世概莫能外。可惜的是，李斯成功地帮助秦始皇践行了法治的理论，实现了战国君主梦寐以求的霸业，却难以帮助秦二世逃脱这种灭亡的宿命。后来的贾谊在《过秦论》中总结灭亡的原因时说："秦王怀贪鄙之心，行自奋之智，不信功臣，不亲士民，废王道而立私爱，禁文书而酷刑法，先诈力而后仁义，以暴虐为天下始。"（《新书·过秦下》）这种看法可谓深刻，它揭示出法家治国的弱点所在，也说明了，在一个集权制国家里，一种健康有效的政治文化与制度必须是自上而下的，而处于这个金字塔式统治集团顶端的君主，更是应当谨慎修身、谨慎治国。

参考文献：

张双棣、张万彬、殷国光、陈涛撰：《吕氏春秋译注》，吉林文史出版社 1987 年版。

王先慎撰：《韩非子集解》，中华书局 1998 年 7 月版。

张中义、王宗堂、王宽行：《李斯集辑注》，中州古籍出版社 1991 年 9 月版。

何宁撰：《淮南子集释》（上中下），中华书局 1998 年 10 月版。

郭沫若、王元化著：《韩非子二十讲》，华夏出版社 2008 年版。

本章执笔：张　颖

第三章　汉代廉政思想

概述

自汉高祖刘邦于公元前202年称帝建立西汉，至公元220年东汉政权被曹魏取代，汉朝共历时四百二十二年。作为一个伟大的历史时期，汉代在政治、经济、文化上都达到了相当的高度。汉代的廉政思想，可以概括为以下几个方面：

一、以民为本

公元前207年，汉高祖刘邦率先攻入咸阳，他与秦民“约法三章”，大力安抚百姓，得到久遭暴秦苛政之苦的人们的支持，从而赢得了民心。西汉建立以后，刘邦采取与民休息的政策，鼓励生产，轻徭薄赋。主张清静无为的黄老之术成为汉初的执政方针，西汉此后的几位皇帝大都以黄老之术治国。文帝刘恒与景帝刘启，在位期间曾多次下达劝农诏，鼓励生产，轻徭薄赋，遇有旱、涝、蝗虫等自然灾害，就下诏减免租税。文帝明确提出“农，天下之大本也”，重农而抑商。此二帝统治期间，社会安定繁荣，史称“文景之治”。建立了东汉王朝的光武帝刘秀，同样多次下达诏令，减省徭赋，与民休息。明帝与章帝时期被称为“明章盛世”，他们同样多次颁行减轻徭役赋税的政策，体现了他们的重农思想。

汉初思想家陆贾从道德教化的角度，提出“治国治众者，不可以图利，治产业，则教化不行，而政令不从”〔1〕。西汉大儒董仲舒从约束官员的角度，提出“受禄之家，食禄而已，不与民争业”〔2〕，倡导从政为官者不应从事经济性活动而与农人争业，这是为了“民可家足”，顾及百姓的利益。在桓宽著述的《盐铁论》一书中，表达了同样的观点。书中抨击了执政者以权谋私，“食湖池，管山海，刍荛者不能与之争泽，商贾不能与之争利”〔3〕的社会现象，提出享食国家利禄者，不应再行从事商业谋取私利。东汉思想家王符提出“君子任职则思利民”〔4〕，史学家荀悦提出“五政”，第一政即“兴农桑以养其生”〔5〕，又提出“达惠于民”〔6〕的观点，这些都体现了他们的重农观。

---

〔1〕王利器：《新语校注》卷下《怀虑第九》，中华书局1986年版（下同），第129页。

〔2〕《汉书》卷五十六《董仲舒传》。

〔3〕王利器：《盐铁论校注》卷第四《贫富第十七》，中华书局1992年版（下同），第220页。

〔4〕彭铎：《潜夫论笺校正》卷三《忠贵第十一》，中华书局1985年版（下同），第108页。

〔5〕荀悦：《申鉴·政体第一》，《诸子集成》第9卷，岳麓书社1996年版（下同），第1页。

〔6〕同上书，第4页。

二、仁义治国

秦代以法家治国，政治残苛，民不聊生，历二世而亡。汉朝建立之初，就积极吸取秦朝灭亡的教训，宽惠爱民，任用儒生。汉武帝更是接受董仲舒的建议，“罢黜百家，独尊儒术”，奠定了儒家思想的统治地位。

简而言之，儒家注重道德教化，提倡仁义治国。汉初思想家陆贾在其《新语》中有大量篇幅对此进行论述，他在该书开篇《道基》篇中将仁义视为治理国家的根本。儒生贾谊提出人君应以礼义廉耻对待群臣，在《新书·俗激》篇中，面对世俗竞相侈靡，上下之间的差别已被打破的局面，他建议重新制定政策，严格上下差别，使人们各安其位。董仲舒提出君主要谨言慎行，其好恶喜怒应“当义乃出”，将仁义内化于心。桓宽的《盐铁论》明显倾向于儒家思想，尊崇仁爱之道，认同“恩及刑人，德润穷夫”的观点。扬雄所著《法言》，也深受儒家观念的影响，他提出“君子为国，张其纲纪，谨其教化。导之以仁，则下不相贼；莅之以廉，则下不相盗；临之以正，则下不相诈；修之以礼义，则下多德让”[1]，主张以仁义礼让治国。桓谭在《新论》中提出“圣王治国，崇礼让，显仁义，以尊贤爱民为务”。王符在《潜夫论》中提出“务节礼而厚下，复德而崇化”、“导文、武之法”的观点，体现的同样是儒家的治国观。

---

〔1〕 汪荣宝:《法言义疏》十二《先知卷第九》，中华书局1987年版（下同），第295—296页。

三、人才选拔

选拔人才是国家统治得以维系的重要保障，因为利害攸关，最容易滋生腐败。汉代的人才选拔，大部分时间实行的是察举制与征辟制，即地方官吏推荐和中央政府征召两种政策。由于或被虚名蒙蔽，或因高官荫庇，或以人情金钱请托，举非其人的现象常常出现。到了后汉更是出现了葛洪所说的“举秀才，不知书；举孝廉，父别居”的不可收拾的混乱局面。因此，有关人才选拔方面的廉政思想，是汉代思想家论述最多的一个主题。

为了选拔贤才，汉景帝下诏降低做官的门槛，由訾算十万降至四万，此举是为了“亡令廉士久失职”〔1〕。汉武帝下诏指出，“有负俗之累而立功名”的士人，即有才能无德行的人，亦可察举。即使到了汉桓帝时期，他亦曾下令严于选举，怎奈社会已近于崩溃而无力回天。

武帝时期，董仲舒提出了兴建太学培养士人的建议，他同时提出“数考问以尽其材”〔2〕，主张对士人进行多次考核以辨明其才能。他在同一策中指出，对于有荐举之责的官员，“所贡贤者有赏，所贡不肖者有罚”。而对荐举上来的士人，要“量材而授官，录德而定位”。桓宽亦表达了同样的观点。他批评了当时吏道杂而不选的现象，“富者以财贾官，勇者以死射功”，提出应该“选贤而器使之”〔3〕。身为边缘士人的王符，对东汉选官之弊有深切的

〔1〕 严可均辑：《全汉文》卷二，商务印书馆1999年版（下同），第21页。
〔2〕《汉书》卷五十六《董仲舒传》。
〔3〕《盐铁论校注》卷第六《除狭第三十二》，第411页。

体会。他在《潜夫论》中有大量文字论述此点，提出“以选为本”、“选以法令为本”[1] 的观点，并提出“选贤贡士，必考核其清素，据实而言”的主张。

四、考核官吏

如何使官吏人当其职，才尽其选，并且廉而不贪，这是历代统治者都要考量的事情。从制度层面讲，汉代承继了秦代的监察制度，尤其是设置了刺史，以“六条问事”制度监察二千石的郡守，有效地对郡守实行了监督，加强了中央集权。

在思想领域，对这个问题主要有两种观点。一是只要君主端正自己的行为，那么臣民就会端正自己。所谓“政者，正也。子帅以正，孰敢不正”[2]，强调君主的表率作用。如陆贾提出“上明而下清，君圣而臣忠”[3]；桓宽认为“夫欲影正者端其表，欲下廉者先之身。故贪鄙在率不在下，教训在政不在民也”[4]；仲长统说：“我有公心焉，则士民不敢念其私矣；我有平心焉，则士民不敢行其险矣；我有俭心焉，则士民不敢放其奢矣：此躬行之所征者也”[5]。二是加强考功，对官员的政绩及能力进行考核。如董仲舒提出“擥名责实，不得虚言，有功者赏，有罪者罚”[6]，主张根据官员的实际政绩而不是虚空的声名评判官员的能力，并

---

〔1〕《潜夫论笺校正》卷二《本政第九》，第 88 页。

〔2〕杨伯峻撰：《论语译注·颜渊篇第十二》，中华书局 1980 年版（下同），第 129 页。

〔3〕《新语校注》卷上《术事第二》，第 47 页。

〔4〕《盐铁论校注》卷第六《疾贪第三十三》，第 415 页。

〔5〕仲长统：《昌言上》，见严可均辑《全后汉文》卷八十八，商务印书馆 1999 年版（下同），第 889 页。

〔6〕苏舆：《春秋繁露义证》卷第七《考功名第二十一》，中华书局 1992 年版（下同），第 178 页。

主张严刑重赏。董仲舒还提出要注重考察治理百姓的基层官员，“留心署置，以明消灭邪枉之迹”。王符对这个问题也多有论述，他提出“知贤之近途，莫急于考功”[1]，并给出了具体的实施方略，即对于中央官员来说，使其“各居其职，以责其效”，对于地方官员而言，“各因其前，以谋其后；辞言应对，各缘其文，以核其实”。王符还特别提出对国家最高官吏三公进行考核，“三公在三载之后，宜明考绩黜刺，简练其材”，对于尸位素餐的加以处罚。

此外，仲长统提出提高官员的俸禄，使他们能够满足生活之需，从而专心于政事。针对汉代外戚专权扰乱朝政的问题，他提出外戚不当授予官职参与政事的观点。

简而言之，儒家的德治观是汉代廉政思想的主流，汉代著名思想家，如陆贾、贾谊、董仲舒、王符、仲长统等，都是著名的儒生。他们主张以仁义治国，强调道德教化，在人才选拔上注重名实相符，推崇三代的考功制度。所有这些，都表明汉代廉政观念深受儒家思想的影响。

第一节　汉高祖刘邦

【人物简介】

汉高祖刘邦（前256或前247—前195），字季，沛县（今属江苏）人。秦朝时曾担任泗水亭长，在秦末农民战争中起义，称

〔1〕《潜夫论笺校正》卷二《考绩第七》，第62页。

"沛公"。公元前206年刘邦率义军攻入秦都咸阳，推翻秦朝统治，约法三章，废除严刑苛法，得到秦人拥护。同年，义军盟主项羽入关，大封诸侯王，他被封为汉王，封地为汉中、巴蜀。此后经过五年的楚汉争霸，灭掉项羽，于公元前202年称帝，定都洛阳，后迁都长安，在位共十二年。刘邦登基后，采取休养生息的宽松政策，对安定民心，促成汉代雍容大度的文化风貌起了很大作用。

入关告谕，约法三章

【原文】

父老苦秦苛法久矣，诽谤者族，耦语①者弃市。吾与诸侯约，先入关者王之，吾当王关中。与父老约，法三章耳：杀人者死，伤人及盗抵罪。馀悉除去秦法。吏民皆按堵如故。凡吾所以来，为父兄除害，非有所侵暴，毋恐！且吾所以军霸上，待诸侯至而定要束耳。[1]

【注释】

①耦（ǒu）语：相对密语。耦，通"偶"，成对，对。

【译文】

父老乡亲们遭受秦朝苛虐的法令时间太长了，批评朝政的人诛杀全族，相对私语的人也会横尸街头。我和诸侯们有个约定，首先进入关中的尊之为王，我要在关中称王了。与父老们约法三

〔1〕《汉书》卷一《高帝纪》。

章：杀人的犯死罪，伤了人与偷盗的要抵罪。其余的秦朝法令全部废除。官吏百姓原来的情况不变。我入关的目的，是为了给父老乡亲们除害，不是为了掠夺施暴的，大家不要恐慌！我所以驻军在霸上，是为了等诸侯到来再定约束。

【评述】

秦末诸侯起义拥立楚怀王为尊，约定先入关者为王。公元前206年，刘邦率先攻入咸阳，他并没有纵容手下烧杀抢掠，相反，与秦民约法三章，严禁侵扰百姓，对于维护社会稳定、安定民心起到了良好的效果。此举使刘邦赢得了民心，并最终赢得了天下。

第二节　汉文帝刘恒

【人物简介】

汉文帝刘恒（前202—前157），是汉朝的第四位皇帝，谥号孝文帝。他是汉高祖刘邦的第四子，汉惠帝刘盈之弟，母薄姬。初被立为代王，建都晋阳。惠帝死后，吕后立非正统的少帝。吕后死，吕产、吕禄企图发动政变夺取帝位。周勃、陈平诛灭了诸吕势力，刘恒被推上皇帝宝座。他继续执行与民休息和轻徭薄赋的政策，使得他在位的二十三年成为汉朝从国家初定走向繁荣昌盛的过渡时期，与汉景帝时期并称为“文景之治”。

民当务本，劝课农桑

【原文】

农，天下之大本也，民所恃以生也。而民或不务本而事末，故生不遂。朕忧其然，故今兹亲率群臣，农以劝之。其赐天下民今年田租之半。[1]

【译文】

农业是国家立基的根本，百姓凭借它得以维持生活。然而有的人不专心务农却去经商，造成了衣食困乏。我担忧这种情况，因此今天亲率群臣耕田以鼓励农业。免除天下百姓今年一半的田租。

【评述】

这是在汉文帝二年（前 178 年）九月下达的《劝农诏》。文帝以黄老之术治国，在与民休息的同时，注重农业的地位，以轻徭薄赋的政策鼓励农业生产。文帝在位期间曾多次下达劝农诏，减轻农民的赋税，如在文帝十二年（前 168 年）三月所下达的诏书里面，“赐农民今年租税之半”；十三年（前 167 年）六月的《劝农诏》里，“除田之租税，赐天下孤寡布帛絮各有数”。这些政策大大地促进了农业的发展，促成了“文景之治”。

---

〔1〕《全汉文》卷一，第 11—12 页。

第三节 汉景帝刘启

【人物简介】

汉景帝刘启（前188—前141），谥号孝景皇帝。景帝在前元三年（前154年）平息了由刘姓王侯发动的“七国之乱”，加强了中央集权。他继续执行黄老无为政治，采取了一系列行之有效的措施，如重农抑商、发展经济、轻徭薄赋、约法省禁、发展教育、打击豪强等。可以说，景帝继承和发展了其父文帝的事业，与之共同开创了“文景之治”；同时，又为儿子刘彻的“汉武盛世”奠定了基础，完成了从文帝到武帝的过渡。

降低訾算，征召廉士

【原文】

人不患其不知，患其为诈也；不患其不勇，患其为暴也；不患其不富，患其亡厌也。其唯廉士，寡欲易足。今訾算十①以上乃得官。廉士算不必众。有市籍②不得官，无訾又不得官，朕甚愍之。訾算四得官，亡令廉士久失职，贪夫长利。[1]

【注释】

①訾算十：汉初朝廷规定，家赀十算（十万钱）以上才能做

〔1〕《全汉文》卷二，第21页。

官。訾，通“赀”，钱财。

②市籍：秦汉时在市商业区营业的商贾的户籍。

【译文】

人，不怕他没有智慧，就怕他欺诈；不怕他不勇敢，就怕他暴虐；不怕他不富裕，就怕他贪得无厌。作为廉士而言，欲望很少，容易满足。法令上说，拥有资产十万钱以上才能做官。而廉士的财产必然不多。有市籍的不能做官，没有资产的又不能做官，我十分可怜他们。今改为有资产四万的人就可以为官，不要让廉士长期没有官做，贪夫长期得利。

【评述】

应劭曾指出：“古者疾吏之贪，衣食足，知荣辱，赀盈十万，乃得为吏。”王夫之认为这是秦代之法。汉承秦制，这种为官制度也继承了下来。一方面，必须家中有十万资产才能为官，另一方面，又规定商人不得为官，这就使得无钱的廉士或身为商人富有才能的人无法做官。汉景帝降低了做官的门槛，由资产十万降到了四万，这在一定程度上确实也利于廉士的入仕，相比前代是很大的进步。不过，这种改革仍然不够彻底，对于廉士的从政仍然是个阻隔。王夫之对此进行过评说，说景帝的做法“争之于铢两之间，亦恶足以善风俗乎！”他还对这种制度进行了尖锐的批评：“举富人子而官之，以谓其家足而可无贪，畏刑罚而自保，然则畏人之酗饮，而延醉者以当筵乎？富而可为吏，吏而益富，富而可贻其吏于子孙。毁廉耻，奔货贿，薄亲戚，猎贫弱，幸而有赀，遂居人上，民之不相率以攘夺者无几也。自非嬴氏为君、商鞅为政，未有念及此以为得计者也。”[1] 当然，我们不能过于苛责古人，站在当时的角度，汉景帝的改革无疑是具有进步意义的。

第四节 汉武帝刘彻

【人物简介】

汉武帝刘彻（前156—前87），景帝之子，公元前140—前87年在位。汉武帝是一个具有雄才伟略的皇帝，在政治方面，采纳主父偃的建议，颁布“推恩令”，使诸侯王多分封子弟为侯，以削弱汉初分封的诸侯国势力，同时加强了监察制度。汉武帝还变古创制，包括收相权、设刺史、立平准均输等重大改革与创制，建立了一套系统完整的政治制度。在经济上，采取重农轻商、兴修水利、整顿财政、官营盐铁贸易、平抑物价等政策，大大增强了国家的经济实力。在思想方面，采纳董仲舒的建议，罢黜百家，独尊儒术，使儒学成为中国社会的统治思想。汉武帝也非常注重人才的培养与发掘。他确立了察举制度，对后世影响很大。在汉武帝的治理下，西汉进入鼎盛时期。

才高德浅，亦当任用

【原文】

盖有非常之功，必待非常之人，故马或奔踶①而致千里，士或

[1] 王夫之：《读通鉴论》卷三，中华书局1975年版（下同），第54页。

有负俗之累而立功名。夫泛驾之马，跅弛②之士，亦在御之而已。其令州郡察吏民有茂材③异等可为将相及使绝国者。[1]

【注释】

①踶（dì）：踢，指马暴烈难驯。

②跅（tuò）弛：放纵不羁。

③茂材：即秀才。泛指才能超群出众的人。东汉时为避光武帝刘秀之名讳，秀才改称茂材。

【译文】

要建立丰功伟业，必须依靠优异的人才，因此，有的马狂奔踢踢难以驾驭却能日行千里，有的士人被世俗讥议却能建立功业。拉翻车的马，放纵不羁的士人，也都在于主人的驾驭罢了。现在命令各州郡长官访察官吏和百姓中才能超诣、不同凡响，可以胜任将相及出使远国的人才。

【评述】

汉武帝元封五年（前106年），初次设置了十三部刺史。此时知名的文武大臣大多病老而死，国家亟需人才，于是汉武帝在当年四月下达了上述《求贤诏》。武帝以马喻人，指出有的马虽有缺点却能日行千里，不失为好马。士人亦是如此，虽然德行有缺受人讥议却有治世之才，能建功立业，这样的人同样为国家所需。汉武帝求贤不拘一格，三国时期魏武曹操提出的“唯才是举”，与

〔1〕《全汉文》卷四，第33页。

之有共同之处。

第五节　汉光武帝刘秀

【人物简介】

汉光武帝刘秀（前6—后57），字文叔，南阳蔡阳（今湖北枣阳西南）人，汉景帝后裔。公元25年建立东汉王朝，为汉朝中兴之主。他所施行的各项政策措施，既维护了东汉封建统治，也维护了国家统一。他施行了一系列廉政政策，如与民休息、促进社会经济的发展，整顿吏治、提倡节俭，薄赋敛、省刑法，偃武修文、不尚边功，简化机构、裁减冗员等。

百姓遭难，省减吏员

【原文】

夫张官置吏，所以为人也。今百姓遭难，户口耗少，而县官吏职，所置尚繁，其令司隶、州牧，各实所部，省减吏员。县国不足置长吏可并合者，上大司徒、大司空二府。[1]

【译文】

设置官府任命官吏，是为了管理百姓的。现在百姓遇到了困难，户口减少，而所设置的官吏的职位仍然繁多，现在命令司隶、

〔1〕 严可均辑:《全后汉文》卷一，商务印书馆1999年版（下同），第4页。

州牧分别核实自己辖区内的官吏设置，减少官吏人数。将那些不足以设置长吏可以合并的县和诸侯国，上报给大司徒和大司空两府处。

【评述】

机构冗杂、官员众多常常是执政部门的一大弊病，这不仅浪费了国家的大量资财，更导致办事效率低下，滋生贪污腐败。因此，精简机构、减少官吏也就成为执政者应当考虑的一个问题。这份《省减吏员诏》是刘秀在建武六年（30 年）发出的。彼时经过西汉末年的战乱，百姓人口锐减，而官员仍然冗多。刘秀下令合并官府，减省冗员，此项举措对于减少国库开支、提高工作效率，更好地治理国家起到了很好的作用。

第六节 汉章帝刘炟

【人物简介】

汉章帝刘炟（56—88），在位期间，他行宽厚之政，施行了一系列的宽惠爱民政策，如除去以往一人犯谋逆等大罪则亲属皆受牵连的法令；命罪人减刑迁到边境地区；禁用酷刑，除刑罚残酷的条文五十余条；禁盐铁私煮私铸。注重选拔官吏，以得廉能之吏为政治清明的保证；打击豪强地主兼并土地，采取优惠政策募民垦荒，鼓励人口增殖，减轻徭役赋税等。章帝在位期间，国家兴盛，政局稳定，社会安宁，两度派班超出使西域，使得西域地区重新称藩于汉，与汉明帝时期共称“明章盛世”。

明纠非法，举察奢僭

【原文】

比年阴阳不调，饥馑屡臻。深惟先帝忧人之本，诏书曰“不伤财，不害人”，诚欲元元去末归本。而今贵戚近亲，奢纵无度，嫁娶送终，尤为僭移。有司废典，莫肯举察。《春秋》之义，以贵理贱。今自三公，并宜明纠非法，宣振威风。朕在弱冠，未知稼穑之艰难，区区管窥，岂能照一隅哉！其科条制度所宜施行，在事者备为之禁，先京师而后诸夏。[1]

【译文】

近年来阴阳失调，灾荒屡屡发生。我深思先帝忧虑人民的根本，下诏书说“不伤财，不害人”，真正想让百姓弃商归农，抛弃末业而回归本业。现在的皇亲国戚，穷奢极欲没有限度，婚丧嫁娶办得尤其超越规定。有关部门不顾律法，不肯检举纠察。《春秋》之义，以高贵治理卑贱。从现在起，自三公以下，都应该公开纠正不合法典的行为，重振国家风教。我刚刚二十岁，不知道农耕劳作的艰难，从小小的管子里观察，哪能看清每一个角落呢？一切规章制度都应该施行，身居官职的人要准备以规章条令来约束自己的行为，先从京师开始，而后推广到全国。

【评述】

这是章帝在执政第二年刚刚二十岁时发出的《举察奢僭诏》，

---

〔1〕《全后汉文》卷四，第31页。

针对饥荒不断、百姓生活困苦，而贵戚近亲却奢侈无度的情况，申明自三公以下，都应遵守国家法令，约束自己的行为，不可任由违背政令的现象蔓延。诏令中还提出了“去末归本”，号召人民弃商归农，发展农业生产，体现出中国古代一以贯之的重农思想。

第七节 汉桓帝刘志

【人物简介】

汉桓帝刘志（132—167），章帝曾孙，东汉第十位皇帝，146—167 年在位。刘志依靠外戚梁冀的拥立登上帝位，后又依靠宦官除掉梁氏，因此先后受制于这两股力量。其统治时期，东汉已经步入晚期，社会显现出一片乱象。

举善惩恶，严于选举

【原文】

孝廉、廉吏，皆当典城牧民，禁奸举善，兴化之本，恒必由之。诏书连下，分明恳恻，而所在玩习，遂至怠慢，选举乖错，害及元元。顷虽颇绳正，犹未惩改。方今淮夷未殄，军师屡出，百姓疲悴，困于征发。庶望群吏，惠我劳民，蠲[①]涤贪秽，以祈休祥。其令秩满百石，十岁以上，有殊才异行，乃得参选。赃吏子孙，不得察举。杜绝邪伪请托之原，令廉白守道者得信其操。各明守所司，将观厥后。[1]

【注释】

①蠲（juān）：清除，去掉。

【译文】

孝廉、廉吏，将来都要掌管辖区治理百姓，禁绝奸邪、举拔良善，这是振兴教化的根本，必须长期坚持。我接连发布诏书，意旨明确、言辞恳切，而地方官员却玩忽职守，直至怠惰轻慢，选举违背原则出现差错，危害到了黎民百姓。短期内虽然有所纠正，却仍然没有彻底改变。如今淮夷侵扰仍未平息，军队屡次出征，百姓疲惫，征战令其困顿。我寄希望于各级官吏，惠爱劳苦百姓，清除贪污行为，从而祈望吉祥。现在诏令官秩满百石，为官十年以上，有卓才异行的，方可参加选举。贪官的子孙，不能推举。杜绝走歪门邪道请托找关系的根源，让廉洁守法的人相信他的操守。各自明确坚守所主管的事务，再观察以后的表现。

【评述】

汉代的察举制度到东汉后期已是弊病重重，选官被世家大族垄断，贪官污吏横行。汉桓帝下达的此则《严选举诏》，禁止贪官的子孙参加选举，意在杜绝选官过程中的不正之风。当然，这不失为一种不错的廉政制度，只是在东汉末年那样的社会情形下，已经很难得到良好的执行。

---

〔1〕《全后汉文》卷九，第85页。

第八节 陆贾

【人物简介】

陆贾（约前240—前170），汉初政论家、辞赋家。楚人。早年随刘邦平定天下。刘邦即帝位后，他受命出使南越，说服尉佗接受汉朝赐予的南越王印，称臣奉汉约，被任为太中大夫。刘邦即位之初，陆贾建议重视儒学，“行仁义，法先圣”，提出“逆取顺守，文武并用”的统治方略，受命总结秦朝灭亡及历史上国家成败的经验教训，共著文十二篇，每奏一篇，高祖无不称善，故名其书为《新语》。《新语》为新成立的西汉王朝提供了一套进行社会统治的方法和原则，归结起来有“尚道德”、“行仁义”、“无为”、“用贤才”四个方面的内容。《新语》开启了贾谊、董仲舒的思想，成为汉代确立儒家思想统治地位的先声。

仁义所治，名誉外显

【原文】

故圣人怀仁仗义，分明纤微，忖度天地，危而不倾，佚而不乱者，仁义之所治也。行之于亲近而疏远悦，修之于闺门之内而名誉驰于外。[1]

---

〔1〕《新语校注》卷上《道基第一》，第25页。

【译文】

圣人胸怀仁义，能够分辨纤细微小的事物，思考天地间的道理，危险的时候不会倾覆，放逸的时候不会胡来，这就是以仁义治理国家的成效。在亲近的人面前行使仁义，疏远的人也会感到高兴；在家庭之内行使仁义，声名却可以远播在外。

【评述】

陆贾在《道基》篇中指出仁义的重要地位，将其视为国家治理的基础。在陆贾看来，行使仁义不仅可以提升个人的内心修养，还能敦睦亲族关系，使远人来服，更可获得好的名声。以仁义为根本的德治，构成儒家知识分子治理国家的核心要义。

上明下清，君圣臣忠

【原文】

故性藏于人，则气达于天。纤微浩大，下学上达。事以类相从，声以音相应；道唱而德和，仁立而义兴。王者行之于朝廷，匹夫行之于田。治末者调其本，端其影者正其形。养其根者则枝叶茂，志气调者即道冲。故求远者不可失于近，治影者不可忘其容。上明而下清，君圣而臣忠。或图远而失近，或道塞而路穷。季孙贪颛臾之地①，而变起萧墙之内。夫进取者不可不顾难，谋事者不可不尽忠。故刑立则德散，佞用则忠亡。[1]

〔1〕《新语校注》卷上《术事第二》，第47—48页。

【注释】

①季孙贪颛臾之地：春秋时期，鲁桓公的后代季孙、孟孙、叔孙三大家族势力强大，鲁国公室日趋衰微。三大家族共同把持鲁国朝政，其中，季孙氏势力最大，他贪求颛臾（鲁国的附庸国，故址在今山东平邑县内）的土地，要起兵讨伐颛臾。

【译文】

人的性情隐藏于内心，而其精气则直达上天。从纤细微小之处可见浩大，下学人事而能上知天命。事物以种类相汇聚，声响以音律相协调。倡导道，德就会相应和；树立仁爱，义举就会兴起。执政者在朝廷内行使仁义，百姓就会在乡间效仿。要治理末端应该从根本入手，要让影子不弯曲应该使身体端正。只有滋养大树的根部，其枝叶才会繁茂；志向与意气和谐一致，大道才会中和充盈。因此，谋求远方的人，不能丧失邻近的事物；要改变影子，不可忘记影子所附的形体。执政者明澈，百姓就会清朗；君主英明，臣下就会忠诚。有的人谋求远处的，却失去了近处的；有的人将大道阻塞了，陷入了绝境。季孙氏贪图颛臾的土地，却没想到内部生了变乱。进攻他国的人不可不考虑到内在的困难，出谋划策的人不可不竭尽忠诚。因此，如果确立了刑法，那么德行就不存在了。如果任用奸佞，那么忠臣就会消亡了。

【评述】

陆贾在此处通过对本末关系的论述，强调治末需要求其本，形与影、农业与商业、君主与大臣、德与刑，这几者都构成了本与末的关系。陆贾告诫统治者，只有抓好本，才能治好末；只有君主英明，大臣才会忠诚。如果反其道而行之，任刑法废德行，任奸佞去忠臣，只会落得国家败亡的下场。

谗夫似贤，美言似信

【原文】

君子远荧荧之色，放铮铮之声，绝恬美之味，疏嗌呕之情。天道以大制小，以重颠轻。以小治大，乱度干贞。谗夫似贤，美言似信，听之者惑，观之者冥。[1]

【译文】

君子要远离容颜光华的美色，放逐靡靡的郑卫之音，杜绝甘甜可口的美味，疏远奉承取媚的小人。上天之道，以大的制约小的，以重的镇压轻的。如果让小的制约大的，就扰乱了法度，凌辱了忠贞之士。谄媚之人貌似贤明之士，动听的言语听起来值得信任，就会使听到的人受到迷惑，看到的人分辨不清。

【评述】

陆贾在《辅政》篇进一步论述君主应当怎样治国的问题。他首先提出君主要远离迷惑身心的物质享受，然后顺应天之道，以大治小，以重镇轻。接着他重点分析了谗夫美言所具有的迷惑性，并以史实为例，指出只有明君圣主才能将其分辨出来；并声称“夫据千乘之国，而信谗佞之计，未有不亡者也”。因此，君主应

〔1〕《新语校注》卷上《辅政第三》，第55页。

该对谗佞之言防之又防。

奢侈之民，应之以俭

【原文】

故上之化下，犹风之靡草也。王者尚武于朝，则农夫缮甲兵于田。故君子之御下也，民奢应之以俭，骄淫者统之以理；未有上仁而下贼，上义而下争者也。故孔子曰："移风易俗。"岂家令人视之哉？亦取之于身而已矣。[1]

【译文】

执政者教化百姓，就像风吹倒草一样。如果朝廷里的君主崇尚武力，那么老百姓就会在田地里操持武器。因此君主统治下民，民众奢侈的就以节俭之术应对，骄横放纵的就以中正之理进行统治。没有君主仁爱而百姓凶残的，也没有君主讲究道义而百姓喜欢纷争的。所以孔子说："移风易俗。"难道是派人挨家挨户地查看吗？只不过是自己身体力行成为表率罢了。

【评述】

上行而下效，自古皆然。陆贾首先指出君主的言行构成百姓的法则，因此其举止不可丧失法度。他接着列举历史上那些不注意自己行为的君王及其后果：周襄王不能服侍后母，导致百姓多

〔1〕《新语校注》卷上《无为第四》，第67页。"上义而下争者也"，王利器校本为"让行而争路者也"，宋翔凤指出前文为是。联系上下文，"上仁而下贼"是在讲"仁"，则"上义而下争"是在论"义"，似更妥。

叛其亲；秦始皇骄淫奢靡好做高台宫室，引得天下豪富纷纷仿效；齐桓公好色，以姑姑姊妹为妻，导致国人多有淫其骨肉者；楚平王生活奢侈，国人追随，致使君臣无别。面对众多的历史教训，陆贾指出，君主必须注意自己的行为，因为“上之化下，犹风之靡草”。只要君主做到仁爱节俭，百姓自然会受到感化，随之转变。

忠贤遭弃，佞臣存朝

【原文】

凡人莫不知善之为善，恶之为恶；莫不知学问之有益于己，怠戏之无益于事也。然而为之者情欲放溢，而人不能胜其志也。人君莫不知求贤以自助，近贤以自辅；然贤圣或隐于田里，而不预国家之事者，乃观听之臣不明于下，则闭塞之讥归于君；闭塞之讥归于君，则忠贤之士弃于野；忠贤之士弃于野，则佞臣之党存于朝；佞臣之党存于朝，则下不忠于君；下不忠于君，则上不明于下；上不明于下，是故天下所以倾覆也。[1]

【译文】

没人不知道善良的好处、邪恶的坏处，没人不知道勤学多问对自己有益、疏懒嬉戏对自己有害，然而做这些事情的时候，却放纵自己的情欲，不能战胜自己的情志。君主都知道求取贤士帮助自己，亲近贤人辅佐自己，然而有的贤士却隐藏于

〔1〕《新语校注》卷下《资质第七》，第114页。

乡野田间，无法参与国家的政事。这是由于负责荐举的大臣不明下情，于是闭塞视听的罪名就扣到君主头上了。闭塞视听的罪名归之于君主，那么忠臣贤士就被弃于乡野而不顾。忠臣贤士被弃于乡野，那么朝廷里尽是些奸佞之人。朝廷里尽是奸佞之人，那么百姓就不会忠于君主。百姓不忠于君主，那么君主就不会清楚百姓的情况。君主不清楚百姓的情况，这就是国家败亡的原因了。

【评述】

陆贾在此论述举荐贤才的重要意义。他担忧贤才埋没于乡间难遭察举，将其责任归于负责选拔人才的官员之昏聩，并认为这将使闭塞视听的罪名扣到君主头上，并进一步导致百姓不忠于君主，君主不了解百姓的情况，最终国家走向覆灭。陆贾抨击了公卿子弟、贵戚党友没有过人的才能却占据着高位的现状。

君主治国，不治产业

【原文】

怀异虑者不可以立计，持两端者不可以定威。故治外者必调内，平远者必正近。纲维天下，劳神八极者，则忧不存于家。养气治性，思通精神，延寿命者，则志不流于外。据土子民，治国治众者，不可以图利，治产业，则教化不行，而政令不从。[1]

---

〔1〕《新语校注》卷下《怀虑第九》，第129页。

【译文】

心怀不同见解的人，不可能订立计策，犹豫不决、没有主见的人，不可能确定威严。因此，整治外部的，必须先要调理好内部的事情，平定远方的，必须先要扫除近旁的敌人。治理天下，心怀四方的，不会担忧家庭内部的事。养正气、治心性，思虑连通精神，益延寿命的，会凝神于内而不使外流。拥有土地百姓、治理国家的君主，不可以贪图私利，治办自己的产业，否则教化就不会施行，政令也无人听从。

【评述】

儒家讲求修身齐家治国平天下，将身体、家庭、国家、天下视作具有同一性的事物对待。因此，国家常常被比喻成人的身体，治理国家也就如同修养身体。陆贾在此即以养生为喻，指出修身养生者需要凝神专虑，持守精神，不使神志外流，如此才能达到延长寿命的效果。同样，君主治理国家也需要心志凝聚，专注于国家大事，不可让庸常小事分散心神，尤其不可营私利置产业，否则会造成恶劣的影响，招致教化不行，政令不从。

第九节　贾谊

【人物简介】

贾谊（前200—前168），又称贾太傅、贾长沙、贾生，洛阳（今河南洛阳市东）人。西汉初年著名的政论家、文学家。贾谊年少时即才华出众，富有文名，由李斯的学生、河南郡守吴公推荐，二十余岁就被文帝召为博士，不到一年被破格提拔为太中大夫。二十三岁时，因遭群臣忌恨，被贬为长沙王的太傅。后被召回长安，为梁怀王太傅。后因梁怀王坠马而死，贾谊深自歉疚，刚刚三十三岁就郁郁而终。贾谊的著作主要有政论散文和辞赋两类。政论散文如《过秦论》、《论积贮疏》、《陈政事疏》（一称《治安策》）等都很有名；辞赋以《吊屈原赋》、《鹏鸟赋》最著。

后人将贾谊的政论文章辑为《新书》。这些文章基本上是对以往朝代政治得失的评论，对汉代政策制度的改革建议等，其中包含了一定的廉政思想，如主张节俭、治理官吏等。

礼义廉耻，以遇群臣

【原文】

遇之有礼，故群臣自憙①；厉以廉耻，故人务节行。上设廉耻礼义以遇其臣，而群臣不以节行而报其上者，即非人类也。[1]

【注释】

①憙（xǐ）：喜好之意。

【译文】

以礼节对待群臣，那么他们就会洁身自好；严厉地推行廉耻观念，那么人人都会注重节操德行。君主用礼义廉耻的观念对待群臣，如果他们不用节操德行来回报君主，那么他们就不是人了。

〔1〕阎振益、钟夏：《新书校注》卷第二《阶级》，中华书局2000年版（下同），第82页。

【评述】

贾谊深受儒家观念的熏染，他主张君主应以礼义廉耻的观念来对待大臣，而大臣应当约束自己的行为回报君主。这同样是强调一种道德化的内在制约。

上下有别，国家纲领

【原文】

岂如今定经制，令主主臣臣上下有差，父子六亲各得其宜，奸人无所冀幸，群众信上而不疑惑哉。此业一定，世世常安，而后有所持循矣。[1]

【译文】

不如现在就确立治国纲领，使得君主就是君主，大臣就是大臣，上下之间有等级差别，父子亲戚各自确立相应的位置和秩序，坏人就不会有侥幸成功的机会，百姓们信任君主而不存疑惑呢！纲领确定以后，世世代代加以保持并使其稳定下来，那么后世子孙就有所依循了。

【评述】

《俗激》是贾谊任梁怀王太傅时，专论时弊的疏奏组论之一。贾谊在篇中指出时俗异常，人们唯利是图，竞相侈靡，上下级之间的差别已被打破。贾谊建议重新制定政策，严格上下差别，移

〔1〕《新书校注》卷第三《俗激》，第92页。

风易俗，使人们各安其位，如此才能赢得百姓的信任。

厉行节俭，人民远罪

【原文】

今去淫侈之俗，行节俭之术，使车舆有度，衣服器械各有制数。制数已定，故君臣绝尤，而上下分明矣。擅退则让，上僭者诛，故淫侈不得生，知巧诈谋无为起，奸邪盗贼自为止，则民离罪远矣。[1]

【译文】

现在去掉过度奢侈的风俗，推行节俭的方式，使车马的规格有所限定、衣服器械有制数可循。制数确立下来之后，君臣之间就不会混淆，上级和下级的关系就会分明。善于退避的就谦让，僭越犯上的就诛罚，如此，则过度奢侈的现象就不会滋生，玩弄阴谋的行为就不会兴起，作奸犯科的坏人就会收手不干，那么人民就会远离罪行。

【评述】

贾谊在此提倡节俭，并强调君臣之间在服器、车马等日常用度上的等级差别，并提出“上僭者诛”，用法制的手段进行约束，使上下分明，远离奢侈，整个社会就会清明。

---

〔1〕《新书校注》卷第三《瑰玮》，第104页。

辞利刻谦，乃谓之廉

【原文】

辞利刻谦谓之廉，反廉为贪。[1]

【译文】

辞让好处、自我要求严格叫做廉，廉的对立面是贪。

【评述】

贾谊对何谓“廉”给出了一个定义，所谓“辞利刻谦”，指的是拒绝不应该获得的物质利益，并从内在上严格要求自己。这样，从外在和内在两个方面对“廉”作了规定。

君言为道，吏言为理

【原文】

君之为言也，道也，故君也者，道之所出也。贤人不举而不肖人不去，此君无道也，故政谓此国无君也。吏之为言，理也，故吏也者，理之所出也。上为非而不敢谏，下为善而不知劝，此吏无理也，故政谓此国无吏也。官驾百乘而食食千人，近侧者不足以问谏，而由朝假不足以考度，故政谓此国无人也。[2]

---

〔1〕《新书校注》卷第八《道术》，第303页。
〔2〕《新书校注》卷第九《大政下》，第351页。

【译文】

君主的言论称得上是道，所以道是从君主这里出来的。有用的人才得不到提拔，没用的人却不被罢黜，这是君主无道，所以从政治上可以说这个国家没有君主。官吏的言论称得上理，所以理是从官吏这里出来的。上级做错了下级却不敢劝谏，下级做了善事上级却不知鼓励，这是官吏无理，所以从政治上可以说这个国家没有官吏。国家的车子有上百乘，供养的大臣有上千人，遇到事情时，身边的人却不能给出好的建议，任由他们请假，无法进行考量，所以从政治上说这个国家就没有人才了。

【评述】

贾谊从君主与官吏两个层面对他们的政治作了分析，他指出君主是道之所从出，官吏是理之所由来，只有二者相得益彰，国家才到得到治理。

第十节 董仲舒

【人物简介】

董仲舒（前179—前104），广川（治今河北省景县西南）人，西汉哲学家，今文经学大师。汉景帝时任博士，讲授《春秋公羊传》。他勤于治学，有“三年不窥园”之说。元光元年（前134年），汉武帝下诏征求治国方略。董仲舒在著名的《举贤良对策》（又称《天人三策》）中，系统地提出了“天人感应”、“大一统”的学说和“罢黜百家，独尊儒术”的主张，为武帝所采纳。其后，董仲舒担任江都王的国相十年、胶西王的国相四年，后辞职，居家著书，然朝廷每有大议，武帝常令人登门求教。

董仲舒以《公羊春秋》为依据，将周代以来的宗教天道观和阴阳、五行学说结合起来，吸收法家、道家、阴阳家思想，建立了一个新的思想体系，成为汉代的官方统治学说，对当时社会所提出的一系列哲学、政治、社会、历史问题，给予了较为系统的回答。他在《春秋繁露》和《举贤良对策》中，对于官员的考核及其作用、官员的经济生活、士人的培养等涉及廉政的问题，提出了自己的观点。

考名责实，赏罚分明

【原文】

考绩绌陟①，计事除废，有益者谓之公，无益者谓之烦。擎名责实，不得虚言，有功者赏，有罪者罚，功盛者赏显，罪多者罚重。不能致功，虽有贤名，不予之赏；官职不废，虽有愚名，不加之罚。赏罚用于实，不用于名，贤愚在于质，不在于文。故是非不能混，喜怒不能倾，奸轨不能弄，万物各得其冥，则百官劝职，争进其功。[1]

【注释】

①绌陟（chù zhì）：官吏的进退升降。绌，通“黜”，贬退。

〔1〕《春秋繁露义证》卷七《考功名第二十一》，第178—179页。

【译文】

考核官员的政绩，决定是奖赏还是处罚；基于事件的情况，决定是做还是不做。有益于国家治理的称之为公，无益于国家治理的称之为烦。根据名声核对事实，不能有虚假之言。有功的就奖赏，有罪的就处罚；功劳大的从厚赏赐，罪行多的从重处罚。没有功劳的，即使有贤能之名，也不予奖赏；履行本职的，即使有愚钝之称，也不加处罚。或赏或罚，是根据实情而不是名声；是贤是愚，乃在于内在的本质而不是表面的文饰。以此行事，是与非便不会混淆，喜或怒便不能颠倒，奸诈欺瞒的行径便无计可施，万事万物都显现出它本来的面目，官员们就会安于职守，勤勉工作，争相表白自己的功绩。

【评述】

名实关系是儒家关注的问题之一。董仲舒在探讨对官员的考功赏罚时，提出要以实不以名。他在《春秋繁露·保位权第二十》篇中提出了同样的观点：“擥名考质，以参其实。赏不空施，罚不虚出。是以群臣分职而治，各敬而事，争进其功，显广其名，而人君得载其中，此自然致力之术也。”他认为，只要做到责名考实，赏罚分明，那么群臣就会各守其职、踏实工作，国家就会得到有效的治理。

人主之守，当义而出

【原文】

是故人主之大守，在于谨藏而禁内，使好恶喜怒必当义乃出，若暖清寒暑之必当其时乃发也。[1]

【译文】

所以君主所要遵循的重要原则，在于控制好自己的内心情感，谨慎从事，在表明自己的好恶喜怒时，都要以仁义为标准，就如同冷暖寒暑这些自然现象一定是按照时令出现的。

【评述】

中国古来就有“伴君如伴虎”之说，这是因为，作为最高统治者的君主，其自身权力缺少有效制衡，他的一喜一怒、一言一行，都会对大臣甚至国家政治产生重要的影响。基于此，董仲舒从儒家立场出发，劝诫君主要谨言慎行，其好恶喜怒要“当义乃出”，并且将“义”内化于心。

兴建太学，培养士人

【原文】

夫不素养士而欲求贤，譬犹不琢玉而求文采也。故养士之大者，莫大乎太学①；太学者，贤士之所关也，教化之本原也。今以一郡一国之众，对亡应书者，是王道往往而绝也。臣愿陛下兴太学，置明师，以养天下之士，数考问以尽其材，则英俊宜可得矣。[2]

---

〔1〕《春秋繁露义证》卷十一《王道通三第四十四》，第333页。

〔2〕《汉书》卷五十六《董仲舒传》。

【注释】

①太学：即中国古代的大学。其名始于西周，汉代始设于京师。汉初尊黄老之术，不设太学，只有私家教学。汉武帝时，董仲舒提出兴建太学的建议。武帝元朔五年（前124年）在长安始设太学。太学之中设五经博士，专门讲授儒家经典《诗》、《书》、《礼》、《易》、《春秋》。

【译文】

平素不培养士人却想求得贤才，就像对玉石不事雕琢却想使其文采斐然一样。培养士人最重要的举措，莫过于兴建太学。太学是贤能之士的汇聚场所，道德教化的源头所在。目前的情形是，国家人口众多，却没有掌握知识的人，王道往往会因此而衰落灭绝。臣希望陛下能够兴建太学，广置明师，培养天下的士人，然后对他们进行多次考核，以察知他们的确切才能，那么，就可以得到英才俊逸之士了。

【评述】

汉武帝下令征求治国方略，董仲舒进献了著名的《天人三策》，他在第二策中提出了兴建太学的建议，提出通过太学培养士人，然后经过考核选拔贤才。汉武帝采纳了董仲舒的建议，大兴太学，为国家培养了大批人才，并使儒家思想渐渐成为官方哲学。

举贤任能，量材授官

【原文】

臣愚以为使诸列侯、郡守、二千石各择其吏民之贤者，岁贡各二人以给宿卫，且以观大臣之能；所贡贤者有赏，所贡不肖者有罚。夫如是，诸侯、吏二千石皆尽心于求贤，天下之士可得而官使也。遍得天下之贤人，则三王之盛易为，而尧舜之名可及也。毋以日月为功，实试贤能为上，量材而授官，录德而定位，则廉耻殊路，贤不肖异处矣。[1]

【译文】

臣认为，应当让诸列侯、郡守、二千石以上的官吏，在其治下吏民当中甄选贤能之士，每年举荐两个人去宫中值守，借此可以探察大臣们的才能；举荐贤才的加以奖赏，举荐庸才的给予处罚。如果依此行事，那么官员们就会尽心竭力地搜求贤才，君主就会得到普天下的贤才并让他们为国家出力了。如果遍得天下贤才，那么三代之盛也容易达到，尧、舜的名声也能够比拟。不要根据短时期的功绩决定，而把考核其贤能放在首位，根据其才能授予官职，根据其德行确定地位，那么廉与耻就会判然分明，贤与不肖就不会杂然共处了。

【评述】

汉初实行的世袭和訾算入官等措施，不利于选拔人才和国家的治理。董仲舒提出的对策，实际上开启了通过察举选官的制度。同时，他提出对负责察举的官吏进行督导，“所贡贤者有赏，所贡不肖者有罚”，使他们得到制约，从而尽心求贤，由此国家可以得到人才并且可以大治。

---

〔1〕《汉书》卷五十六《董仲舒传》。

受禄之家，不争民业

【原文】

故受禄之家，食禄而已，不与民争业，然后利可均布，而民可家足。此上天之理，而亦太古之道，天子之所宜法以为制，大夫之所当循以为行也。故公仪子①相鲁，之其家见织帛，怒而出其妻，食于舍而茹葵，愠而拔其葵，曰："吾已食禄，又夺园夫红女②利乎！"古之贤人君子在列位者皆如是，是故下高其行而从其教，民化其廉而不贪鄙。[1]

【注释】

①公仪子：公仪休，春秋时鲁国宰相，为人清正廉洁。

②红（gōng）女：也作"女工"。古称从事纺绩、刺绣等的妇女。

【译文】

为官享受俸禄的人家，靠俸禄过活就可以了，不和百姓争夺产业，那么天下之利就可以普遍得到，百姓们就能够丰衣足食。这是上天之理，也是自古之道，天子应当效法并将其定为制度，大臣应当遵循这一制度并且贯彻到行动中。公仪子在鲁国为相，他回家看到妻子在织帛，就愤怒地休了妻子；他在家里吃饭吃到了自家园子里种的冬葵菜，就气恼地拔掉了冬葵菜，说："我已经

---

〔1〕《汉书》卷五十六《董仲舒传》。

领取俸禄了，还和园夫织女争利吗？”古代从政为官的贤人君子都这样做，因此，下属认为他们的行为高尚，从而依从他们的教导，百姓被他们的廉洁所感化，从而不贪得无厌。

【评述】

董仲舒认为，领取国家俸禄的官员，应该依靠俸禄生活，不该再从事生产性活动与民争利。董仲舒指出这是上天之理、太古之道，并举公仪子为例，进一步论证这种原则古已有之，古代的贤人君子都是这样做的。而这体现出了官员的高尚与廉洁能够起到感化百姓的效果。

考察小吏，消灭邪枉

【原文】

（董仲舒）以为扶襄止奸，本在吏耳。宜一考察天下领民之吏，留心署置，以明消灭邪枉之迹，使百姓各安其产业，无有寇盗之患，以蠲主忧。〔1〕

【译文】

董仲舒认为辅佐政务、制止奸佞，根本在于官吏。所以，应该对全国掌管人民的官吏进行考察，留意官职的任用情况，以表明除掉奸佞邪枉的决心，让老百姓安居乐业，不用担心寇贼强盗为害作乱，以消除君主的担忧。

---

〔1〕 董仲舒：《诣丞相公孙弘记室书》，岳麓书社1997年版，第338页。

【评述】

公元前124年，公孙弘任丞相，董仲舒致书公孙弘，进一步重申他在《天人三策》等著述中提出的观点，即政府应注重考察吏治，选拔有用人才，惟其如此，才能让百姓安居乐业，国家太平富足。

第十一节　刘安

【人物简介】

刘安（前179—前122），沛郡丰（今江苏丰县）人，西汉思想家、文学家，汉高祖刘邦之孙，袭父封为淮南王。雅好琴书，学识渊博，善为文辞，招致宾客数千人，集体编写《鸿烈》（后称《淮南鸿烈》、《淮南子》）。汉武帝元狩元年（前122年），刘安因“谋反”事发，被迫自尽。

《淮南子》原为鸿篇巨制，共有“内书”二十一篇、“外书”三十三篇和“中书”八卷，现仅存“内书”二十一篇。《汉书·艺文志》列为杂家。全书以道家的自然天道观为中心，综合先秦道、法、阴阳等各家思想，内容包罗万象，涉及哲学、社会科学和自然科学的多个领域，其中也有大量论述廉政的思想，如廉政的内涵、用廉与养廉等方面。

得其得者，不计奢廉

【原文】

吾所谓乐者，人得其得者也。夫得其得者，不以奢为乐，不以廉为悲，与阴俱闭，与阳俱开。[1]

【译文】

我所说的“乐”，指的是人得到了他应该得到的。得到了应该得到的，便不以奢侈为快乐，不以廉洁为悲哀，和天地之阴一起闭合，和天地之阳一起开启。

【评述】

此处对“乐”作了一个全新的解释：所谓乐，“岂必处京台、章华，游云梦、沙丘，耳听《九韶》、《六莹》，口味煎熬芬芳，驰骋夷道，钓射鹔鷞之谓乐乎”[2]，而是“得其得者”，就其社会地位与付出的劳力而言，从物质财富与精神享受上，得到应该得到的东西。只要得其所得，就不以奢与廉为意。《淮南子·说林训》中进一步论述了这个观点，提出：“人有盗而富者，富者未必盗；有廉而贫者，贫者未必廉。”指出廉洁与贫富没有必然关联，认为廉者能够身居贫寒，也可以追求合理的财富。

---

〔1〕〔2〕 刘文典：《淮南鸿烈集解》卷一《原道训》，中华书局1989年版（下同），第33页。

仁义礼乐，可以救败

【原文】

古之人，同气于天地，与①一世而优游。当此之时，无庆赏②之利，刑罚之威，礼义廉耻不设，毁誉仁鄙不立，而万民莫相侵欺暴虐，犹在于混冥之中。逮至衰世，人众财寡，事力劳而养不足，于是忿争生，是以贵仁。仁鄙不齐，比周朋党，设诈谞，怀机械巧故之心，而性失矣，是以贵义。阴阳之情，莫不有血气之感，男女群居杂处而无别，是以贵礼。性命之情，淫而相胁，以不得已，则不和，是以贵乐。是故仁义礼乐者，可以救败，而非通治之至也。[1]

【注释】

①与：通“举”，全。

②庆赏：刘文典所据版本原文为“庆贺”，陈观楼认为应为“庆赏”，以与“刑罚”相对，此处从之。

【译文】

远古的人们，在天地间呼吸生存，整个世界自由自在。在那个时代，不用奖赏劝诱人们，也不以刑罚震慑人们，没有树立礼义廉耻的观念，也没有树立毁誉仁鄙的思想，而人们却不会相互欺凌暴虐，就像处于混沌状态一样。到了衰败之世，人口众多，

---

〔1〕《淮南鸿烈集解》卷八《本经训》，第250页。

财物缺乏，付出艰苦劳动仍不能养活自己，于是产生争执，在这种情况下，仁爱就是珍贵的了。有人仁爱，有人卑鄙，不能齐一，他们结党营私，行事狡诈，心机重重，丧失了人的本性，此时以义为贵。阴阳之情，凡属动物之属，皆会感应激荡，男女群居杂处在一起没有分别，此时以礼为贵。人的本性，如果超过了其能承受的阈限而加以胁迫，让人们感到逼不得已，那么就会不相和谐，因此注重乐。仁、义、礼、乐四者，可以解救衰世的危机，却不是最好的治世的状态。

【评述】

《淮南子》在此论述了礼义廉耻的起源问题。像众多典籍中的记载一样，它区分了古世与衰世这两种社会状态。古世相当于生产力低下的原始社会，衰世相当于有了文字记载的文明社会。古世之民没有纷争，无须刑赏，呈现出了一幅和谐共处的理想图景。而到了衰世，由于供养不足，人们之间的争端不断，是以“贵仁”、“贵义”、“贵礼”、“贵乐”、“立廉耻”，用这些办法“救败”。因此，廉政是为解决人们之间的纷争而设的。这段论述指出廉政是社会历史发展到一定阶段的产物，具有历史的属性。它还把廉政和社会经济发展的要求联系起来，触及了廉政的经济根源。

有欲于廉，不若无欲

【原文】

天下非无信士也，临货分财必探筹而定分，以为有心者之于平，不若无心者也。天下非无廉士也，然而守重宝者必关户而全封，以为有欲者之于廉，不若无欲者也。[1]

【译文】

天底下并不是没有诚信之士，但分配财物的时候，一定要用抽签抓阄的方式分配，这是因为有心所达到的均平，不如无心所达到的均平。天底下不是没有廉洁之士，然而守卫贵重的宝物，一定要关闭门窗，封闭起来，这是因为刻意达到的廉洁，不如无心达到的廉洁。

【评述】

此处提出了一个很有意味的观点，有心于廉洁，不如无心于不廉洁。也就是说，有心于廉洁仍是未能忘情于腐败；心中没有廉与不廉的观念，才能真正做到廉。当然，这是从理论上而言，对于现实中的执政者来说，要想做到无心于廉，何其难哉！因此，要从观念与制度上加强廉政建设，建立健全廉政制度，使有意于腐败的人无孔可入。

非修礼义，廉耻不立

【原文】

民无廉耻，不可治也；非修礼义，廉耻不立。民不知礼义，法弗能正也；非崇善废丑，不向礼义。无法不可以为治也，不知礼义不可以行法。法能杀不孝者，而不能使人为孔、曾之行；法

〔1〕《淮南鸿烈集解》卷十四《诠言训》，第472页。

能刑窃盗者，而不能使人为伯夷之廉。孔子弟子七十，养徒三千人，皆入孝出悌，言为文章，行为仪表，教之所成也。[1]

【译文】

如果人民没有廉耻之心，那么就无法加以治理；如果不修习礼义，那么就不会确立廉耻之心。如果人民不知礼义，那么法令也不能匡正他们。不崇尚善举废黜丑行，就无法让人民心向礼义。没有法令就不能治理国家，不知道礼义就无法履行法令。法令能杀掉不孝之人，却不能让人们效法孔子、曾子那样行事；法令能惩罚偷盗之人，却不能使人们像伯夷那样廉洁。孔子有知名弟子七十人，跟从他学习的有三千人，全都具有孝悌之行，出口成文章，行为成表率，这是教化使然哪。

【评述】

《淮南子》在此推崇儒家的道德教化作用。在儒家与法家之间，它崇儒而排法，提出单凭法令不能使人们道德高尚、行为廉洁，充分肯定了儒家礼义的精神力量。这一廉政思想比较具有代表性。我们可以看到，在汉代儒家思想成为主导思想以后，思想家大都持有这种观点。

〔1〕《淮南鸿烈集解》卷二十《泰族训》，第681页。

第十二节 桓宽

【人物简介】

桓宽（生卒年不详），字次公，汉汝南郡（治所在今河南上蔡西南）人，治《公羊春秋》。宣帝时举为郎，后官至庐江太守丞。其知识广博，善为文。著有《盐铁论》六十篇。

《盐铁论》是根据汉昭帝始元六年（前81年）召开的盐铁会议的文件写成的政论性散文集。它比较生动地记述了御史大夫桑弘羊和从全国各地召集来的“贤良”、“文学”们的辩论，是我国历史上第一部有关盐铁官营问题的结构严整、体制统一的专著，保存了西汉中叶的许多经济思想史料和风俗习惯，揭露了当时社会的一些问题和矛盾。其中亦涉及许多廉政思想，如关于选才任能、爵禄等问题的思考。

古之大夫，惟思仁义

【原文】

文学曰：“古者，事业不二，利禄不兼，然诸业不相远，而贫富不相悬也。夫乘爵禄以谦让者，名不可胜举也；因权势以求利者，入不可胜数也。食湖池，管山海，刍荛[①]者不能与之争泽，商贾不能与之争利。子贡以布衣致之，而孔子非之[②]，况以势位求之

者乎？故古者大夫思其仁义以充其位，不为权利以充其私也。”〔1〕

【注释】

①刍荛：指割草打柴的人。

②《论语·先进篇》：“赐不受命，而货殖焉，亿则屡中。”

【译文】

文学说：“古代人不同时从事两种职业，经商牟利的人就不能做官享禄，这样，各行各业的收入差别就不大，贫富就不会悬殊。享受爵位官禄又能谦让的人，名声就一天天高起来了；利用权势去牟利的人，财富就一天天多起来了。有人独占湖泊池塘，垄断山林海洋，连拾柴割草的人也不能得到一点儿好处，行商坐贾也不能和他们争钱财。子贡以普通人的身份经商致富，孔子还责备他，何况利用权势地位去追求财利呢？所以，古时候官员只想到施行仁义来履行他的职位，不是为了权力和好处来满足他的欲望。”

【评述】

本篇讨论贫富问题。大夫以自己的亲身经历表明，有的人是以其聪明才智善于理财，加上勤俭节约而致富。文学对此反唇相讥，指出古代的人利禄不可两兼，做官的不能牟利，牟利的不可做官，因此社会贫富相差不大；而如今的情形是居官者以权谋私，致使贫富差距越来越大。文学提出应以古代为官者的利禄观为榜

〔1〕《盐铁论校注》卷第四《贫富第十七》，第220页。

样，居政为官者应该以仁义为根本，想着如何保住自己的名声地位，不应该在乎金钱利禄。

忠臣直士，触死犯颜

【原文】

朝无忠臣者政暗，大夫无直士者位危。任座①正言君之过，文侯改言行，称为贤君。袁盎②面刺绛侯之骄矜，卒得其庆。故触死亡以干主之过者，忠臣也；犯颜以匡公卿之失者，直士也。[1]

【注释】

①任座：战国时期魏人。魏文侯在攻占中山国后，把中山国封给了自己的儿子。后来魏文侯问群臣：“我是什么样的君主?”大家都说：“您是仁德的君主!”只有任座说：“国君您取得了中山国，不把它封赏给您的弟弟，却封给自己的儿子，这怎么能说是仁德君主?”魏文侯勃然大怒，任座快步离开。魏文侯接着又问翟璜，翟璜回答说：“您是仁德君主。”魏文侯问：“你凭什么知道?”回答说：“微臣我听说国君仁德，他的臣子就敢直言。先前任座的话很耿直，于是我知道您是仁德的君主。”魏文侯很高兴，派遣翟璜去宣召任座回来，还亲自下殿堂去迎接，奉为上客。

②袁盎：西汉人。绛侯周勃在翦灭诸吕后居功自傲，袁盎当面批评了他。后来周勃被罢黜，袁盎替他求情，免除了死罪。

---

〔1〕《盐铁论校注》卷第五《相刺第二十》，第256页。

【译文】

朝廷里没有忠良之臣，其政治就会昏暗；大夫的属员中没有正直之士，大夫的地位就面临危险。任座直言魏文侯的过错，文侯改正了自己的行为，被称为贤君。袁盎当面指出绛侯周勃的骄横，周勃最终也受惠于此。因此，冒着死亡指出君主过失的人是忠臣，触犯威严纠正公卿错误的人是直士。

【评述】

此篇开端，先是大夫对儒生加以讥讽，认为他们往来游走，不事生产，对国家有害无益。文学对此种论调进行了尖锐的批驳，指出儒生有大用于国家。忠臣与直士就是儒生之当为。所谓忠臣与直士，就是敢于犯颜直谏指出君主和大臣过失的人。国家如果没有忠臣，政治就会昏乱而出现问题。从廉政的角度而言，国家应该制定相应的政策，以保证大臣们能够安全而顺畅地提出对国家与政治的批评意见。

论才授官，选贤之道

【原文】

贤良曰："古之进士也，乡择而里选，论其才能，然后官之，胜职任然后爵而禄之。故士修之乡曲，升诸朝廷，行之幽隐，明足显著。疏远无失士，小大无遗功。是以贤者进用，不肖者简黜。今吏道杂而不选，富者以财贾官，勇者以死射功。戏车鼎跃，咸出补吏，累功积日，或至卿相。垂青绳[①]，擐银龟[②]，擅杀生之柄，专万民之命。弱者，犹使羊将狼也，其乱必矣。强者，则是予狂夫利剑也，必妄杀生也。是以往者，郡国黎民相乘而不能理，或至锯颈杀不辜而不能正。执纲纪非其道，盖博乱愈甚。古者，封贤禄能，不过百里；百里之中而为都，疆垂不过五十，犹以为一人之身，明不能照，聪不得达，故立卿、大夫、士以佐之，而政治乃备。今守、相或无古诸侯之贤，而莅千里之政，主一郡之众，施圣主之德，擅生杀之法，至重也。非仁人不能任，非其人不能行。一人之身，治乱在己，千里与之转化，不可不熟择也。故人主有私人以财，不私人以官，悬赏以待功，序爵以俟贤，举善若不足，黜恶若仇雠，固为其非功而残百姓也。夫辅主德，开臣途，在于选贤而器使之，择练守、相然后任之。”[1]

【注释】

①青绳：即青绶，古时卿、相一类的官员用来拴在印纽（龟形）上的青色绸带。

②银龟：卿、相用的银印龟纽。

【译文】

贤良说：“古代选拔当官的人，是从乡里之间挑拣选择，先考察他们的才能，然后给他们官做，假如能够胜任其职，再按照一定的等级封爵授禄。所以士人在穷乡僻壤里读书，也能到朝廷做官，隐居修身，做官扬名。不论关系疏远，贤能的人都不会被忽视，不论功劳大小，都不会被遗漏。因此，贤能的人得到任用，没有才能的人被检查罢免。现在升官的道路驳杂，不按人的才能

[1] 《盐铁论校注》卷第六《除狭第三十二》，第410—411页。

选拔官吏，富有的人用钱财来买官，勇敢的人靠卖命求取功名。要车技的和举鼎技的，都出来充当官吏，多次立功，积年累月，有的人甚至当上了卿相。他们身上拴着青色绸带，悬着银印龟纽，掌握着生杀大权，控制着万民的命运。任用软弱的人为官，就像让羊带领狼群，国家一定会出现混乱。任用强暴的人为官，相当于把利剑给了暴徒，他必然会胡乱杀人。因此从前郡国的百姓互相侵凌而无法治理，有人甚至用锯锯断了无罪之人的脖子，却不加以惩罚。执掌国法不按仁义之道行事，就会越来越乱。古时分封和赏赐有贤德有才能的人，不过给予方圆百里的土地；在这百里之中设立都城，边界不过五十里，还认为一个人的聪明才智有限，眼睛无法全都看到，耳朵不能全部听到，为此设立卿、大夫、士来辅助他，这样政事才算完备。现在有些郡守和郡相没有古代诸侯的才能，却执掌着千里的政事，主管一郡的百姓，施行君主的仁德，独揽生杀大权，任务极其重大。不是有仁德的人不能担任这样的职务，不是合适的人也不能完成这个任务。郡守以一人之身，治理的好坏全靠他，他的一举一动牵涉到千里的变化，不可不审慎地挑选。所以君主可以私下给人财产，却不能私下授人官职，张榜悬赏等待有功的人领取，设立官位等待有才德的人就任，推举贤人总感到不足，罢免坏人像对待仇人一样，这是他们无功而残害了百姓。辅助君主的德政，开辟升官的道路，就在于选择重用贤能之士，依照这种办法选拔郡守、郡相，然后加以任用。”

【评述】

在《除狭篇》中，大夫与贤良就仕进之途是否狭窄的问题进行辩论。大夫认为只要是人才就不会被埋没，仕进之道路不存在狭窄的问题。贤良则加以驳斥，先是指出古代乡举里选的选官制度的优点在于公平，而汉代的选官制度存在严重的弊病，不按人的才能选拔，却依靠财产、勇力等条件选官，阻碍了正常的进阶之途。贤良进一步指出，现在的郡守位高权重，更应该审慎地选拔他们。

贪鄙在率，教训在政

【原文】

贤良曰："古之制爵禄也，卿大夫足以润贤厚士，士足以优身及党，庶人为官者，足以代其耕而食其禄。今小吏禄薄，郡国繇役，远至三辅①，粟米贵，不足相赡。常居则匮于衣食，有故则卖畜粥②业。非徒是也，繇使相遣，官庭摄追，小计③权吏④，行施乞贷，长吏侵渔，上府下求之县，县求之乡，乡安取之哉？语曰：'货赂下流，犹水之赴下，不竭不止。'今大川江河饮巨海，巨海受之，而欲溪谷之让流潦；百官之廉，不可得也。夫欲影正者端其表，欲下廉者先之身。故贪鄙在率⑤不在下，教训在政不在民也。"[1]

【注释】

①三辅：西汉时以京兆尹、左冯翊、右扶风合称为三辅。

②粥：通"鬻"，卖。

③小计：汉代郡县管账目的小官。

---

〔1〕《盐铁论校注》卷第六《疾贪第三十三》，第415页。

④权吏：这里指俸禄微薄的小官。

⑤率：首领，将领。这里指官员。

【译文】

贤良说："古代制定的官爵俸禄制度，卿大夫的俸禄足够供养厚遇贤士，士的俸禄足够使自己与族人生活富裕，在官吏家当差的平民百姓所获得的报酬，足以代替他耕种的收入。现在小吏的俸禄很少，而郡国的徭役远到京城三辅，粮食价格昂贵，俸禄不够开支。平日里缺衣少食，遇有意外事情发生，就要卖掉家畜和产业。情况不仅如此，还有徭吏派遣徭役，官府催交赋税，地方上的小官吏只能行使贿赂乞求宽免。大的官吏从中盘剥，县以上的官府向县一级索要，县一级的又向乡一级的索要，乡里又该到哪里索要呢？俗话说：'贿赂之风向下流播，就像流水下行一般，水源不枯，水流不止。'现在大江大河之水都流入大海，大海都接受了，却不让小溪接受地面上的那点儿积水，想要官员们都保持清廉，是不可能的事情。想要影子正直，必须端正身体；想要下边的人清廉，首先自己要做到清廉。所以贪婪卑鄙的弊病在于居上的官员而不在于下面的小吏，应该教训的是当政者而不是老百姓。"

【评述】

此篇就贪鄙问题进行了辩论。贤良认为"贪鄙在率不在下，教训在政不在民"。只有为民上者，廉洁奉公，身为表率，才能达到"上之化下，若风之靡草，无不从教"的目的。贤良指出了身为下层小吏的难处，即俸禄太低，而各种徭役赋税又太重，无法维系自身的生活，这客观上促成了他们的贪浊行为。因此，整治腐败行为要从整治上面摊派的各种名目的役赋抓起。

恩及刑人，德润穷夫

【原文】

贤良曰："古者，笃教以导民，明辟①以正刑。刑之于治，犹策之于御也。良工不能无策而御、有策而勿用。圣人假法以成教，教成而刑不施。故威厉而不杀，刑设而不犯。今废其纪纲而不能张，坏其礼义而不能防。民陷于罔从而猎之以刑，是犹开其阑牢，发以毒矢也，不尽不止。曾子曰：'上失其道，民散久矣。如得其情，即哀矜而勿喜。'夫不伤民之不治，而伐己之能得奸，犹弋者睹鸟兽挂罻罗而喜也②。今天下之被诛者，不必有管、蔡之邪，邓皙之伪，恐苗尽而不别，民欺而不治也。孔子曰：'人而不仁，疾之已甚，乱也。'故民乱反之政，政乱反之身，身正而天下定。是以君子嘉善而矜不能，恩及刑人，德润穷夫，施惠悦尔，行刑不乐也。"[1]

【注释】

①明辟（bì）：明法，严明法律。辟，法，刑。

②罻（wèi）罗：捕鸟的网，小者曰罻。

【译文】

贤良说："古代的时候，注重用仁义教化来引导老百姓，明确

[1] 《盐铁论校注》卷第六《后刑第三十四》，第419—420页。

法律条令，使施行刑法正确无误。用刑法治理国家，就像用马鞭子赶车一样。优秀的车夫赶车的时候不能没有马鞭子，不过他们手持马鞭却不轻易使用。圣人借助于刑法达成教化，教化成功了也就不使用刑法了。因此，表面看去威风严厉却不杀人，设置了刑法却无人敢于触犯。如今废掉了古代的治国方法不去施行，破坏了古代的礼义教化而不能防止违法作乱。百姓触犯刑律坠入法网，就要抓起来处之以刑，这就像打开栏牢放出野兽，再用毒箭去射死它一样，这样下去不杀光不会停止。曾子说：‘执政者不依正道行事，民心涣散已经很久了。如果得知了他们的真实处境，就会心怀同情而不是沾沾自喜。’不忧心没有治理好百姓，反而夸耀自己能够制裁坏人，就好像捕鸟的人看到鸟兽陷入罗网中而高兴一样。现在天下被处死的人，未必有管叔、蔡叔那样的奸邪，邓皙那样违法乱纪，恐怕苗被锄了也辨别不出好坏，百姓受欺侮了天下还是无法安定。孔子说：‘一个不仁的人，如果对他过于痛恨，就会生出乱子。’因此，百姓乱了要反过来从朝政上寻找原因，朝政乱了要反过来从执政者身上寻找原因，只有执政者的行为端正，天下方能安定。因此，君子能够嘉奖善良的人，又能怜悯那些不能为善的人，恩惠能够施与受刑的人，仁德能够照顾到贫穷的人，在布施恩惠时心情愉快，在动用刑法时感到难过。”

【评述】

本篇就用刑问题进行了辩论。大夫指出刑法是用来惩处恶人的，“刑一恶而万民悦”。而贤良更主张德治，坚持古代的以仁义治国，刑法只是起到辅助作用，教化成功之后不必使用刑法；现今抛弃古代的治理方法，不以仁义治国，致使违法现象严重，而又用刑法大加惩治，使社会愈加混乱。要改变这种现状需要追溯到执政者，只要执政者立身清正，以恩爱之心治理百姓，就会有所改观。贤良的观点，无疑是主张以仁义教化为的治理国家主要手段。

第十三节 扬雄

【人物简介】

扬雄（前53—后18），一作杨雄，字子云，蜀郡成都（今属四川）人。西汉著名的文学家、哲学家。少时好学，口吃不善言谈，喜好辞赋。四十岁始游京师，经同乡推荐，被成帝召入宫廷，侍从祭祀游猎，任给事黄门郎，官职卑微。历成、哀、平“三世不徙官”。王莽称帝后，扬雄曾校书于天禄阁，任大夫一职。

扬雄一生悉心著述，除《甘泉赋》、《羽猎赋》等著名赋作外，还仿《周易》作《太玄》，仿《论语》作《法言》，以儒家思想为宗，阐述了他对政治、社会、哲学等方面的思想。此外，他还著有语言学著作《方言》，是研究西汉语言的重要资料。在《法言》中，包含了一定的廉政思想。

为政日新，摒除恶政

【原文】

为政日新。或人：“敢问日新。”曰：“使之利其仁，乐其义。厉之以名，引之以美，使之陶陶然之谓日新。”

或问“民所勤①”。曰：“民有三勤。”曰：“何哉所谓三勤?”

曰："政善而吏恶，一勤也；吏善而政恶，二勤也；政、吏骈恶，三勤也。禽兽食人之食，土木衣人之帛，谷人不足于昼，丝人不足于夜之谓恶政。"[1]

【注释】

①勤：苦，担忧。

【译文】

治理国家需要天天有新气象。有人问："什么是天天有新气象？"回答是："如果执政者能让人民体会到以仁义行事的益处，并能以此砥砺其操行，引导人民乐于行仁义之事，从而和谐安定，相处融洽，这就是天天有新气象了。"

有人问："人民有哪些苦处呢？"回答说："人民有三苦。"问："三苦是指什么？"回答是："法度良好而官吏恶劣，这是第一苦；官吏良好而法度恶劣，这是第二苦；法度与官吏都恶劣，这是第三苦。"如若当权者豢养禽兽侵夺百姓的口粮，大兴土木使百姓无衣可穿，种田的人整日劳作仍食不果腹，纺织的人整夜辛苦仍衣不蔽体，这就叫做"恶政"。

【评述】

扬雄提出"为政日新"的观点。而所谓日新，就是要求执政者能将仁义的观念深植人心，并使人们自觉地以仁义为准则行事，乐于行仁义之事，这样就会达到社会的安定和谐。这与孔孟儒家

---

[1]《法言义疏》十二《先知卷第九》，第290页。

以仁义为政治准则的思想是一致的。

扬雄接着从民本思想出发，提出了“三勤”与“恶政”的观点，强调对于治理国家来说，良好的官吏与良好的法度都很重要。当权者如能体恤民情，执政清简，从而摒除恶政，那么就能得到人们的拥戴。

仁义治国，君子所学

【原文】

或曰：“人君不可不学律、令。”曰：“君子为国，张其纲纪，谨其教化。导之以仁，则下不相贼；莅之以廉，则下不相盗；临之以正，则下不相诈；修之以礼义，则下多德让。此君子所当学也。如有犯法，则司狱在。”[1]

【译文】

有人说：“君主不能不学习法律条令。”我的回答是：“君主治国，要树立制度准则，重在教育感化。用仁爱引导人民，人民就不会相互残害；用廉洁感化人民，人民就不会相互掠夺；用正道治理人民，人民就不会相互欺诈；让人民以礼义修身行事，人民就会崇尚道德谦让。这才是君子所要学的东西。如果有人犯法，自有负责行使法律的官员追究处理。”

【评述】

对于君主的治国之道，扬雄站在儒家的立场，主张“导之以

〔1〕《法言义疏》十二《先知卷第九》，第295—296页。

仁”，“莅之以廉”，“临之以正”，“修之以礼义”，以仁义化行天下。这与申不害、韩非子等法家人物所主张的以严苛的法律治理国家的思想是截然不同的。

第十四节　桓谭

【人物简介】

桓谭（约前20—后56），字君山，沛国相（今安徽濉溪县西北）人。东汉哲学家、经学家。爱好音律，博学多通。王莽时曾任掌乐大夫。光武帝时，任议郎给事中。因坚决反对谶纬神学，“极言谶之非经”，被光武帝视为“非圣无法”，险遭处斩。后被贬，出任六安郡丞，道中病卒。桓谭著有《新论》二十九篇，早佚，清严可均有辑本。桓谭在《新论》中提出了崇尚仁义教化、尊贤爱民等主张。

王道之治，霸者之术

【原文】

夫王道之治，先除人害，而足其衣食，然后教以礼义，使知好恶去就，是故大化四凑，天下安乐，此王者之术。霸功之大者，尊君卑臣，权统由一，政不二门，赏罚必信，法令著明，百官修理，威令必行，此霸者之术。[1]

---

〔1〕《新论·王霸第二》，《全后汉文》卷十三，第116页。

【译文】

王道的治理方法，是先除掉人为的灾害，让百姓衣食丰足，然后以礼义教化百姓，让他们能够分辨好恶，知道何去何从，因此百姓得到了道德教化，天下安定和乐，这是王者之术。成就大的霸业，能够使君尊臣卑，权力与政治集于一人之手，奖赏与惩罚一定会守信，法令严明，百官各守其职，政令所出必然执行，这是霸者之术。

【评述】

在治理国家的方式上，王道与霸道是两大途径。桓谭在此对这两种方法作了分析：王道注重儒家的道德教化，霸道注重法家的强力手段。如果运用得好，二者都可达到治世，也就是桓谭说的“俱有天下而君万民，垂统子孙，其实一也”。但是，对于儒家的信徒来说，一般是推崇王道而贬抑霸道的，因为后者常违仁义而行诡诈刑杀之事。

君主言行，在于美善

【原文】

夫言行在于美善，不在于众多。出一美言美行，而天下从之；或见一恶意丑事，而万民违之，可不慎乎？故《易》曰：“言行，君子之枢机。”枢机之发，荣辱之主，所以动天地者也。

王翁刑杀人，又复加毒害焉。至生烧人，以醯[1]五毒灌死者肌肉，及埋之，复荐覆以荆棘。人既死，与土木等，虽重加创毒，亦何损益？成汤之省纳，无补于士民。士民向之者，嘉其有德惠也。齐宣之活牛②，无益于贤人。贤人善之者，贵其有仁心也。文王葬枯骨，无益于众庶。众庶悦之者，其恩义动人也。王翁之残死人，观人五藏，无损于生人。生人恶之者，以残酷示之也。维此四事，忽微而显著，纤细而犹大，故二圣以兴，一君用称，王翁以亡。知大体与不知者远矣。

圣王治国，崇礼让，显仁义，以尊贤爱民为务，是为卜筮维寡，祭祀用稀。[1]

【注释】

①醯（xī）：醋。

②齐宣之活牛：语出《孟子·梁惠王上》："臣闻之胡龁曰，王坐于堂上，有牵牛而过堂下者，王见之，曰：'牛何之？'对曰：'将以衅钟。'王曰：'舍之！吾不忍其觳觫，若无罪而就死地。'对曰：'然则废衅钟与？'曰：'何可废也？以羊易之。'不识有诸？"

【译文】

君主的言论和行动在于美和善，而不是说得越多越好，做得越多越好。说一句美言，做一件善事，天下的人都会追随他；表现出一种恶意或者做出一件丑事，天下的百姓就会抛弃他，能不慎重吗？因此《周易》上说："言论和行动，就像君子的枢机一样。枢机一发动，就决定着君子的荣辱。言论和行动，是君子用来影响天地万物的手段。"

---

〔1〕《新论·言体第四》，《全后汉文》卷十三，第121页。

王莽用刑法杀人，人死以后又用五毒加以荼害。甚至把人活活烧死后，还用醋将五毒灌在死者的肌肉里；等掩埋的时候，又在尸体上压上荆棘。人已经死了，就和土木没什么区别，即使再重加伤害，又有什么损害呢？商汤减少百姓的赋税，对士人没有多少补益，而士人都拥戴他，这是因为赞赏他的恩德。齐宣王以羊代替了献祭的牛让其活了下来，对贤人没什么好处，而贤人却认为他做得好，是因为他的仁心很是宝贵。周文王埋藏枯骨，对百姓没什么好处，而百姓认为他做得好，是因为文王的恩义感动了他们。王莽残害死人，看人的五脏六腑，对活着的人没有害处，而活着的人却厌恶他，是因为他的残酷暴露无遗。这四件事，貌似微暗，实则显著，看着琐细，实则重大，二位圣王因此而兴起，一位国君因此而得到称许，而王莽却因此遭到灭亡。知道大体与不知道大体，相差太远了。

圣王治理国家，崇尚礼让，彰显仁义，以尊重贤士爱护百姓为责任，因此，占卜筮的事很少发生，祭祀鬼神的时候也很少。

【评述】

桓谭指出，君主的言行在于美善而不在多少，因此，君主要谨言慎行。他以历史上的商汤、周文王、齐宣王、王莽四位君王为例，表明他们小小的善举能赢得民心，小小的恶行却能导致灭国，得出的结论是君主治国应当“崇礼让，显仁义，以尊贤爱民为务”。

第十五节 王充

【人物简介】

王充（27—约97），字仲任，会稽上虞（今属浙江）人，东汉唯物主义哲学家。出身寒微，少以孝称。后到京师受业太学，师从班彪，博览群书而不守章句。先后做过郡功曹（掌管人事及参与政务）、治中。后辞官归里，专心写作。著作除《论衡》以外，还有《养性书》十六篇、《讥俗书》十二篇、《政务书》等，均亡佚。

王充是一位富有批判精神的思想家，他在《论衡》中对当时流行的一些观念进行了尖锐的批评，提出了许多独到的富有创见的观点。其中亦有不少廉政思想值得我们注意。

国之存者，重视礼义

【原文】

夫志洁行显，不徇爵禄，去卿相之位若脱躧者，居位治职，功虽不立，此礼义为业者也。国之所以存者，礼义也。民无礼义，倾国危主。今儒者之操，重礼爱义，率无礼之士，激无义之人，人民为善，爱其主上，此亦有益也。闻伯夷风者，贪夫廉，懦夫有立志；闻柳下惠风者，薄夫敦，鄙夫宽。此上化也，非人所见。[1]

【译文】

志趣高洁，行为彰明，不谋求爵位俸禄，离开卿相之位就像脱掉鞋子一样，身居官位，履行职务，即使没有建功立勋，这也是讲究礼义之人所做的。国家所以存在，是因为有礼义。人民如果不讲礼义，那么就会败坏国家，危害君主。而今儒生的操行，重视礼，爱好义，身为无礼之人的表率，激励着无义之人。人民行善，爱其君主，这是好的事情。闻听伯夷操行的人，贪婪的人会变得廉洁，懦弱的人会确立志向；闻听柳下惠操行的人，刻薄的人会变得敦厚，鄙狭的人会变得宽厚。这是自上而下的感化，不是人的肉眼所能看见的。

【评述】

王充提出“民无礼义，倾国危主”，论述了礼义的重要意义，并以伯夷和柳下惠为例，分析了礼义的道德教化作用。

赏须功加，罚待罪施

【原文】

夫执不仕者，未必有正罪也，太公诛之。如出仕未有功，太公肯赏之乎？赏须功而加，罚待罪而施。使太公不赏出仕未有功之人，则其诛不仕未有罪之民，非也，而韩子是之，失误之言也。

---

〔1〕 黄晖：《论衡校释》卷第十《非韩篇》，中华书局1990年版（下同），第434页。

且不仕之民，性廉寡欲；好仕之民，性贪多利。利欲不存于心，则视爵禄犹粪土矣。廉则约省无极，贪则奢泰不止。奢泰不止，则其所欲，不避其主。案古篡畔之臣，希①清白廉洁之人。贪，故能立功；憍②，故能轻生。积功以取大赏，奢泰以贪主位。太公遗此法而去，故齐有陈氏劫弑之患③。太公之术，致劫弑之法也。韩子善之，是韩子之术亦危亡也。[1]

【注释】

①希：同“稀”，少。

②憍：同“骄”。

③陈氏：指陈恒，又叫田常，春秋末齐简公之相。他曾以大斗借出、小斗收进的办法争取了群众，公元前 481 年，杀死齐简公，另立齐平公，掌握了齐国的政权。谥号“成”。

【译文】

坚持不做官的人，不一定有合适的罪名，姜太公却杀了他。如果做了官却没有功绩，姜太公肯奖赏他吗？一定要有功绩才能给予奖赏，也一定要有罪恶才能加以惩罚。如果姜太公不奖赏出来做官而没有功绩的人，那么他杀了不做官而没有罪恶的人，就是错的；韩非赞同他的做法，也是错误的。不求做官的人，性情清廉，没有欲求；喜欢做官的人，性情贪婪，重视利禄。如果心中没有利欲，那么就会视爵禄如粪土。清廉就会尽量节省，贪婪就会奢侈无厌。奢侈无厌，那么他想要得到的就会全力追求，连

〔1〕《论衡校释》卷第十《非韩篇》，第 439—440 页。

君主的位子都觊觎。考察以往那些谋篡叛乱的大臣，很少有清白廉洁的人。贪婪，反而能够立功；骄横，反而可以轻生。累积功劳以获取大的奖赏，奢侈无度而贪求君主之位。姜太公留下了这种方法离开了人世，所以齐国有陈恒劫持并杀害君主的灾祸。姜太公的这个主张，导致了劫持杀害君主的做法。韩非赞同他的主张，那么韩非的政治主张也会导致国家危险和灭亡。

【评述】

在《非韩篇》中，王充以雄辩家的口吻，批评了姜尚诛杀不仕之人的做法。他提出“赏须功而加，罚待罪而施”，这种观点是符合正道常情的。他进一步提出“案古篡畔之臣，希清白廉洁之人”，指出喜欢做官的人往往贪求无厌，并以陈恒杀害齐简公的史实，说明了姜尚政治主张的错误之处，进一步指出了认同姜尚做法的韩非子的错误，从而批判了法家思想的偏弊。

贤佞同材，操行本殊

【原文】

或问曰：“贤者行道，得尊官厚禄；人何必为佞，以取富贵?”曰：佞人知行道可以得富贵，必以佞取爵禄者，不能禁欲也。知力耕可以得谷，勉贸可以得货，然而必盗窃，情欲不能禁者也。以礼进退也，人莫不贵，然而违礼者众，尊义者希，心情贪欲，志虑乱溺也。夫佞与贤者同材，佞以情自败；偷盗与田商同知，偷盗以欲自劾也。

问曰：“佞与贤者同材，材行宜钧，而佞人曷为独以情自败?”

曰：富贵皆人所欲也，虽有君子之行，犹有饥渴之情。君子耐①以礼防情，以义割欲，故得循道，循道则无祸；小人纵贪利之欲，逾礼犯义，故得苟佞，苟佞则有罪。夫贤者，君子也；佞人，小人也。君子与小人，本殊操异行，取舍不同。[1]

【注释】

①耐：能。

【译文】

有人问："贤能的人奉行先王之道，就能得到高官厚禄，人为什么一定要通过谄媚奉迎，来取得富贵呢?"回答是：谄媚奉迎的人知道奉行先王之道可以得到富贵，却一定要以谄媚奉迎来取得爵位俸禄，是因为不能克制心中的贪欲。人们知道辛勤耕作可以收获粮食，努力经商可以赚取财富，却一定要去盗窃，是因为不能克制私欲。以礼决定做官还是归隐，这样的人无不被人尊重，然而违背礼的人倒有很多，而尊奉道义的人却是很少，这是由于性情贪婪、心志错乱而执迷不悟的缘故。谄媚奉迎的人与贤能的人才智相当，而谄媚奉迎的人由于私心而自取败亡；偷盗的人与种田的、经商的人才智相当，而偷盗的人由于贪心而自投罗网。

有人问道："既然谄媚奉承的人与贤能的人才能相当，而才能和操行应该是相应的，那么为什么谄媚奉迎的人却独因有私心而自取败亡呢?"回答是：富贵是人共同的欲求，即使有君子的操行，还是会有难消的欲念。君子能用礼来克制私心，用道义来截

〔1〕《论衡校释》卷第十一《答佞篇》，第517页。

断私欲，因此能够遵循先王之道，遵循了先王之道就不会发生灾祸。而小人则放纵贪利的欲望，违背礼义，使用不正当的谄媚奉迎，如此就会招致灾祸。由此可知，贤能的人是君子，谄媚奉迎的人是小人。君子与小人的操行本来就不同，其取舍的标准也不一样。

【评述】

王充在此指出，佞人与贤人在才能上没有差别，也都存有私欲。其区别在于：贤人能够以礼义节制自己的私欲，行事遵循先王之道，因此不会招致祸患；而佞人却放纵自己的欲望，违背礼义，因此会自取灭亡。王充的结论回到了天命论的观点上，认为贤人与佞人，前者为君子，后者为小人，其操行本就不同，因此其行为也会大异其趣。

第十六节　王符

【人物简介】

王符（约85—162），字节信，号潜夫，安定临泾（今甘肃镇原）人。东汉哲学家，博学多识。唐代韩愈将其与王充、仲长统并称为“后汉三贤”。王符耿介好学，不容于俗，终生未仕，以孤愤的心境隐居于乡里，潜心著述，终成传世名作《潜夫论》。

王符洞察到东汉社会存在的诸多弊病，尤其是对汉末的人才选拔制度关注尤多。《潜夫论》一书共十卷三十六篇，其中有六篇（贤难第五、考绩第七、思贤第八、本政第九、潜叹第十、实贡第十四）专论选贤任能的问题，在其他众多篇章中也多有涉及。王符提出了许多具有现实针对性的观点，如注重考功、严于法令、搜求贤才等。

忠正事君，伸法理下

【原文】

忠正以事君，信①法以理下，所以居官也。[1]

【注释】

①信：通“伸”。伸张、伸展之义，指普遍施行。

【译文】

忠诚正直地侍奉君主，普遍施行法令以治理民众，这就是为官之道。

【评述】

从政为官，以忠正之心侍奉君主，以法令为准则治理民众，这是一个普通的道理，而在王符生活的汉末，所出现的却是相反的景象，当权者多“奸谀以取媚，挠法以便佞”。王符认为，这是毁灭忠良、引发动乱的根源，需要引起君主的注意。

---

〔1〕 彭铎：《潜夫论笺校正》卷一《务本第二》，中华书局1979年版（下同），第20页。

好利而亡，好义而彰

【原文】

自古于今，上以天子，下至庶人，蔑有好利而不亡者，好义而不彰者也。[1]

【译文】

从古到今，上至皇帝，下至百姓，没有因贪图财利而不败亡的，也没有因爱好道义而不扬名的。

【评述】

王符继承儒家的传统，重义而轻利，并举大量历史人物为例，如周厉王好利而亡国，伯夷、叔齐坚守志向而留名青史，进一步警示人们应以道义为重。

知贤之途，莫过考功

【原文】

凡南面之大务，莫急于知贤；知贤之近途，莫急于考功。功诚考则治乱暴而明，善恶信则直贤不得见障蔽，而佞巧不得窜其奸矣。……是故大人不考功，则子孙惰而家破穷；官长不考功，则吏怠傲而奸宄兴；帝王不考功，则直贤抑而诈伪胜。故《书》

〔1〕《潜夫论笺校正》卷一《遏利第三》，第26页。

曰："三载考绩，黜陟幽明。"盖所以昭贤愚而劝能否也。[1]

【译文】

对于治理国家来说，最要紧的事情莫过于搜求贤才；搜求贤才的简便途径，莫过于考核其功绩。如果考核功绩的工作真能做好，那么治理的好坏便显而易见，善恶得到彰明，则真正的贤才便不会被埋没，而虚伪奸诈的人也便无处可藏。……因此，如果家长不进行考功，那么子孙后辈就会慵懒怠惰，家庭就会破败；如果执政者不进行考功，那么属下官吏就会松懈渎职，弄奸使滑；如果帝王不进行考功，那么贤才懿士就会遭到压制，而奸诈虚伪的人却能兴风作浪。所以《尚书》上说："每过三年就要考核官吏的政绩，奖励提拔有功的人，处罚罢免有过的人。"就是要考察官吏的贤愚，鼓励他们增长才干。

【评述】

汉代选官奉行的是察举制和征辟制，王符生活的东汉末年，这一制度出现严重的弊端。东晋葛洪在《抱朴子》中指出："台阁失选用于上，州郡轻贡举于下。夫选用失于上，则牧守非其人矣，贡举轻于下，则秀、孝不得贤矣。"当时有谚语云："举秀才，不知书；举孝廉，父别居。"在这种情况下，王符提出注重考功的思想，不啻为针对现实弊病的直面回应。在王符看来，考功无论对于持家还是治国都很重要。考功是察知贤才的捷径，如果能够很好地贯彻考功，那么官吏的贤愚就会昭然若见。如是，执政者

〔1〕《潜夫论笺校正》卷第二《考绩第七》，第62—63页。

再任贤才黜庸人，国家就会得到很好的治理。

群僚百官，各居其职

【原文】

是故世主不循考功而思太平，此犹欲舍规矩而为方圆，无舟楫而欲济大水，虽或云纵①，然不知循其虑度之易且速也。群僚师尹②，咸有典司，各居其职，以责其效；百郡千县，各因其前，以谋其后；辞言应对，各缘其文，以核其实，则奉职不解，而陈言者不得诬矣。《书》云："赋纳以言，明试以功，车服以庸，谁能不让？谁能不敬应？"此尧、舜所以养黎民而致时雍也。[1]

【注释】

①纵：通"从"，即成功之意。

②群僚：指百官。师尹：百官之长，地位仅次于君主的大臣，亦称"公"，相当于后世的丞相。

【译文】

因此，帝王不遵循考功的方式而企盼太平盛世，这就像不用圆规和曲尺就想画方圆，不用船和桨就想渡过大河一样，虽然有时也能成功，却不如遵从京房先生所谋划的法度简易流便。群臣宰相，各有职掌之事，根据他们的职责去考察他们的功绩；一百多个郡和一千多个县，根据他们治理前的情况去审察治理后的景

〔1〕《潜夫论笺校正》卷二《考绩第七》，第73页。

象；对于官员的发言和应对，根据其文字记录去考核他们的实际作为，那么官员们就会奉守其职而不懈怠，陈述意见的人也不会诬陷乱讲了。《尚书》上说："普遍地采纳他们的言论，明白地考核他们的功绩，根据其官职配备不同的车马和礼服让他们使用，哪个能不谦让？谁人能不慎重地回答？"这就是尧、舜教育百姓而获得安定太平的办法。

【评述】

王符在此进一步强调考功的重要意义，并给出了具体的实施方略，即对于中央官员来说，使其"各居其职，以责其效"，对于地方官员而言，"各因其前，以谋其后；辞言应对，各缘其文，以核其实"。

以选为本，明于法令

【原文】

以选为本，选举实则忠贤进，选虚伪则邪党贡。选以法令为本，法令正则选举实，法令诈则选虚伪。……是故国家存亡之本，治乱之机，在于明选而已矣。[1]

【译文】

选拔人才是治理国家的根本，如果落到实处，就能得到忠正贤明之人，如果徒具虚名，得到的就会是奸邪之人。选拔人才要

〔1〕《潜夫论笺校正》卷二《本政第九》，第88、90页。

以法令为基础，只有法令严明，选举才能落到实处，如果法令虚浮，选举也就无从下手了。……因此，国家是存是亡，是治是乱，其根本在于明确选拔人才的制度。

【评述】

王符将选拔人才视为治理国家的根本，并指出选拔人才要本乎法令，只有法令明晰，有法可依，并且严格地依法从事，才能选拔出忠臣贤才，从而使国家长治久安。

贤者为臣，人君所取

【原文】

夫贤者之为人臣，不损君以奉佞，不阿众以取容，不堕公以听私，不挠法以吐刚，其明能照奸，而义不比党。是以范武归晋而国奸逃①，华元反朝而鱼氏亡②。故正义之士与邪枉之人不两立。而人君之取士也，不能参听民氓，断之聪明，反徒信乱臣之说，独用污吏之言，此所谓与仇选使，令囚择吏者也。……是以明圣之君于正道也，不专驱于贵宠，惑于嬖媚，不弃疏远，不轻幼贱，又参而任之。[1]

【注释】

①范武归晋而国奸逃：范武是春秋时晋国大夫，姓士，名会，字季，受封于范邑（今山东梁山西北），死后谥武，所以又称范

---

〔1〕《潜夫论笺校正》卷二《潜叹第十》，第98、105页。

武、士季、范会等。他曾辅佐晋文公、襄公、灵公、成公、景公五代国君。公元前621年，晋襄公死，先蔑、士会赴秦迎立作为人质的公子雍，为赵盾所拒。先蔑与士会二人无奈奔秦，并为秦人所用。公元前614年，士会回晋。景公七年（前593年），士会统率晋军灭赤狄的甲氏等地，升任中军元帅，兼任太傅，执掌国政，修明法制，公正无私，举国一片井然，于是晋国的盗贼都逃奔到秦国。

②华元反朝而鱼氏亡：华元是春秋时宋国大夫。鱼氏指鱼石、鱼府二人。鱼石担任宋国左师（执政官，地位仅次于右师），鱼府任少宰（位在太宰之下，辅助太宰处理宫中事务）。公元前576年，宋共公死，司马荡泽叛乱，杀死太子肥。时任右师的华元逃往晋国，旋即回宋，攻杀荡泽。由于鱼石、鱼府与荡泽同出一族，二人害怕累及自身，出城留观于睢河边，见华元无意挽留，便逃奔楚国。反，同“返”。亡，逃亡，逃跑。

【译文】

贤能之士做臣子的时候，不会损害君主利益以奉迎奸佞的权臣，不会阿谀从众以讨取大家的欢心，不会损害公家以谋取私利，不会歪曲法令以释放强暴的罪犯。他聪慧明智，能够洞察奸邪；他讲道义，不会拉帮结派。所以范武返回晋国，坏人就逃走了；华元回到宋国，鱼氏就逃亡了。所以正直的讲求道义的贤士和奸邪不正的人势不两立。然而，如果君主选才取士的时候，不能参酌听取民众的意见、以自己的聪明才智进行甄别判断，反而光听乱臣贼子的说法，只采纳贪官污吏的意见，这就是所谓的与仇人一起选拔官吏，让囚犯择取管理监狱的官员。……因此，英明圣哲的君主对于掌握了正确的治国策略的贤能之人，不会受高高在上的权臣驱使，不会被得宠谄媚的亲信迷惑，不会因为关系疏远而抛弃他们，不会由于年小位卑而轻视他们，而是经过考核之后就任用他们。

【评述】

王符首先指出贤者为臣时的表现和作为，他们廉洁奉公、正直无私，正是国家需要的人才。接着直指当时社会的弊病：人君在选择士人时，“徒信乱臣之说，独用污吏之言”，导致奸邪之人充斥朝廷，国家陷入一片混乱。王符指出了明君圣主的作为，他们任人唯贤，不信嬖佞之言，是一种理想的君主形象。

任职爱民，达上进贤

【原文】

帝王之所尊敬，天之所甚爱者，民也。今人臣受君之重位，牧天之所甚爱，焉可以不安而利之，养而济之哉？是以君子任职则思利民，达上则思进贤，功孰大焉？[1]

【译文】

帝王所尊敬的，上天所钟爱的，是人民。现在臣子接受了君主所任命的重要职位，管理上天所钟爱的民众，怎能不使人民生活安定而得利，养育并接济他们呢？因此君子担任职守就要考虑造

〔1〕《潜夫论笺校正》卷三《忠贵第十一》，第108页。

福于民，还要考虑向君主推荐贤才，还有什么比这功劳更大的呢?

【评述】

王符在《忠贵》篇论述了忠臣的可贵之处。此处从民本出发，指出人臣应当以造福人民为责任，此外需要向上推荐贤才。能做到这两个方面，就是功劳甚大的忠臣了。

教化之士，治世之材

【原文】

夫修身慎行，敦方正直，清廉洁白，恬淡无为，化之本也。忧君哀民，独睹乱原，好善嫉恶，赏罚严明，治之材也。明君兼善而两纳之。〔1〕

【译文】

注重修身，行事谨慎，敦厚规矩，为人正直，清正廉明，洁白无瑕，淡泊寡欲，清静无为，这是进行道德教化的榜样。忧心君主而体恤人民，能够独具慧眼地察知动乱的根源，喜施善举而嫉恶如仇，奖赏处罚严格分明，这是治理国家的人才。英明的君主对这两种人才都欣赏有加并吸纳他们。

【评述】

王符在此指出了两类人才：一类既能修身慎行，又能清廉方

〔1〕《潜夫论笺校正》卷三《实贡第十四》，第157页。

正，恬淡无为，兼有儒道两家人物的优点，德行高妙，能够以身作则地教化人民；另一类既有忠君爱民之心，又对社会治乱有深刻的洞察，还能做到态度刚正，赏罚分明，是治理国家的人才。这两类人才都是国家所需要的，所以明君圣主应该广泛地提拔他们。

选贤贡士，据实而言

【原文】

是故选贤贡士，必考核其清素，据实而言，其有小疵，勿强衣饰，以壮虚声。一能之士，各贡所长，出处默语，勿强相兼，则萧、曹、周、韩①之论，何足得矣？吴、邓、梁、窦②之徒，而致十③。各以所宜，量材授任，则庶官无旷，兴功可成，太平可致，麒麟可臻④。[1]

【注释】

①萧、曹、周、韩：分别指萧何、曹参、周勃、韩信，均为西汉初重臣，辅佐刘邦开创了西汉王朝。

②吴、邓、梁、窦：分别指吴汉、邓禹、梁统、窦融，均为东汉初重臣，辅佐刘秀打下了东汉江山。

③而致十：原文有脱字。据汪继培笺，或为“可得而致”四字。

④麒麟可臻：古有“太平致麟”之说，麒麟的出现，意味着

〔1〕《潜夫论笺校正》卷三《实贡第十四》，第158页。

社会的太平。

【译文】

选举贤才，推荐士人，必须要考核他们的真实情况，实话实说，如果有小的瑕疵，切莫勉强地加以掩饰，以提高其虚假的声名。凡是有一技之长的士人，要让他们呈现出来或入朝为官，或隐居山林，或缄默不语，或高谈阔论，不要强加干涉。若能如此，那么萧何、曹参、周勃、韩信之类的人才，哪里值得访求？吴汉、邓禹、梁统、窦融之类的人才，就会招来一大批。根据每个人的实际情况安排适当的位置，衡量他们的才能授予其职务，那么众多的官位就不会形同虚设，振兴国家的功业就能达成，太平安定的局面就可获得，吉祥的麒麟就可以降临。

【评述】

此处着重强调了在选贤贡士的过程中，应该认真考察其实情，据实而言，不可强加掩饰，然后根据他们的才能委以官职，“量材授任”，能够做到这点，就能够达到太平景象。

节礼复德，百姓感化

【原文】

是故明君临众，必以正轨，既无厌有，务节礼而厚下，复德而崇化，使皆阜于养生而竞于廉耻也。是以官长正而百姓化，邪心黜而奸慝①绝，然后乃能协和气而致太平也。[1]

【注释】

①慝（tè）：通“匿”，邪恶。

【译文】

英明的君主治理天下，一定要运用妥当的法度，完全不可贪得无厌地搜刮民财，而应该用礼制约束自己，宽厚地对待臣民，恢复仁德而崇尚教化，使臣民能够生活富足，而竞相廉洁奉公，知耻律己。因此执政者正直无私，百姓就会被感化，邪恶的思想被消除，奸诈的事就不再发生，之后就可以协调中和之气，达到太平安定的局面。

【评述】

王符在《班禄》篇中追述了古代礼制的产生和爵禄制度，认为这种制度保障了官吏的经济生活，使他们能够一心为公而不谋私利，这样就可以使百姓安居乐业而天下太平。此后由于周王朝忽视了禄养贤臣，官吏就加重了税收，战国以后这种情况更是变本加厉，群臣贪赃枉法，百姓为饥寒所迫也为盗行窃。因此，王符在此指出，君主应该以礼制约束自己，“复德而崇化”，要保障官吏的生活富足，在此基础上推行教化，做到以薪养廉，唯有如此，才可以达致太平。

---

〔1〕《潜夫论笺校正》卷四《班禄第十五》，第172页。

考绩三公，明德慎罚

【原文】

《易》曰："鼎折足，覆公𫗧①，其刑渥。凶。"此言公不胜任，则有渥刑也。是故三公在三载之后，宜明考绩黜刺，简练其材。其有稷、卨、伯夷、申伯、仲山甫②致治之效者，封以列侯③，令受南土八蛮④之赐。其尸禄素餐，无进治之效、无忠善之言者，使从渥刑。是则所谓明德慎罚，而简练能否之术也。诚如此，则三公竞思其职，而百寮争竭其忠矣。〔1〕

【注释】

①𫗧（sù）：鼎中的食物。

②稷（jì）：周族的始祖，曾在尧舜时代做过农官，史称后稷。卨：也作"偰"、"契"，商族的始祖，曾被舜封为司徒，掌管教化。伯夷：商末孤竹君之长子，父卒，与弟叔齐互相让位。后逢武王伐纣灭商，天下宗周，而伯夷、叔齐耻食周粟，最终饿死于首阳山上。仲山甫：一作仲山父。周太王古公亶父的后裔，周宣王元年（前827年），受举荐入王室，任卿士（相当于后世的宰相），位居百官之首。《诗经·大雅·崧高》说：只有仲山甫和申伯是国家的栋梁。仲山甫的突出政绩是进行经济体制改革，造成了周宣王时期的繁荣景象，所以称为"宣王中兴"。

③列侯：秦制爵位分二十级，最高一级称为彻侯。汉承秦制，

〔1〕《潜夫论笺校正》卷四《三式第十七》，第199—200页。

因避汉武帝刘彻之讳，改为通侯或列侯。

④八蛮："蛮"为"鸾"之形讹。鸾为结在马衔头上的铃铛。马口两边各一个，四马八铃，因此称为八鸾。

【译文】

《周易》上说："烹饪的鼎折断了足，三公的珍馐美味都洒了出来，他们将受到严酷的刑罚。不吉利。"这是说如果三公不能胜任其职，就会受到严厉惩处。因此三公在任职三年以后，应该对他们的政绩进行明确的考核，以此贬黜督责，并挑选理想的人才担任。对于那些像后稷、契、伯夷、申伯、仲山甫能够招致太平之功的，就封为列侯，赏赐南方国土、八铃之车。对于尸位素餐，没有推举贤人、治理国家的功绩，没有忠诚有效的谏言的，就对他们施以重刑。这就是所谓的明确地给予奖赏，慎重地加以处罚，也是区别贤能与否的方法。如果真能做到这样，那么三公就会恪尽职守，百官也会争相尽忠出力了。

【评述】

王符在《三式》篇中分析了古代吏治中三种值得借鉴的典范方式，以上是针对国家最高官员三公的治理方式。对三公来说，应该在他们执政三年以后进行考核；有功的重赏，无功的严罚。

列侯任职，以旌其能

【原文】

今列侯年卅以来，宜皆试补长吏墨绶[①]以上，关内侯补黄绶②，以信其志，以旌其能。其有韩侯、邵虎③之德，上有功于天子，下有益于百姓，则稍迁位益土，以彰有德。其怀奸藏恶尤无状者，削土夺国，以明好恶。[1]

【注释】

①长吏：汉朝年俸为六百石至二千石的郡、县级长官。墨绶：结在印环上的墨色丝带。据《汉书·百官公卿表》："凡吏……秩比六百石以上，皆铜印黑绶……比二百石以上，皆铜印黄绶。"爵位最高的列侯做郡、县长官，是降级试用的举措。

②关内侯：在秦制的二十级爵位中，关内侯为第十九级，地位仅次于列侯。他们仅有爵位而没有封邑，寄食于京畿关内地区，所以称为关内侯。黄绶为年俸二百石以上的官吏所用，指作为县令之副的县丞或县尉。

③韩侯：周宣王时的韩国国君，因其爵位为侯，故称韩侯。他有贤能之才。邵虎：周宣王时贤臣。周厉王的暴政引发国人之乱，国人攻入王宫，邵虎以自己的儿子替换了太子静，儿子被国人杀死。周厉王死后，他拥立太子静即位，即周宣王。

【译文】

现在年龄在三十岁以上的列侯，都应该让他们担任县令以上的地方官，关内侯就担任县丞、县尉等副官，让他们在那些官位上实施其志向，展示其才能。如果他们有韩侯、邵虎一样的德行，对上有功于天子，对下有益于黎民，那就逐渐升迁他们的官职，

〔1〕《潜夫论笺校正》卷四《三式第十七》，第202页。

增加他们的封地，以对有功德的人进行表彰。对于那些怀奸藏恶、罪行累累的，就削减他们的封地，剥夺他们的爵位，以此来表明皇帝的好恶。

【评述】

汉代列侯都是承袭祖先的封爵，他们无功于汉室，无德于人民，却卧食重禄，压迫人民，搜刮钱财，成了一个严重的社会问题。王符针对列侯的治理，提出委任他们县令、郡守等低级官职，让他们施展自己的才能，有所作为的就予以奖赏，无所作为的就加以处罚，通过这种方式对其进行钳制，改变他们尸位素餐的状况。

明选守相，严刑重赏

【原文】

（汉宣帝）于是明选守相，其初除者，必躬见之，观其志趣，以昭其能，明察其治，重其刑赏。奸宄减少、户口增息者，赏赐金帛，爵至封侯。其耗乱无状者，皆衔刀沥血于市。赏重而信，罚痛而必，群臣畏劝，竞思其职。故能致治安而世升平，降凤皇而来麒麟，天人悦喜，符瑞并臻，功德茂盛，立为中宗。由此观之，牧守大臣者，诚盛衰之本原也，不可不选练也；法令赏罚者，诚治乱之枢机也，不可不严行也。[1]

【译文】

于是在提拔郡守、相国时，对于初次任命的，汉宣帝必定亲

〔1〕《潜夫论笺校正》卷四《三式第十七》，第207页。

自接见，观察他们的志向，了解他们的才能，清楚他们的治理情况，加重对他们的奖赏或处罚。对于治下坏人减少、人口增长的，就赏赐黄金绸缎，甚至可以封为侯爵。对于治理混乱不堪，无法形容的，就押赴刑场处以极刑。有功必赏，并且重赏，有罪必罚，并且痛罚，那么群臣因为害怕被罚而希望受赏，就会争相尽心于职守。所以能使社会安定，天下太平，凤凰和麒麟这些祥鸟瑞兽就会出现，上天下民愉悦欣喜，吉祥的征兆会同时到来。宣帝的功业盛大，因此被视中兴之主而立为中宗。由此看来，州牧、郡守等大臣，实在是国家兴衰的根源，不能不进行选拔；法令和赏罚，实在是国家治乱的关键，不能不严格执行。

【评述】

此处分析了对郡守、相国的治理方式。王符以汉宣帝时的规章律令为典范，因为郡守、相国的管辖范围很大，所以必须审慎择取。在任命之后，要本着“赏重而信，罚痛而必”的原则，重赏严刑，对有政绩的赏赐金帛，加封侯爵，对治理混乱的严刑处罚。这样，就能出现太平盛世。

表显有行，导礼明信

【原文】

今欲变巧伪以崇美化，息辞讼以闲官事者，莫若表显有行，痛诛无状，导文、武之法，明诡诈之信。[1]

〔1〕《潜夫论笺校正》卷五《断讼第十九》，第232页。

【译文】

目前，要想消除投机取巧虚伪狡诈的行为，而使人们崇尚道德教化，平息诉讼纷争，使从政者清闲从容，最好的办法，莫过于对良好的行为大力表彰，对不好的现象严加惩处，以文、武的礼制法度引导人们，使人们知晓奸猾诡诈应该受到的惩罚。

【评述】

王符对如何敦化风俗、减少争端提出了两个方法：一是表彰良好的行为，为人们树立道德典范；二是惩罚不好的行为，给人们以警诫。总括起来，还是重在以儒家之礼为主要手段，辅之以刑法。

第十七节 荀悦

【人物简介】

荀悦（148—209），东汉末哲学家、史学家。字仲豫，颍川颍阴（今河南许昌）人。汉献帝时，应曹操征召，历任黄门侍郎、秘书监等职，其间作《汉纪》三十篇。荀悦见当时曹操专权，汉献帝仅存虚名，作《申鉴》五篇，对现实政治提出批评，提出了“五政”、宽惠爱民等观点。

兴农宣教，五政之说

【原文】

兴农桑以养其生，审好恶以正其俗，宣文教以章其化，立武备以秉其威，明赏罚以统其法，是谓五政。[1]

【译文】

振兴农桑而让百姓生活无忧，辨明好恶来端正百姓的风俗，宣传文教来彰显君主的教化，确立武备来宣扬君主的威严，明确赏罚来统一君主的法令，这就是五政。

【评述】

古人依五行之说，提出五政的观念。因古人以五行分主四时，所以五政即指四时之政，如《大戴礼记·盛德》："均五政，齐五法。"王聘珍解诂曰："五政者，明堂月令所施于四时者也。"荀悦在此提出了新的五政观，即农业、风俗、文教、武备、赏罚五个方面的政事。在他看来，如果君主能处理好这五政，那么国家就会得到治理。

身为人主，有公无私

【原文】

问人主有公赋，无私求；有公用，无私费；有公役，无私使；

〔1〕《申鉴·政体第一》，《诸子集成》第9卷，第1页。

有公赐，无私惠；有公怒，无私怨。私求则下烦而无度，是谓伤清；私费则官耗而无限，是谓伤制；私使则民挠扰而无节，是谓伤义；私惠则下虚望而无准，是谓伤正；私怨则下疑惧而不安，是谓伤德。[1]

【译文】

君主有公开的赋税，没有私下的求取；有公开的用度，没有私下的花费；有公开的劳役，没有私下的役使；有公开的赏赐，没有私下的恩惠；有公开的愤怒，没有私下的怨恨。私下求取，百姓就会烦劳而没有节度，这就伤害了清廉；私下花费，国库损耗而没有节制，这就损害了制度；私下役使，百姓就会被侵扰而没有节操，这就伤害了仁义；私下恩惠，臣民就会盲目地盼望而没有准则，这就伤害了正直；私下怨恨，臣民就会疑惑恐惧而感到不安，这就伤害了德行。

【评述】

荀悦在此分析了身为人主，其花费、役使、赏赐、怨恨等事情都要公开化，如果私下求取，就会损害人主的清正德义以及制度的公正性，使百姓无所措手足，不利于国家的统治。

治世之位，其贵有三

【原文】

治世所贵乎位者三：一曰达道于天下，二曰达惠于民，三曰

〔1〕《申鉴·政体第一》，《诸子集成》第9卷，第3页。

达德于身。衰世所贵乎位者三：一曰以贵高人，二曰以富奉身，三曰以报肆心。治世之位，真位也；衰世之位，则生灾矣。苟高人则必损之，灾也；苟奉身则必遗之，灾也；苟肆心则必否之，灾也。[1]

【译文】

在治世，爵位的重要性有三点：一是使大道行于天下，二是使福惠及于百姓，三是使德行备于己身。而衰世，爵位的重要性也有三点：一是尊崇在位之人（以尊贵显高在位之人），二是以财富奉己之身，三是以官位纵己之欲。治世的爵位，才符合爵位的真正要义；衰世的爵位，往往导致灾难。如果爵位只是尊崇在位者，则必损及大道之行，这是灾难；以财富奉己之身，则必损及百姓之利，这也是灾难；以官位纵己之欲，则必损及德行，这同样是灾难。

【评述】

治世与衰世，如何居职为官，这是荀悦思考的问题。达道于天下、达惠于民、达德于身，这是治世为官所要做的最重要的事情；而衰世为官，如果以官位谋求个人私利，损害百姓利益与个人德行，只会带来灾难。

---

〔1〕《申鉴·政体第一》，《诸子集成》第9卷，第4页。

衰世之顺，并非真顺

【原文】

治世之臣，所贵乎顺者三：一曰心顺，二曰职顺，三曰道顺。治世之顺，真顺也；衰世之顺，生逆也。体苟顺则逆节，乱苟顺则逆忠，事苟顺则逆道。高下失序则位轻，班级不固则位轻，禄薄卑宠则位轻，官职屡改则位轻，迁转烦渎则位轻，黜陟不明则位轻，待臣不以礼则位轻。夫位轻而政重者，未之有也。圣人之大宝曰位，轻则丧吾宝也。[1]

【译文】

太平之世的大臣，所珍重的顺畅有三点：一是心情顺畅，二是官职顺畅，三是大道顺畅。太平之世的顺畅是真的顺畅，衰亡之世的顺畅则造成相反的结果。身体苟且顺畅就会违背节操，乱世苟且顺畅就会违背忠诚，事情苟且顺畅就会违背道义。上下的次序颠倒就会使爵位受到轻视，大臣及其级别不稳定就会使爵位受到轻视，俸禄很少的小官却受宠就会使爵位受到轻视，官职屡加变动就会使爵位受到轻视，为官之地老是更换就会使爵位受到轻视，黜退和提拔不明确就会使爵位受到轻视，不以礼节对待大臣就会使爵位受到轻视。爵位很轻而政务却很重要，这是从未有过的事情。圣人手中有一个高明的法宝，就是爵位。如果爵位受到轻视，就会丧失这个法宝。

---

〔1〕《申鉴·政体第一》，《诸子集成》第9卷，第4页。

【评述】

荀悦在此分析了治世之顺和乱世之顺。治世之顺，所贵者在心顺、职顺、道顺三者，是一种真顺。而乱世之顺则造成相反的结果，容易导致君主的位置被人轻视。荀悦列举了七种被人轻视的情况，告诫君主要重视自己的位置，尤其是在乱世，更要处理好各种关系，慎防位置被人看轻。

第十八节　仲长统

【人物简介】

仲长统（180—220），字公理，山阳高平（今山东微山西北）人，东汉末哲学家、文学家。才华过人，性情卓异，洒脱不拘，时人称为狂生。曾任尚书郎。

仲长统著有《昌言》，凡三十四篇，十余万言。文中提出人事为本，天道为末，对于外戚擅权尤加谴责，提出人君不可与掌权的大臣结为婚姻关系，已经结为婚姻关系者，就不要任用他掌权执政等观点。

心存公平，士民顺服

【原文】

任循吏于大乱之会，必有恃仁恩之败；用酷吏于清治之世，必有杀良民之残：此其大数也。我有公心焉，则士民不敢念其私矣；我有平心焉，则士民不敢行其险矣；我有俭心焉，则士民不敢放其奢矣：此躬行之所征者也。开道涂焉，起堤防焉，舍我涂而不由，逾堤防而横行，逆我政者也。诰之而知罪，可使悔过于后矣；诰之而不知罪，明刑之所取者也。教有道，禁不义，而身以先之，令德者也；身不能先，而总略能行之，严明者也。忠仁为上，勤以守之，其成虽迟，君子之德也；谲诈以御其下，欺其民而取其心，虽有立成之功，至德之所不贵也。[1]

【译文】

在天下大乱的时候任用奉职守法的官吏，必然有因其仁爱恩德而败事的；在天下太平的时候任用以残酷手法治理的官吏，必然有残害良民百姓的坏处：这是其大概情形。如果君主有一颗公正之心，那么百姓就不敢心存私念；如果君主有一颗公平之心，那么百姓就不敢冒险谋私；如果君主有一颗节俭之心，那么百姓就不敢放任自己的奢侈：这是被亲身实践者所证明了的。开通了治理的道路，筑起了预防乱政的堤防，如果有人舍弃所开的道路不走，越过筑起的堤防乱来，就是违抗了君主的统治。如果告诫他之后他能够知道自己的罪行，那么可以让他忏悔自己的罪过；如果告诫他了他却还不认罪，那么就用严明的刑罚惩治他。以道德教化百姓，禁止不义的行为，身为表率地去施行，这是具有高尚德行的君主；不能做到身为表率，却能总其大略把握全局地施行，这是法度严明的君主。以忠厚仁爱为根本，用勤政的态度加以持守，其成效虽然慢了些，但这是君子的德行；以诡谲狡诈的

〔1〕 仲长统：《昌言上·（篇名缺）》，《全后汉文》卷八十八，第889页。

手段统治臣民，欺骗百姓以赢得民心，这样虽然能够很快取得成效，但却是道德高尚的人所不推崇的事情。

【评述】

循吏与酷吏之名最早出现于《史记》，循吏指的是恪守礼教奉公守法的良吏，酷吏是指滥用刑罚残害人民的官吏。仲长统指出，乱世用循吏，必然会有因其仁慈恩惠而失败的；治世用酷吏，必然有乱杀无辜的弊端。仲长统意在指出的是统治者需要端正自己的行为，只要执政者持有公平之心、节俭之心，那么百姓就不敢存有私欲，不敢过于奢侈。他接着分析，对于违法犯罪的官吏，先行告诫，如能知罪，则使其悔过，如不知罪，就用刑律惩处。仲长统强调君主应该正身以率天下，以君子之德治理国家，批评了行谲诈之术的君主。

选取善士，禄能供养

【原文】

故物有不求，未有无物之岁也；士有不用，未有少士之世也。夫如此，而后可以用天性，究人理，兴顿废，属断绝，网罗遗漏，拱押天人矣。或曰：善为政者，欲除烦去苛，并官省职，为之以无为，事之以无事，何子之言云云也？曰：若是，三代不足摹，圣人未可师也。君子用法制而至于化，小人用法制而至于乱。均是一法制也，或以之化，或以之乱，行之不同也。苟使豺狼牧羊豚，盗跖主征税，国家昏乱，吏人放肆，则恶[①]复论损益之闲[②]哉！夫人待君子然后化理，国待蓄积乃无忧患。君子非自农桑以求衣食者也，蓄积非横赋敛以取优饶者也。奉禄诚厚，则割剥贸易之罪乃可绝也；蓄积诚多，则兵寇水旱之灾不足苦也。故由其道而得之，民不以为奢；由其道而取之，民不以为劳。天灾流行，开仓库以禀贷，不亦仁乎？衣食有余，损靡丽以散施，不亦义乎？彼君子居位为士民之长，固宜重肉累帛，朱轮四马。今反谓薄屋者为高，藿食③者为清，既失天地之性，又开虚伪之名，使小智居大位，庶绩不咸熙，未必不由此也。得拘絜④而失才能，非立功之实也。以廉举而以贪去，非士君子之志也。夫选用必取善士。善士富者少而贫者多，禄不足以供养，安能不少营私门乎？从而罪之，是设机置阱以待天下之君子也。[1]

【注释】

①恶（wū）：疑问代词，同“乌”。何，哪里。

②闲：本指木栏之类的遮拦物，引申指范围、界限。

③藿（huò）食：以豆叶为食，谓粗食。藿，豆类作物的叶子。

④拘絜（xié）：意指本欲清高而反致自缚。絜，拘束。

【译文】

事物总是存在的，只有不加求取的，没有事物不存在的时候；士人总是存在的，只有不加任用的，没有缺少士人的时代。认识到这一点，然后可以沿用自然天性，探究人伦道理，振兴荒废的，续接断绝的，搜罗遗漏的，向上天与人民拱揖示敬了。有人说：善于从事政治的，会除去繁杂苛乱的政事，合并减省冗余的官职，

〔1〕《昌言上·损益篇》，《全后汉文》卷八十八，第893页。

以无为的策略进行治理，以无事的态度处理事情，哪里像你所说的那样呢？回答是：如果真像你说的，那么夏、商、周三代就不值得效仿，周公、孔子等圣人就未必值得学习。君子以法治国，天下能够太平；小人以法治国，天下却会大乱。同样的法令制度，有的人使用了能够带来太平，有的人使用了却造成混乱，这是因为施行的方法不同。如果让豺狼放羊牧猪，让盗跖掌管国家税收，国家混乱不堪，官吏横行霸道，那么还讨论什么增加或减少的界限呢？人民需要君子为官，然后国家才能得到治理；国家需要积蓄财粮，然后才能没有忧患。君子不是需要亲自务农才能解决温饱生计的，国库也不是靠横征暴敛才能充盈富足的。如果给的俸禄足够多，那么盘剥商贸违法犯罪的事情才可根绝；如果国库的蓄积足够多，那么遇到兵荒马乱水旱灾害时也不会觉得危害太大。因此，根据正道得到的东西，百姓不会觉得奢侈；根据正道而获取的东西，百姓不会觉得辛劳。天灾流行的时候，放开国库赈济民众，不也是仁爱吗？衣食等物资有所盈余，自己减少用度，不过奢靡的生活，将其散施给百姓，不也是义举吗？君子身居官位，为百姓的官长，衣食住行方面本就应该有好的待遇。如今却认为住简陋的房屋是高尚，吃粗劣的食物是清正，这样既丧失了自然的本性，又助长了虚伪的名声，让能力低的人担任高官要职，政事搞得一塌糊涂，未必不是这个原因引起的。拘于德行却失去了才能，这不是建立功业的实际所在。因廉洁受到举荐却因贪污丢掉官职，这不是贤士君子的志向。选拔官员一定要选取良善之士。富贵的贤士少而贫穷的贤士多，如果其俸禄不够养家糊口，又怎能不稍稍谋取私利呢？如果因此而降罪处罚他们，是预设了机关、挖好了陷阱来等待天下的君子啊。

【评述】

仲长统认为，治理国家需要贤士君子，他们不是亲自务农求取温饱，而是享受国家的俸禄。并且由于他们身居士民之长，理当“重肉累帛，朱轮四马”，物质基础应该高于平民百姓。仲长统批评了当时认为只有过着清苦的生活才算清廉的观念，指出这种观念既丧失了天地之性，又助长了虚伪之名，如果拘于廉洁之虚名，而任用无才无能的庸吏，这就失去了治理国家的根本。选才用人必取善士能人，而善士往往富的少穷的多，如果俸禄不足以满足其生活所需，那么他们只有以权谋私了。因此，仲长统提出，要增长官吏的俸禄，使他们专心于政事。曹魏时期的刘廙和晋代的傅玄也都提出过同样的主张。

外戚妇党，不当与权

【原文】

夫使为政者，不当与之婚姻；婚姻者，不当使之为政也。如此，在位病人①，举用失贤，百姓不安，争讼不息，天地多变，人物多妖，然后可以分此罪矣。或曰：政在一人，权甚重也。曰：人实难得，何重之嫌？昔者霍禹、窦宪、邓骘、梁冀之徒，藉外戚之权，管国家之柄；及其伏诛，以一言之诏，诘朝②而决，何重之畏乎？今夫国家漏神明于媟近③，输权重于妇党，算十世而为之者八九焉。不此之罪而彼之疑，何其诡邪！[1]

〔1〕《昌言上·法诫篇》，《全后汉文》卷八十八，第895页。

【注释】

①病人：害人，祸害百姓。病，害。

②诘朝（jié zhāo）：早晨。这里指很短的时间。

③媟（xiè）近：指狎昵亲近的小人。媟，亲近而不庄重。

【译文】

（皇帝）委以官职使其从政的，不应该和他缔结婚姻；与他缔结婚姻的，不应该让他从政。如果这样的话，那么他身居官位就会祸害百姓，举才用人就会不顾贤士，百姓生活会变得不安定，争执诉讼会源源不断，天地之间会生出许多变故，人与事物会出现许多妖异现象，然后这样做的罪过也就清晰可辨了。有人说：将政事集中于一人，其权力太过重大了。回答是：人才确实难以得到，哪里怕什么权力过重呢？当初霍禹、窦宪、邓骘、梁冀这些人，凭借外戚的权势，掌管国家的政权；等到他们身败被杀的时候，只用一句话的诏谕，他们很快就失败了，所以怕什么权势重大呢？现在国家将政权交给近侍外戚，算起来，十世里面有八九世是这个样子。不问罪于这个方面，却质疑政在一人权力太重，真是太奇怪了！

【评述】

后汉时期，外戚与宦官交替执政，双方斗争激烈，造成了混乱的局势。仲长统对此进行了猛烈的抨击。尤其对于外戚执政的问题，仲长统以霍禹、窦宪、邓骘、梁冀为例，指出不应授予外戚官职。

参考文献：

严可均辑：《全汉文》，商务印书馆1999年10月版。

严可均辑：《全后汉文》，商务印书馆1999年10月版。

《诸子集成》(第9卷)，岳麓书社1996年10月版。

杨伯峻：《论语译注》，中华书局1980年12月版。

王利器：《新语校注》，中华书局1986年8月版。

阎振益、钟夏：《新书校注》，中华书局2000年7月版。

苏舆：《春秋繁露义证》，中华书局1992年12月版

董仲舒著：《天人三策》，岳麓书社1997年10月版。

刘文典：《淮南鸿烈集解》，中华书局1989年5月版。

王利器：《盐铁论校注》，中华书局1992年7月版。

汪荣宝：《法言义疏》，中华书局1987年3月版。

黄晖：《论衡校释》，中华书局1990年2月版。

彭铎：《潜夫论笺校正》，中华书局1985年9月版。

张觉：《潜夫论全译》，贵州人民出版社1999年10月版。

本章执笔：李修建

第四章　魏晋南北朝廉政思想

概述

魏晋南北朝时期，是指从公元220年曹魏政权建立开始，直至公元581年隋朝建立实现统一的一段历史时期。这段时期政权更迭频繁，包括三国之曹魏（220—265）、蜀汉（221—263）、孙吴（222—280），西晋（265—316）、东晋（317—420），南朝之宋（420—479）、齐（479—502）、梁（502—557）、陈（557—589），北朝之北魏（386—534）、东魏（534—550）、西魏（535—556）、北齐（550—577）、北周（557—581）等政权。在中国历史上，魏晋南北朝时期是继春秋战国之后第二个大混乱的时期。这一时期的廉政思想可以从以下几个方面进行探究。

一、重农抑商

以民为本是历代统治者的指导思想，魏晋南北朝时期亦是如此。我们在本章例举几位帝王的重农政策。如孙权在赤乌三年（240 年）发布的《诏禁农桑时役事》，提出“君非民不立，民非谷不生”。面对连年征役与自然灾害对百姓农业造成的损伤，他下令严禁官吏侵夺农时：“当农桑时以役事扰民者，举正以闻。”〔1〕他还亲临稼穑，以率天下。东晋开国君主晋元帝曾下令官员“深思所以宽众息役，惠益百姓”〔2〕。梁武帝深刻地认识到农业的重要性，他提出“观时设教，王政所先，兼而利之，实惟务本”〔3〕，下令对于不利于百姓的政策要予以改进，对于侵渔百姓的官员要加以惩处。

魏晋南北朝时期的思想家对重农抑商的观点亦多有论述。傅玄在其《傅子·检商贾》篇中认为，商贾垄断货物造成了百姓的贫困，明确提出要“急商而缓农，贵本而贱末”〔4〕。北齐思想家刘昼提出“衣之与食，唯生人之所由，其最急者，食为本也”〔5〕，体现了鲜明的重农倾向。他还提出君主要以仁爱宽惠对待百姓：“善为理者，必以仁爱为本，不以苛酷为先。宽宥刑罚，以全民命；省彻徭役，以休民力；轻约赋敛，不匮人财；不夺农时，以

---

〔1〕 严可均辑：《全三国文》卷六十三，商务印书馆 1999 年版（下同），第 636 页。
〔2〕 严可均辑：《全晋文》卷八，商务印书馆 1999 年版（下同），第 69 页。
〔3〕 严可均辑：《全梁文》卷三，商务印书馆 1999 年版（下同），第 24 页。
〔4〕 傅玄：《傅子·检商贾》，《全晋文》卷四十七，第 484 页。
〔5〕 傅亚庶：《刘子校释》卷之三《贵农章十一》，中华书局 1998 年版（下同），第 113 页。

足民用，则家给国富，而太平可致也。”[1]

二、德刑治国

汉代思想家以儒生为主，强调以仁爱教化治国。魏晋南北朝的思想家出现了一个显著变化，他们在注重仁爱礼教的同时，也强调刑法的重要性。三国政论家桓范提出“治国之本有二，刑也，德也。二者相须而行，相待而成矣。天以阴、阳成岁，人以刑、德成治，故虽圣人为政，不能偏用也”[2]，强调刑与德不能偏废。傅玄亦持有此种观点，他认为“治国有二柄：一曰赏，二曰罚。赏者，政之大德也；罚者，政之大威也。人所以畏天地者，以其能生而杀之也。为治审持二柄，能使杀生不妄，则其威德与天地并矣”，并提出“有国立政，能使其民可教可制者，其唯威德足以相济者乎?”[3] 东晋思想家葛洪提出“仁者为政之脂粉，刑者御世之辔策；脂粉非体中之至急，而辔策须臾不可无也”[4]，更强调了刑的重要性，葛洪在《抱朴子外篇》中有多处论述这一观点。

三、人才选拔

东汉末年，一方面，察举制与征辟制的弊端已很严重；另一

〔1〕《刘子校释》卷之三《爱民章十二》，第123页。

〔2〕桓范:《世要论·臣不易》,《全三国文》卷三十七，第383页。

〔3〕《傅子·治体》,《全晋文》卷四十七，第481页。

〔4〕杨明照:《抱朴子外篇校笺》（上）卷之十四《用刑》，中华书局1991年版（下同），第344页。

方面，连年的征战致使人口流动加剧，这两种选人制度亦不再适用。曹操一改汉代以来重视人物德行的趋向。他在建安八年（203年）下达的《论吏士行能令》，提出了他的人才选拔原则，即“治平尚德行，有事赏功能”。建安十五年（210年），曹操发出了《求贤令》，旗帜鲜明地提出了“唯才是举”的观点，才能成为人才选拔的唯一标准，至于人物的德行如何已不在考量范围之内。秉承这一用人的理念，曹操又在建安十九年（214年）年发布了《敕有司取士毋废偏短令》，建安二十二年（217年）发布了《举贤勿拘品行令》，提出凡是身负治国安邦之才能的高才异质，即使有何不仁不孝之类的污行，也可录用。魏文帝曹丕与魏明帝曹叡都秉持了这一用人的理念。如曹丕在黄初三年（222年）正月下诏，提出选士勿拘老幼，只要身怀才能，皆可试用。曹叡在青龙四年（236年）下诏，提出“无限年齿，勿拘贵贱”[1]。

曹丕当政时期，尚书陈群创建九品中正制，在州、郡分设大、小中正，对辖区内的人物，依据家世、德行、才能评定品级，吏部据此授予官职。九品中正制的弊端很快出现，家世标准越来越重要，人才选拔被世家大族所把持，出现了“上品无寒门，下品无世族”的现象。夏侯玄对此提出了批评，他提出中正、尚书台之间要权责分明，中正只负责品评人才的等级高下，尚书台则根据这些结果任命官职，并承担相应的责任。东晋葛洪对这一制度的弊端更有深切的认识，他提出“严试对之法，峻贪夫之防”[2]的主张，强调公平，注重刑律。他还提出选才勿拘出身的观点：“才诚足委，不拘于屠钓；言审可施，抽之于戎戍。或举于牛口之

〔1〕《全三国文》卷九，第96页。
〔2〕《抱朴子外篇校笺》（上）卷之十五《审举》，第385页。

下，而加之于群僚之上；或拔于桎梏之中，而任以社稷之重。故能勋业隆济，拓境服远，取威定功，垂统长世也”[1]。这与曹操的“唯才是举”是一脉相承的。

对于官吏，葛洪等人提出要考名责实，严加考核。

四、精简官吏

官吏冗杂，既增大国库开支，又造成权责重叠，政事不速。刘廙认为，如果官吏杂多，就会导致国家财政亏空。夏侯玄分析了官吏冗杂的弊端，明确提出精简吏治，并分析了此举的五大好处：一是数以万计的郡吏还农，既节省了官费，又增加了农业收入；二是上下之间关系容易协调，使得官事省简；三是能够消除为官庇护亲族的现象，阻塞社会混乱的根源；四是可以选拔清良的官吏任职，使得教化流行，百姓生活安定；五是官员的选拔升迁有了明确的规范。

傅玄也提出了精简官吏的主张，他说“量时而置官，则吏省而民供。吏省则精，精则当才而不遗力”[2]，并提出要重视亲民之吏。

五、官员俸禄

曹操执政初期，军用严重不足，选拔官吏崇尚节俭，俸禄很低。由于官吏俸禄低薄，无法满足温饱，造成的严重后果是，为

〔1〕《抱朴子外篇校笺》（上）卷之二十《名实》，第494页。
〔2〕《傅子·安民》，《全晋文》卷四十八，第495页。

官清廉的官吏只能安于贫困，否则只有贪污受贿。当时的政论家荀悦、徐幹、刘廙等人，都对这个问题进行过探究。刘廙提出要增加官员的俸禄，使他们的生活没有后顾之忧，从而专心吏事。另外他还提出："故知清而不知所以重其禄者，则欺而浊；知重其禄，而不知所以少其吏者，则竭而不足；知少其吏，而不知所以尽其力者，则事繁而职阙。"〔1〕 在增加俸禄的同时，更要注重精简官吏，并使他们尽职尽力。傅玄也提出了类似的观点，他认为"薄其禄也，则吏竞背公义，营私利"〔2〕，因此要增加官吏的俸禄，使其能够满足生活所需。

相比两汉以儒家为尊的局面，魏晋南北朝的廉政思想在崇尚儒家思想的同时，融合了法家、道家等多方面的内容，重视刑法的作用。此外，也出现了一些新的问题，探讨的范围也更趋广阔，如精简吏治、官员俸禄等问题。

第一节 魏武帝曹操

【人物简介】

魏武帝曹操（155—220），字孟德，沛国谯（今安徽省亳州市）人。东汉末年杰出的政治家、军事家、文学家。在政治军事方面，曹操消灭了众多割据势力，统一了中国北方大部分区域，并施行一系列政策恢复经济生产和社会秩序，奠定了曹魏立国的基础，成为三国中最强大的势力。文学方面，在曹操父子的推动

〔1〕 刘廙：《政论·备政》，《全三国文》卷三十四，第349页。
〔2〕《傅子·重爵禄》，《全晋文》卷四十七，第489页。

下形成了以三曹（曹操、曹丕、曹植）为代表的建安文学，史称“建安风骨”，在文学史上留下光辉的一页。

曹操在人才选拔上，打破汉代以来重视人物德行的传统，提出了“唯才是举”的思想，为称霸北方打下了良好的基础。

治平尚德行，有事赏功能

【原文】

议者或以军吏虽有功能，德行不足堪任郡国之选，所谓“可与适道，未可与权（者也)”。管仲曰：“使贤者食于能则上尊，斗士食于功则卒轻〔于〕死，二者设于国则天下治。”未闻无能之人、不斗之士并受禄赏而可以立功兴国者也。故明君不官无功之臣，不赏不战之士；治平尚德行，有事赏功能。论者之言，一似管窥虎欤?〔1〕

【译文】

有人议论说：有的军官虽然有战功和军事才能，但是按其德行来讲还不能担任郡国长官，这些议论的人就是所说的“可以和他们共同抵达大道，却不能与他们一起通权达变”的人哪。管仲说：“使贤能的人凭他们的才能得到俸禄，统治者就能受到尊敬；让战士凭战功获得奖赏，士兵作战就不怕死。国家能够施行这两条原则，天下就能治理好。”从未听说没有才能的人和不去打仗的战士都一样得到爵禄和奖赏而能够建立功勋振兴国家的。所以贤

〔1〕《全三国文》卷二，第13页。

明的君主不加封没有功劳的臣子，不奖赏不去打仗的士兵；国家太平时崇尚德行，有征战时奖赏有功劳、有才能的人。上面那些人的议论，实在像从竹管里看老虎哇！

【评述】

这是曹操在汉献帝建安八年（203 年）下达的《论吏士行能令》。文中提出了他的人才选拔原则，即“治平尚德行，有事赏功能”，一反汉代以来人才选拔中过于看重人物德行而轻视人物才能的趋向。他引用管仲的言论强调人物才能的重要性，讽刺重德不重才的观点为管中窥虎。曹操开明的用人主张，为他赢得了大量的人才，为曹魏政权的确立奠定了良好的基础。

治世御众，诚在面从

【原文】

夫治世御众，建立辅弼，诚在面从。《诗》称“听用我谋，庶无大悔①”，斯实君臣恳恳之求也。吾充重任，每惧失中，频年以来，不闻嘉谋，岂吾开延不勤之咎邪？自今以后，诸掾属治中别驾，②常以月旦③，各言其失，吾将览焉。[1]

【注释】

①听用我谋，庶无大悔：语出《诗经·大雅·抑》，意为：听信我的谋划，可望没有因大失误而产生的悔恨。

〔1〕《全三国文》卷二，第 15 页。

②掾（yuàn）属：当时三公府分曹办事，各曹的主管官员叫“掾”，副职叫“属”；曹操是丞相，掾、属指相府官员。治中：州、郡行政长官的助理，掌管府内文书，所以叫“治中”。别驾：州郡行政长官的佐吏，长官巡视，他乘别的车子随行，所以叫“别驾”。当时曹操兼领冀州牧，治中、别驾指冀州牧的属官。

③月旦：农历每月初一。《后汉书·许劭传》：“劭与靖（按，许劭的从兄）俱有高名，好共核论乡党人物，每月辄更其品题，故汝南俗有月旦评焉。”后以“月旦”或“月旦评”泛称品评人物。

【译文】

治理国家，统领军民，所设置的辅佐官吏，要力戒当面顺从背后违犯。《诗经》上说的“听信我的谋划，可望没有因大失误而产生的悔恨”，这实在是君臣之间坦诚相待的要求哇！我自承担重任后，常常怕出差错，连年以来，没有听到好的意见，难道是我开诚布公地请教不够勤勉的过错吗？从今以后，所属的各部官吏，要常常开展评论，各自提出我的过错失误，我要亲自检查。

【评述】

这是曹操于建安十一年（206 年）发布的《求言令》。曹操以治世的胸襟，要求广开言路，革除部下只知顺从或阳奉阴违的恶习。他深知要作出正确的决策、改正错误的决策，必须倾听部下的意见。因此，他要求部下放开言论，开展月旦之评，指出自己的过失。

唯才是举，得而用之

【原文】

自古受命及中兴之君，曷尝不得贤人君子与之共治天下者乎！及其得贤也，曾不出闾巷，岂幸相遇哉？上之人不求之耳。今天下尚未定，此特求贤之急时也。“孟公绰①为赵、魏老则优，不可以为滕、薛大夫。”若必廉士而后可用，则齐桓其何以霸世？今天下得无有被褐怀玉而钓于渭滨②者？又得无有盗嫂受金③而未遇无知者乎？二三子其佐我明扬仄陋，唯才是举，吾得而用之。〔1〕

【注释】

①孟公绰：鲁国大夫、廉士。此句语出《论语·宪问》，孟公绰有能力做赵、魏的国老，但没有能力去做滕、薛这样小国的大夫。孔子意在表明用人不要看其德行，还要考虑其才干。此句正合曹操“唯才是举”的主张。

②钓于渭滨：相传姜子牙八十岁时在渭水边钓鱼被周文王访得，拜为太师，后又协助武王起兵伐纣，完成了兴周大业。

③盗嫂受金：陈平被魏无知推荐给汉高祖刘邦当谋臣，有人攻击他，说他同嫂子私通，又接受贿赂，但刘邦看重他的治国才能，对这些说法不予理睬，仍然重用。

【译文】

自古以来开国与中兴的君主，哪个不是得到有才能的人和他

〔1〕《全三国文》卷二，第17—18页。

共同治理国家的呢？当他们得到人才的时候，发现这些人才竟然就在自己所住的里巷之中。这难道是侥幸碰到的吗？以前没有发现这些人才，只是由于执政的人不去访求罢了！当今天下还未平定，这正是访求人才的迫切时刻。“孟公绰就其个人的德行而言，做赵氏、魏氏的国老是绰绰有余的，但论能力却做不了滕、薛这样小国的大夫。”如果一定要所谓廉士方可使用，那么齐桓公怎能称霸当世？现在天下难道没有身穿粗衣而胸怀真才，像姜子牙那样在渭水边钓鱼的人吗？又难道没有像陈平那样蒙受“盗嫂受金”污名还未遇到魏无知的人吗？你们要帮助我发现那些地位低下而被埋没的人才，只要有才能就推荐上来，让我能够任用他们。

【评述】

建安十五年（210 年），曹操发出了这条《求贤令》。从该令的内容可见，曹操的用人理论，在建安八年发出的《论吏士行能令》的基础上有了进一步的发展。他旗帜鲜明地提出了“唯才是举”的观点，才能成为选拔人才的唯一标准，至于人物的德行如何，已不在考量之内。秉承这一用人理念，曹操又在建安十九年（214 年）发布了《敕有司取士毋废偏短令》，建安二十二年发布了《举贤勿拘品行令》，提出凡是身负治国安邦之才能的高才异士，不管有何不仁不孝之类的污行，都可录用。曹魏一方人才济济，可见这一政策颇富成效。

第二节 魏文帝曹丕

【人物简介】

魏文帝曹丕（187—226），字子桓，沛国谯（今安徽省亳州市）人。三国时期著名的文学家、政治家，曹魏开国皇帝，公元220—226年在位。在位期间，曹丕采纳陈群的意见，建立九品中正制，获得了世族的支持。他重视文教，采取战略防守，恢复生产，与民休息。发展屯田制，施行谷帛易市，稳定社会秩序。这些举措表现了他政治上的卓越才能。曹丕还是著名的文学家，并有相当高的成就，写下了《燕歌行》等中国较早的优秀七言诗。所著《典论·论文》，在中国文学批评史上占有重要的地位。

取士选人，勿拘老幼

【原文】

今之计孝，古之贡士也。十室之邑，必有忠信。若限年然后取士，是吕尚、周晋不显于前世也。其令郡国所选，勿拘老幼，儒通经术，吏达文法，到皆试用。有司纠故不以实者。[1]

【译文】

现在的计吏、孝廉，相当于古代的贡士。十户人家的村落，

〔1〕《全三国文》卷五，第47页。

必定有忠诚守信的人。如果限定年龄然后选拔有才能的人，那么吕尚、周晋就不会在先代显名了。现在命令各郡国所选拔的人才，不要受年龄大小的限制，读书人只要能精通经学，官吏能熟知法规，都可加以试用。有关部门的官员要检举故意不按实际才能举用贤才的人。

【评述】

这是曹丕在黄初三年（222 年）正月所下的诏令。汉代察举制度中，对被举者的年龄，在不同时期、不同科目中有不同的规定。以东汉而论，顺帝阳嘉元年（132 年）下诏孝廉年不满四十不得举，但又规定："其有茂才异行，不拘此例。"对有特殊才干者，可以放宽限制。在征召博士时，年龄限制为五十以上。到质帝（146 年）时，又将郡国举明经之士的年龄限制在五十以上、七十以下。可见年龄普遍偏高。曹丕提出选士勿拘老幼，只要身怀才能，皆可试用。这一政策秉承了曹操的"唯才是举"的方针，对于国家网罗人才显然有相当的功效。

妇人后族，不可与政

【原文】

夫妇人与政，乱之本也。自今以后，群臣不得奏事太后，后族之家，不得当辅政之任，又不得横受茅土之爵。以此诏传后世。若有背违，天下共诛之。[1]

---

〔1〕《全三国文》卷五，第 48 页。

【译文】

妇人参与政事，是国家动乱的根源。从今以后，大臣不得向太后奏报政事，外戚不得担当辅佐政事的官职，也不得无端受封王侯的爵位。把这份诏书传示后世，如果有违背的，天下的人共同讨伐他。

【评述】

这是曹丕在黄初三年（222 年）九月发布的诏令。在君主幼弱之时，妇人干政、外戚掌权是封建王朝所面临的一个通病。正如曹丕所论，这是国家动乱的根源之一。这种状况在汉代表现得尤为突出。为了防止这种现象的发生，有些帝王甚至采取过某些过激的措施。如汉武帝刘彻欲立幼子刘弗陵为太子，又怕主少母壮，“女主骄蹇，淫乱自恣，莫能禁”，于是将其母赐死，然后再立太子。这种做法，在中国历史上也不多见。一般的做法是采用颁布明诏禁止母后干政的办法。魏文帝所下的诏书具有示范意义。这种对母后和后族预作防范、严禁擅权的做法，被历代政论家奉为至理。

第三节 魏明帝曹叡

【人物简介】

魏明帝曹叡（206—239），字元仲，魏文帝曹丕长子，文帝死后即位，是曹魏的第二任皇帝，226—239 年在位。曹叡即位之初，表现得很是勤勉，指挥曹真、司马懿等人成功防御了吴、蜀的多次攻伐。但自蜀相诸葛亮去世之后，国内无事，曹叡开始大兴土木，留意玩饰，因此不能称之为一个明君。陈寿对他的评价是："明帝沉毅断识，任心而行，盖有君人之至概焉。于时百姓凋弊，四海分崩，不先聿修显祖，阐拓洪基，而遽追秦皇、汉武，宫馆是营，格之远猷，其殆疾乎！"[1] 另一方面，曹叡有文学才能，与其祖曹操、其父曹丕并称曹魏"三祖"。他重视文士，征召并安置在崇文馆，鼓励他们从事学术研究，这在一定程度上促进了文化事业的发展。

擢升高第，罢黜浮华

【原文】

世之质文，随教而变。兵乱以来，经学废绝，后生进趋，不由典谟。岂（朕）训导未洽，将进用者不以德显乎？其令郎吏学通一经，才任牧民，博士策试，擢其高第者亟用。其浮华不务道本者，皆罢退之。[2]

【译文】

世风的质朴和浮华，随着教化而改变。战乱以来，经学的研习荒废告绝，年轻人求取功名，不通过研习经书典籍的途径。难道是我教育引导得不够，将要荐举任用的人不能凭借德行而显名的原因吗？现在命令郎官学识上能精通一部经书，才能上任管理百姓，参加博士考试，选拔成绩优秀的人，迅速给

---

〔1〕《三国志·魏书·明帝纪》。
〔2〕《全三国文》卷九，第91页。

予任用。那些作风浮华而不致力于经学道理之根本的人，全都罢免黜退。

【评述】

该诏令发布于太和四年（230年）。东汉后期，社会的剧烈动荡，价值观念、意识形态的深刻变化，同样引发了学术思潮的变化，由西汉所确立的经学的统治地位已经明显走向衰落，加之用人取试不再以经学为本，曹魏更是“唯才是举”，经学更无用武之地。曹魏代汉，尽管表面上依然尊孔子、立太学，但实际上统治阶级成员中已很少有通经向学之士了，一般士人研读经典的兴趣也大为降低，士风为之一变。曹叡下达尊经尚典、罢黜浮华的诏令，无力扭转整个思想大势，以何晏、王弼为代表的魏晋玄学渐成气候，并很快成为魏晋思想的主流。

才智之士，勿拘贵贱

【原文】

欲得有才智文章，谋虑渊深，料远若近，视昧而察，筹不虚运，策弗徒发，端一小心，清修密静，乾乾不解，志尚在公者。无限年齿，勿拘贵贱，卿校已上，各举一人。[1]

【译文】

希望得到具有才干智慧文采学识，能够深谋远虑，预料将来

〔1〕《全三国文》卷九，第96页。

的事情如在近前，见到隐晦的迹象能够明察，筹划谋略从不白费心机，制定计策从不无的放矢，端庄专一，谨慎小心，操行清高，沉稳安详，勤勉上进，从不懈怠，志在报效国家的人。不论年龄大小，不管尊贵卑贱，九卿和校尉以上官员各推举一人。

【评述】

这是曹叡在青龙四年（236 年）所下诏令，其人才选拔政策一方面承续了曹操的“唯才是举”方针，只要有才能，不限年龄，不论尊卑，都可举荐；另一方面，亦在强调人物的德行，需要他们“清修密静”，“志尚在公”，这又体现出了曹操所说的“治平尚德行”。

第四节　刘备

【人物简介】

刘备（161—223），字玄德，涿郡涿县（今河北涿州）人。汉中山靖王刘胜之后，三国时期蜀汉开国皇帝。东汉灵帝末年，与关羽、张飞一道讨黄巾军有功，封为安喜县（故城在今河北迁安县东北二十里）县尉。得诸葛亮辅佐，后帮助孙权大胜曹操于赤壁，夺取益州与汉中，自立为汉中王。221 年，于成都即位，自称汉皇帝，年号章武。伐东吴兵败，退回白帝城，因病崩逝，享年六十三，谥号昭烈帝。

留心细行，贤德服人

【原文】

勿以恶小而为之，勿以善小而不为。惟贤惟德，能服于人。[1]

【译文】

不要因为坏事小就去做，不要因为善事小就不去做。只有贤良和德行，才能使人折服。

【评述】

这是刘备临终前给其子刘禅的遗诏中的话，劝勉他要进德修业，有所作为。不要因为好事小而不做，更不能因为坏事小而去做。小善积多了就成为利天下的大善，而小恶积多了则“足以乱国家”。这两句话也成为后世劝诫修身养德的经典。

第五节　孙权

【人物简介】

孙权（182—252），字仲谋，吴郡富春（今浙江富阳）人。三国吴国的创建者，十五岁时随长兄孙策征战，参与平定江东。三年后孙策被刺身亡，孙权便代兄为统帅，力据江东，击败了黄

〔1〕《全三国文》卷五十七，第578页。

祖。后联合刘备，在赤壁大战中击溃了曹操军。后来又和曹操军在合肥附近鏖战，并从刘备手中夺回荆州，杀死关羽，大破刘备的讨伐军。曹丕称帝后孙权先向北方称臣，后自己建吴称帝，迁都建业。他重视农业生产，兴修水利，发展造船业，连通台湾，积极和印度等国外交，多次减免赋税，促进了东南地区经济的发展。

勿夺农时，不可扰民

【原文】

盖君非民不立，民非谷不生。顷者以来，民多征役，岁又水旱，年谷有损，而吏或不良，侵夺民时，以致饥困。自今以来，督军郡守，其谨察非法，当农桑时以役事扰民者，举正以闻。[1]

【译文】

君主要是没有百姓就无法立国，百姓要是没有粮食就无法生存。近年以来，百姓承担了很多征役，加上水涝旱灾，粮食收入往往不足，而有些不良官吏，侵占百姓农忙的时间，以致于百姓饥饿贫困。从今以后，督军和郡守，应该认真地查处不法行径，在农忙季节征讨劳役侵扰百姓的，要察举纠正并向上汇报。

【评述】

这是孙权于赤乌三年（240 年）发布的《诏禁农桑时役事》。

---

〔1〕《全三国文》卷六十三，第 636 页。

该诏开头把粮食—民众—君主的关系说得极为确切，很明显是古代儒家学派“民为贵”思想的继承与运用。在这份诏书中，列举了致民饥困的三条原因：一是“多征役”；二是“水旱”；三是“吏或不良，侵夺民时”。前两种，往往迫于形势与限于人力，自是难以避免；而对于第三种，则针锋相对，提出纠正的办法，即督军郡守、“谨察非法”，对“不良”官吏严格监督，使之不误农桑，不致民之饥困。

第六节　诸葛亮

【人物简介】

诸葛亮（181—234），字孔明，号卧龙，琅邪阳都（今山东沂南）人。三国时期蜀国杰出的政治家、思想家、军事家。少有大略，每以管仲、乐毅自比。建安十二年（207 年），刘备“三顾茅庐”于隆中，会见诸葛亮，问以天下大计。诸葛亮精辟地分析了当时的形势，预见到天下将鼎足三分。这次谈话即是著名的“隆中对”。此后诸葛亮出山辅佐刘备，联孙抗曹。大败曹军于赤壁，夺占荆州。建安十六年攻取益州。继又击败曹军，夺得汉中。建安二十六年，辅佐刘备在成都建立蜀汉政权，被任命为丞相，主持朝政。章武三年（223 年），刘备病危，以后事相托。刘禅即位，诸葛亮被封为武乡侯，领益州牧。诸葛亮勤勉谨慎，大小政事必亲自处理，赏罚严明，与东吴联盟，改善和西南各族的关系，实行屯田，加强战备。建兴五年（227 年），上疏（即《出师表》）于刘禅，率军出驻汉中，前后六次北伐中原，多以粮尽无功。建兴十二年（234 年），终因积劳成疾，病逝于五丈原军中。

静以修身，俭以养德

【原文】

夫君子之行，静以修身，俭以养德。非淡泊无以明志，非宁静无以致远。夫学须静也，才须学也；非学无以广才，非志无以成学。慆慢则不能励精，险躁则不能治性。年与时驰，意与岁去，遂成枯落，多不接世。悲守穷庐，将复何及？[1]

【译文】

君子之立身行事，以静思反省来修身养性，以俭朴节约来培养德行。不清心寡欲就不能使自己的志向明确坚定，不安定清静就不能实现远大理想。求学必须使身心宁静，才能需要学习；不学习就不能增长才干，没有坚定的意志就不能使学业成功。纵欲放荡、消极怠慢，就不能勉励心志使精神振作；冒险草率、急躁不安，就不能陶冶性情使节操高尚。如果年华与岁月虚度，志向随时间消磨，最终就会像枯枝落叶般一天天衰老下去。这样的人大都不会为社会所用。到那时，悲伤地困守在自己的穷家破舍里，再后悔也来不及了。

【评述】

本文出自诸葛亮写给他儿子诸葛瞻的《诫子书》。这既是诸葛

〔1〕《全三国文》卷五十九，第 595 页。

亮一生经历的总结，更是他对儿子的要求。“淡泊”属道家思想，《老子》就曾说“恬淡为上，胜而不美”。后世一直赞赏这种“心神恬适”的意境，如白居易《问秋光》诗云“身心转恬泰，烟景弥淡泊”，就反映了作者心无杂念，凝神安适，不限于眼前得失的那种长远而宽阔的境界。

第七节　刘廙

【人物简介】

刘廙（180—221），字恭嗣，南阳安众人。其兄望之有名于世，被刘表辟为从事。刘廙与兄同居荆州。后望之被刘表杀害，刘廙投归曹操，被辟为丞相掾属，转五官将文学。曹丕即位以后，以刘廙为侍中，赐爵关内侯。刘廙著有《政论》，对时事进行评议，提出重爵禄等观点，包含了一定的廉政思想。

为政之途，清正其吏

【原文】

夫为政者，莫善于清其吏也。故选托于由夷，而又威之以笃罚，欲其贪之必惩，令之必从也。而奸益多，巧弥大，何也？知清之为清，而不知所以清之，故免而无耻也。日欲其清，而薄其禄，禄薄所以不得成其清。夫饥寒切于肌肤，固人情之所难也。其甚又将使其父不父，子不子，兄不兄，弟不弟，夫不夫，妇不妇矣。贫则仁义之事狭，而怨望之心笃。从政者捐私门，而委身于公朝，荣不足以光室族，禄不足以代其身；骨肉饥寒，离怨于内；朋友离叛，衰〔疑作弃〕捐于外，亏仁孝，损名誉，能守之而不易者，万无一也。不能原其所以然，又将佐其室族之不和，合门之不登也。疑其名，必将忘其实，因而下之。不移之士，虽苦身于内，冒谤于外，捐私门之患，毕死力于国，然犹未获见信之衷，不免黜放之罪。故守清者，死于沟壑，而犹有遗谤于世也。为之至难，其罚至重，谁能为之哉？人知守清之必困于终也，违清而又惧卒罚之及其身也，故不为昭昭之行，而咸思暗昧之利；奸巧机于内，而虚名逸于外。人主贵其虚名，而不知贱其所以为名也。虚名彰于世，奸实隐于身。人主眩其虚，必有以暗其实矣，故因而贵之，敬而用之，此所谓恶贪而罚于由夷，好清而赏于盗跖也。名实相违，好恶相错，此欲清而不知重其禄之故也。不知重其禄，非徒失于清也，又将使清分于私，而知周于欺。推此一失，以至于欺；苟欺之行，何事而不乱哉！故知清而不知所以重其禄者，则欺而浊；知重其禄，而不知所以少其吏者，则竭而不足；知少其吏，而不知所以尽其力者，则事繁而职阙。[1]

【译文】

对于治理国家来说，最好的办法莫过于使其官吏清廉。因此选拔许由、伯夷这样高洁的人担任官职，同时又用严肃的刑罚加以威慑制约，要让他们知道，凡是贪污的必然被惩处，凡是下达的命令必然遵从执行。然而，如此做的后果却是奸佞之人越来越多，机巧之行越来越大，为什么呢？这是因为只知道一味地让他

〔1〕《政论·备政》，《全三国文》卷三十四，第348—349页。

们清廉，却不知如何让他们清廉，因此他们只求侥幸免于罪责，却不以犯罪为耻。每天都想着让他们清廉，却给他们微薄的俸禄，俸禄太低，所以没法让他们清廉。饥寒交迫，生活困窘，本是人之常情难以承受的事情。更严重的，是让他为父亲的难为父亲，做儿子的难做儿子，当兄长的难当兄长，为弟弟的难为弟弟，做丈夫的难做丈夫，当妻子的难当妻子。生活贫困，那么就很少想仁义之事，怨恨之心却很强烈。从政为官不顾自己的家庭，投身于国家，其荣名不足以光耀宗族，其俸禄不足以养家糊口；亲人饥寒交迫，心生怨恨；朋友与其断绝交往，受到外界的抛弃，毁掉了仁爱孝道，损害了自己的名声。在这种情况下，能够持守清廉不改变的，实在是难以找到。不考虑一下其人为何会如此，又助长了他家庭内部的不和，使得他众叛亲离没人理睬。怀疑他的名声，必然会忘掉他的实际才能，并因此轻视他。守志不移的人，虽然在家里受苦受难，在外面遭到毁谤，不顾自家的祸患，将全部精力奉献给了国家，然而却没有得到信任，不免遭到罢官流放的下场。持守清廉的，不得好死，死了还受到世人的责骂。这样，持守清廉极为困难，受到的处罚又极重，谁还能保持清廉呢？大家明白持守清廉的人没有好下场，不保持清廉又害怕自己面临刑罚，所以都不会清楚明白地做事，只会想着暗地里谋取私利；内心奸猾使诈，在外面却广有虚名。君主欣赏他的虚名，却不知道轻贱他取得虚名的方式。他的虚名流传于世，实际上却是个奸邪之人。君主被其人的虚名蒙蔽，自然不会洞悉他的实情，因此看重此人，委以重用，这就是所谓的厌恶贪污却处罚许由、伯夷，喜好清廉却奖赏盗跖。名声与实情不一致，好的与坏的相颠倒，这是由于想让官员清廉却不知道提高他们的俸禄的缘故。不知道提高他们的俸禄，不光使他们丧失了清廉，还使他们想着谋取私利，懂得了如何欺骗。由于丧失了清廉，导致了欺骗行为；如果出现了欺骗，还有什么事情不会乱套呢！因此，知道要官员清廉却不知提高他们的俸禄，就会导致欺骗与混乱；知道提高他们的俸禄，却不知减少官吏，那么即使竭尽国库发放俸禄也还不够；知道减少官吏，却不知道怎样让他们尽力为国效劳，那么政事就会变得繁乱而没有人做。

【评述】

曹操执政初期，由于连年征战，军用严重不足，所以选拔官吏崇尚节俭，俸禄很低。由于官吏俸禄低薄，无法满足温饱，造成的严重后果是，为官清廉的只能安于贫困，否则只能贪污受贿。更有的官吏虚饰自己，外保清廉之名，内行贪贿之实。当时的政治家荀悦、徐幹、刘廙等人，都对这个问题作过探究。刘廙提出，在提高官员俸禄的同时，还要减省官吏的员额，并让为官者尽守其职。其观点有着鲜明的针对性。

第八节　蒋济

【人物简介】

蒋济（188—249），字子通，平阿（今安徽怀远）人，魏国重臣。曹操的心腹谋士。魏文帝时任右中郎将。明帝时任中护军，封侯关内。曹芳即位之后，蒋济出任领军将军，封昌陵亭侯，又任太尉。司马懿诛杀曹爽之后，蒋济晋封都乡侯。谥号景侯。著有《万机论》。

因世建业，慎在三点

【原文】

夫君正之治，必须贤佐，然后为泰。故君称元首，臣为股肱，譬之一体，相须而行也。是以陶唐钦明，羲氏①平秩，有虞明目，元恺敷教②，皆此君唱臣和，同亮天功，故能天成地平，咸熙于和穆，盛德之治也。夫随俗树化，因世建业，慎在三而已：一曰择人，二曰因民，三曰从时。时移而不移，违天之祥也；民望而不因，违人之咎也；好善而不能择人，败官之患也。三者失，则天人之事悖矣。夫人乖则时逆，时逆则天违，天违而望国安，未有也。[1]

【注释】

①羲氏：相传是世代掌管天地四时的官重黎氏的后代。

②元恺：即“八元”和“八恺”。《史记》卷一《五帝本纪》载：昔高阳氏有才子八人，世得其利，谓之“八恺”；高辛氏有才子八人，世谓之“八元”。此十六族者，世济其美，不陨其名。至于尧，尧未能举。舜举八恺，使主后土，以揆百事，莫不时序；举八元，使布五教于四方，父义，母慈，兄友，弟恭，子孝，内平外成。

〔1〕 蒋济：《蒋子万机论·政略》，《全三国文》卷三十三，第340页。

【译文】

君主要想把国家治理好，必须有贤明的大臣辅佐，然后才能国泰民安。因此君主称为元首，大臣称为股肱，就像人的身体，彼此配合才能行走。因此尧帝既谦恭又英明，能够任用羲氏辨别天时；舜帝深具慧眼，推举了“八元”、“八恺”。他们辅佐尧舜，使教化大行天下。这都是君主倡导而大臣响应，二者共同开创了伟大的功业，因此方能天地成平，天下和泰，成就盛德之治。根据风俗树立教化，依托天下创建功业，需要慎重的有三个方面：第一个方面是选拔人才，第二个方面是依靠百姓，第三个方面是顺从时势。时势变化了，治理方法却不变，这是违背了上天的预兆；百姓期望的不加理会，这是违背了人民的告诫；喜好善举却不能选拔适当的人才，这是败坏了官员所担心的事。这三个方面都出了问题，那么就悖逆了天人之事。人民乖离了，时势就会发生逆转，时事逆转了就会违背天时，违背了天时还想国家安泰，这是从没有过的事情。

【评述】

治理国家需要贤佐良辅，这是政治家、思想家广为论述的问题。蒋济提出，要想敦风化俗、建立功业，需要注意三点：一是择人，要慎于选拔人才，使有德行才能之士担任官职；二是因民，要以民为本，顺应百姓的期望；三是从时，国家政策要顺应时势的变化。在蒋济看来，如果这三个方面失误了，国家就不会安定太平。

第九节　桓范

【人物简介】

桓范（？—249），字元则，沛国要（今淮北市）人。建安末入丞相府，与王象等共撰《皇览》。魏文帝时任羽林左监。明帝时曾任中领军、尚书、兖州刺史等。正始年间（240—249）任大司农，为曹爽出谋划策，号称“智囊”。司马懿起兵发动政变时，桓范劝曹爽挟魏帝到许昌，曹爽不听。后曹爽被司马懿所杀，桓范亦被杀。著有《世要论》十二卷。

治国之本，刑德相须

【原文】

夫治国之本有二，刑也，德也。二者相须而行，相待而成矣。天以阴阳成岁，人以刑德成治，故虽圣人为政，不能偏用也。

故任德多，用刑少者，五帝也；刑德相半者，三王也；杖刑多，任德少者，五霸也；纯用刑强而亡者，秦也。夫人君欲治者，既达专持刑德之柄矣，位必使当其德，禄必使当其功，官必使当其能。此三者，治乱之本也。位当其德，则贤者居上，不肖者居下；禄当其功，则有劳者劝，无劳者慕〔有脱文〕未之有也。[1]

---

〔1〕《世要论·臣不易》，《全三国文》卷三十七，第383—384页。

【译文】

治理国家的根本方法有两条：刑罚和德教。这二者相须并行、相辅相成。上天凭借阴阳成就岁时，君主依靠刑德成就治理，因此，即使是圣人治理国家，也不能对刑德有所偏用。

在治理国家时，任用德教多而刑罚少的，是五帝；刑罚和德教平均使用的，是夏禹、商汤和周文王、周武王这三代君王；使用刑罚多而德教少的，是春秋“五霸”；纯粹使用刑罚而亡国的，是秦朝。凡是要想国家得到治理的君主，在掌握了如何使用刑罚与德教的方法之后，还要地位与其人的德行相当，俸禄与其人的功劳相称，官职与其人的能力相当。这三个方面，是国家能否得到治理的关键。地位与德行相当，那么贤能的人就会居于上位，不贤的人就会居于下位；俸禄与功劳相当，那么有功劳的人就会受到奖赏，没有功劳的人就会感到羡慕受到激励（有脱文），从来没有过的。

【评述】

对于治国之方略，儒家尚德，法家尚刑，桓范主张德刑并用。他认为这两种方法都是根本，相辅相成，不可偏废。在掌握了如何使用德刑之后，桓范进一步提出三点：“位必使当其德，禄必使当其功，官必使当其能。”也就是说，要保证公平性。

为政之务，正身节事

【原文】

凡吏之于君，民之于吏，莫不听其言而则其行。故为政之务，务在正身；身正于此，而民应于彼。《诗》云："尔之教矣，民胥效矣。"是以叶公问政，孔子对曰："子帅以正，孰敢不正？"又曰："苟正其身，于从政乎何有；不能正其身，如正人何？"故君子为政，以正己为先，教禁为次。若君正于上，则吏不敢邪于下；吏正于下，则民不敢僻于野。国无倾君，朝无邪吏，野无僻民，而政之不善者，未之有也。凡政之务，务在节事。事节于上，则民有余力于下；下有余力，则无争讼之有乎民〔当有误〕。民无争讼，则政无为而治，教不言而行矣。〔1〕

【译文】

官吏之于君主，百姓之于官吏，都是听他们说的话，以他们的行为为准则。因此，从政的人务必要端正自身的行为；官吏自身的行为端正了，那么百姓就会响应。《诗经》上说："你的教导，百姓全都效仿跟从。"因此，叶公向孔子请教为政之道时，孔子回答说："您率先端正自身的行为，谁敢不端正自己的行为呢？"又说："如果端正了自身的行为，管理政事还有什么困难呢？如果不能端正自身的行为，怎么能使别人的行为端正呢？"因此，君子从政，首先要端正自己的行为，然后才以教化禁令施于百姓。如果君主能够端正自己的行为，那么在下的官吏就不敢放肆；官吏端正自己的行为，那么草野的百姓就不敢放肆。国家没有昏庸的君主，朝廷里没有奸诈的官吏，乡间没有刁滑的百姓，这样的国家政治却不安好，是从没有过的。管理政务，关键在于减省事务。官府里的事务减省有节了，那么百姓就有余力从事其他事务；百

〔1〕《世要论·政务》，《全三国文》卷三十七，第384页。

姓有余力了，那么百姓之间就没有争端诉讼。百姓之间没有争端诉讼，那么政治上就会无为而治，教化就会自然达成。

【评述】

桓范在此对“为政之务”提出了两条建议：一是正身，他引用孔子的两句话进行论证，指出君主与官吏皆须端正自己的行为，做百姓的表率，这样，上下才能相安；二是节事，不使政务烦琐，让百姓行有余力，能够从事生产，还能避免他们之间的争端，这样教化自然能够施行下去。

第十节　夏侯玄

【人物简介】

夏侯玄（209—254），字太初，安徽谯（今亳州市）人。少时博学多能，精通玄学，才华出众，被誉为“四聪”之一。他和何晏等人开创了魏晋玄学的先河，是早期的玄学领袖。著有《夏侯玄文集》，今存有《时事信》、《答司马宣王书》、《皇胤赋》、《乐毅论》等文，皆收载于《艺文类聚》。在政治上，夏侯玄提出“审官择人”、“除重官”、“改服制”等观点。

官才用人，各司其职

【原文】

夫官才用人，国之柄也。故铨衡专于台阁，上之分也；孝行存乎闾巷，优劣任之乡人，下之叙也。夫欲清教审选，在明其分叙，不使相涉而已。何者？上过其分，则恐所由之不本，而干势驰骛之路开；下逾其叙，则恐天爵之外通，而机权之门多矣。夫天爵下通，是庶人议柄也；机权多门，是纷乱之原也。自州郡中正品度官才之来，有年载矣，缅缅纷纷，未闻整齐，岂非分叙参错，各失其要之所由哉？若令中正但考行伦辈，伦辈当行均，斯可官矣。何者？夫孝行著于家门，岂不忠恪于在官乎？仁恕称于九族，岂不达于为政乎？义断行于乡党，岂不堪于事任乎？三者之类，取于中正，虽不处其官名，斯任官可知矣。行有大小，比有高下，则所任之流，亦焕然明别矣，奚必使中正干铨衡之机于下，而执机柄者有所委仗于上，上下交侵，以生纷错哉？且台阁临下，考功校否；众职之属，各有官长；旦夕相考，莫究于此；闾阎之议，以意裁处，而使匠宰失位，众人驱骇，欲风俗清静，其可得乎？天台县远，众所绝意，所得至者，更在侧近，孰不修饰以要所求？所求有路，则修己家门者，已不如自达于乡党矣；自达乡党者，已不如自求之于州邦矣。苟开之有路，而患其饰真离本，虽复严责中正，督以刑罚，犹无益也。岂若使各帅其分，官长则各以其属能否献之台阁，台阁则据官长能否之第，参以乡闾德行之次，拟其伦比，勿使偏颇。中正则唯考其行迹，别其高下，审定辈类，勿使升降。台阁总之，如其所简或有参错，则其责负自在有司。官长所第，中正辈拟，比随次率而用之，如其不称，责负在外。然则内外相参，得失有所，互相形检，孰能相饰？斯则人心定而事理得，庶可以静风俗而审官才矣。[1]

---

〔1〕 夏侯玄：《时事议》，《全三国文》卷二十一，第205页。

【译文】

选拔有才能的人做官，是国家政治的根本。因此，选拔人才的职责专归于尚书台，这是在上者应该做的；孝敬父母的德行存在于乡间，优劣任由乡人评说，这是居下者可以做的。要想使教化清明，选拔审慎，关键在于明确上面的职分和下面的责任，不使它们相互干涉罢了。为什么呢？如果上面超过了他们的权责，那么恐怕选拔人才的来路不合根本，而请托权势奔走钻营的门路就打开了；如果下面逾越了他们的职责，那么恐怕朝廷封官授爵受到外部的干扰，那些投机取巧请托走后门的路子也就多了起来。朝廷封官授爵受到下面的干扰，这是因为普通人干预朝廷选拔人才的缘故；投机取巧的门路多了，是造成社会混乱的根源。自从州郡的中正根据九品中正制品定官员的才行以来，已经有好几年了，其间纷纷乱乱，没听说有统一的规范，这难道不是因为上下权责错乱，各自失去他们规定的选拔人才的途径吗？如果只让中正考察品行的等级，同一等级的人就会品行保持一致，那就可以授予官职了。为什么呢？如果在家里表现出孝敬父母的德行，怎能不在官位上忠诚恭谨呢？如果在族人中间以仁爱忠恕受到称许，怎能不在从政时加以发扬呢？如果在乡里遇事秉公办理，怎能不胜任他所担任的官职呢？这三种类别的人，由中正选取，即使他们身不在官位，但能够知道他们胜任官职。德行有大有小，评比有高有低，那么被荐举之人的品级，也就能清楚地辨别出来，何必一定要使中正官在下面干预尚书台量才授官的权力，而执掌权柄的人在上面又对他们有所依赖，上下相互侵扰，以致发生错乱呢？况且尚书台管理下属，考核官员的政绩和过失，各种官职的隶属，都有相应的长官，他们经常相互考核，没有比这更全面的了；民间的评议，从个人的意愿作出判断，而使主管人才考核选拔的官员难尽职守，使大家感到惊慌失措，这个样子还想使社会清明安宁，能够做到吗？尚书台高高在上相隔遥远，众人不抱什么希望，而能够达到目的的，只有就近了，那谁不粉饰自己设法达到目的呢？追求有了门路，那么在家里修身养性的人，已不如在乡里打通关节的人，在乡里打通关节的人，已不如在州郡请托钻营的人。如果这样的门路打开了，又担心这些人掩饰实情背离根本，即使再严厉地指责中正之过，用刑罚督责他们，也不会有什么好的效果。不如让官员们各守其职分，长官们各自把属下有才能的人和没才能的人上报尚书台，然后尚书台根据这些评定，参照乡里品评的德行高低的等级，拟订出他们的等级，不使产生偏差。中正就只考察这些人的品行事迹，辨别他们的高下，审定品类，不可过高或过低，尚书台把这些结果汇总起来，如果他们选拔的人出现了差错，那么责任自然在相关官员。长官评定的等级，中正拟订的品别，尚书台依照所列等次的标准来使用他们，如果他们不称职，责任就在外面了。像这样内外相互参照、选拔，任用人得当不得当都有人承担责任，互相校验比照，谁还能够加以伪饰呢？如此，就会人心安定而办事合理，就可以使社会风俗清静，审慎地量才授官了。

【评述】

汉末的人才选拔制度出现严重的弊端，曹操提出“唯才是举”的用人方针，为其在三国争雄中赢得了人才资源。“唯才是举”是在特定时期的用人策略，社会安定之后，儒家尚德行的人才观念必然会再次成为主流思潮。魏文帝曹丕时期，确立了九品中正制的用人政策，在州郡设立中正，对辖区内的人才品级进行评定，以作为任官的基础。

在文中，夏侯玄分析了九品中正制施行以来所出现的弊端，并提出了自己的应对方案。他指出，选官任才，需要明确上下之分，任命官职的权力归于尚书台，对人物之德才优劣进行品评清议，乃乡人可以做的，如果职责不明，就会出现投机钻营的现象，正常的用人制度受到侵扰，造成社会的混乱。夏侯玄指出，九品中正制施行以来效果很差，是上下之间职责不明没有统一规范造成的。因此，他提出中正、尚书台之间要权责分明，中正只负责品评人才的等级高下，尚书台则根据这些结果任命官职，并承担相应的责任，如此，就会杜绝虚假伪饰的不正之风，社会就会清明起来。

精简官吏，其利有五

【原文】

古之建官，所以济育群生，统理民物也，故为之君长以司牧之。司牧之主，欲一而专。一则官任定而上下安，专则职业修而事不烦。夫事简业修、上下相安而不治者，未之有也。先王建万国，虽其详未可得而究，然分疆画界，各守土境，则非重累羁绊之体也。下考殷周五等之叙，徒有小大贵贱之差，亦无君官臣民而有二统互相牵制者也。夫官统不一，则职业不修；职业不修，则事何得而简？事之不简，则民何得而静？民之不静，则邪恶并兴，而奸伪滋长矣。先王达其如此，故专其职司，而一其统业。始自秦世，不师圣道，私以御职，奸以待下：惧宰官之不修，立监牧以董之；畏督监之容曲，设司察以纠之；宰牧相累，监察相司，人怀异心，上下殊务。汉承其绪，莫能匡改。魏室之隆，日不暇及。五等之典，虽难卒复，可粗立仪准，以一治制。今之长吏，皆君吏民，横重以郡守，累以刺史。若郡所摄，唯在大较，则与州同，无为再重，宜省郡守，但任刺史；刺史职存，则监察不废。郡吏万数，还亲农业，以省烦费，丰财殖谷，一也。大县之才，皆堪郡守，是非之讼，每生意异，顺从则安，直己则争。夫和羹之美，在于合异，上下之益，在能相济。顺从乃安，此琴瑟一声也。荡而除之，则官省事简，二也。又干郡之吏，职监诸县，营护党亲，乡邑旧故，如有不副，而因公掣顿，民之困弊，咎生于此。若皆并合，则乱原自塞，三也。今承衰弊，民人雕落，贤才鲜少，任事者寡，郡县良吏，往往非一。郡受县成，其剧在下，而吏之上选，郡当先足。此为亲民之吏，专得底下，吏者民命，而常顽鄙。今如并之，吏多选清良者造职，大化宣流，民物获宁，四也。制使万户之县，名之郡守；五千以上，名之都尉；千户以下，令长如故。自长以上，考课迁用，转以能升，所牧亦增，此进才效功之叙也。若经制一定，则官才有次，治功齐明，五也。若省郡守，县皆径达，事不拥隔，官无留滞。三代之风，虽未可必，简一之化，庶几可致。便民省费，在于此矣。[1]

【译文】

古代设立官职，是为了化济抚育人民，统辖治理万物，因此为他们设立君主、长官来统治他们。统治的关键，在于官职的划

[1]《时事议》,《全三国文》卷二十一，第205—206页。

一和专任。划一则官职的职责明确而上下相安，专任则官员能够尽力行使自己的职责而处理政务不感到繁乱。政务简便而又尽职尽责、上下相安却不能把政事处理好的，这是从未有过的。古代的君王建立万国，虽然其详细的状况难以弄清，然而分割疆土，划定范围，各自坚守自己的领土，就不是多有重叠相互牵制的体制。往下考察殷、周两代五等爵位的等级，只有大小贵贱的差别，也不存在君主臣民有两套体制互相牵制的情况。官职的体制不统一，那么就不能尽力行使职责；不能尽力行使职责，处理事务怎能简便？处理事务不简便，那么百姓的生活怎么能够安定？百姓生活不能安定，那么邪恶就会纷纷滋生，而奸诈虚伪的事情也就多了起来。古代的君主知道这个道理，因此使官员的职责专一化，由其总领统治大业。从秦代开始，不师从圣人的道理，用私欲统领职官，以奸诈对待下属：害怕官吏们不尽职，就设立监司督察他们；又担心监司纵容邪恶，就设立司察来纠察他们；职官互有重叠，监司和司察重相监管，人人怀有贰心，上下的政务不相一致。汉代承继秦代的体制，没有能够纠正过来。魏国兴盛以来，忙于政务无暇顾及这些。五等爵位的制度虽然难以仓促恢复，却可以大致订立法度标准来统一治理国家的体制。现在的县官管理着小吏和百姓，中间加上郡守，上面又设置刺史。如果郡守管辖的事务只是大体地管一下，那么就和州郡的刺史相同，没有必要重复设置了，应该撤销郡守，只留下刺史就可以了；刺史的职位保存，那么监察的职能就不会废除，郡上数以万计的官吏，回家亲自从事农业生产，以减少繁多的费用，增加资财，积蓄粮食，这是第一个有利的方面。能治理一个大县的人才，都可以胜任郡守，对于判定是非对错的争讼，常常发生异议，如果县官顺从郡守，那么就会相安无事，如果坚持己见就会发生争执。调和羹汤的美味，在于使不同味道的调料调和在一起，上下级之间的好处，在于能够互相合作。顺从就能相安无事，正如琴与瑟合鸣发出协调的声音。撤销郡守，就会使得官员精简，办事简便，这是第二个有利的方面。还有主管郡一级的官员，职责是监督各县，但却袒护自己的亲人朋党、乡邻旧友，如果不能满足，就借着公家的名义巧取豪夺，百姓的困顿贫穷就产生在这里。如果把郡县全都合并，那么祸乱的根源就会堵住，这是第三个有利的方面。目前正值国家衰败沦落，百姓生活困顿凋敝，贤能之士非常少，具有从政之才的人不多，而郡县中优秀的官吏常常不止一个。郡上的官吏只享受县里官吏做出的成绩，那些繁重艰难的事务都落在下面人的头上，但官吏的晋升，却要先顾及郡上的官员。这就使得亲近百姓的官吏，只能处于底层而无法升迁，官吏掌管着百姓的命运，却常常由愚顽卑劣的人担当。现在如果把郡县合并，多挑选清廉优秀的人担任官职，使教化得到广泛传播，人民与万物获得安宁，这是第四个有利的方面。可以设立这样的制度，一万户的县，长官称为郡守；五千户以上的县，长官称为都尉；一千户以下的县，长官仍旧称做县令。从县令以上，考核政绩后加以调迁使用，凭其才能升迁，管辖的户口也随之增加，这就是举用人才考核政绩的程序。一旦确立了正常的制度，那么量才授官就有了次序，治理的政绩就会齐全显明，这是第五个有利的方面。如果撤销郡守，县里的事务都能直接上报，办事不会耽误，有政绩的官员就不会滞留，能够得到升迁，三代的淳美风教，虽然不一定重现，但简便划一的教化，大概可以达到。要方便百姓减省费用，就在于这么做了。

【评述】

官员设置冗杂、权责重叠是造成社会混乱的问题之一。夏侯玄先是指出三代的官制之明，三代之官员各司其职，互不干涉，因此事简民静，社会安定。而自秦代以来，官吏设置开始繁多起来，宰官与监牧、督监与司察互相牵制，导致人怀异心，上下殊务。汉魏以来承此吏弊，莫能匡改。因此夏侯玄提出精简吏治，省去郡守，只留刺史就可以了，并分析了此举的五大好处：一是数以万计的郡吏还农，既省了官费，又能增加农业收入；二是上下之间的关系容易协调，使得官事省简；三是能够消除为官庇护亲族的现象，阻塞社会混乱的根源；四是可以选拔清良的官吏任职，使得教化流行，百姓生活安定；五是官员的选拔升迁有了明确的规范。

朴素兴起，奢侈自消

【原文】

文质之更用，犹四时之迭兴也。王者体天理物，必因弊而济通之：时弥质则文之以礼，时泰侈则救之以质。今承百王之末，秦汉余流，世俗弥文，宜大改之，以易民望。今科制自公列侯以下，位从大将军以上，皆得服绫锦、罗绮、纨素、金银、饰镂之物，自是以下，杂彩之服，通于贱人。虽上下等级，各示有差，然朝臣之制，已得侔至尊矣，玄黄之采，已得通于下矣。欲使市不鬻华丽之色，商不通难得之货，工不作雕刻之物，不可得也。是故宜大理其本，准度古法文质之宜，取其中则，以为礼度。车舆服章，皆从质朴，禁除末俗华丽之事，使干朝之家，有位之室，不复有锦绮之饰，无兼采之服、纤巧之物。自上以下，至于朴素之差，示有等级而已，勿使过一二之觉。若夫功德之赐，上恩所特加，皆表之有司，然后服用之。夫上之化下，犹风之靡草。朴素之教兴于本朝，则弥侈之心自消于下矣。[1]

【译文】

文采和质朴的交替使用，如同四季的交替出现。君王体察上天的旨意来治理万物，一定要针对社会时弊而加以改变：时代过于质朴就用礼仪加以文饰，时代过于奢靡就用质朴加以补救。现在我们承续了历代君王之后，受到秦汉余流的影响，世俗更加讲究文饰，应该大力地改革这种现状以转变老百姓的愿望。如今的条律制度规定，从公、列侯以下，官位从大将军以上，都可以穿华美的绫罗绸缎，佩戴精细的金银饰品，在他们以下，各种颜色的服装已在平民百姓间通用，虽然上下的等级显示出了各自的差别，但朝廷大臣的服制已经能和天子相比了，黑黄两种颜色已经能在臣民当中使用了。要想使市场上不出售色彩艳丽的丝帛，商人不倒腾难得的奇珍异货，工匠不制作精雕细作的作品，是已经不可能的了。所以应该大力治理社会风气的根源，依照古代的方法，文饰和质朴要适度，选取合适的标准作为礼法制度。车辆服饰，都尽量质朴，禁止末世习俗那种追求奢华靡丽的风气，使在朝中任官的和有爵位的人家，不再有绮丽的装饰，除掉色彩鲜艳的衣服、精致纤巧的物品。从上到下，全都以朴素为准，只要显

〔1〕《时事议》，《全三国文》卷二十一，第206—207页。

示出等级就行了，不过超过一级二级的差别。如果因有功德而得到的赏赐，乃至受到皇帝的恩宠特意授予的，都需要申报给有关部门，然后才能穿戴使用。君上教化下面的臣民，就像风吹草倒一样。如果朴素的教化能在朝中兴起，那么下面自然就没有了过度奢侈的念头。

【评述】

魏明帝大造宫室，于是奢侈之风盛行，服饰宫室逾制现象严重，已无上下之别。夏侯玄认识到，要制止这种现象，从下层抓起是无济于事的，应该从上抓起，治理其根源，使俭朴之风从上到下施行起来。夏侯玄的观点，可谓抓住了问题的根本，只有在上层身体力行地提倡节俭，整个社会风气才有可能好转。

第十一节　傅玄

【人物简介】

傅玄（217—278），字休奕，北地泥阳（今陕西耀县东南）人，西晋初年哲学家、文学家。幼时专心诵学，性格刚直。初举秀才，选为著作史，后迁弘农太守，精心政务，忠于职守，数次上书，陈说治国之策。晋武帝即位之后加封为驸马都尉。傅玄提出敦化风俗、以才录官、尊儒尚学、贵农贱商等建议，深受武帝赏识。一生著述不废，撰论经国九流及三史故事，共四部、六录，一百二十卷，数十万言，与文集百卷合为一书，起名《傅子》，刊行于世，深为世人所赏。现存五卷。在《傅子》一书中，傅玄提出慎于赏罚、公平选才、重农抑商、提高俸禄等观点。

威德相济，慎赏慎罚

【原文】

治国有二柄：一曰赏，二曰罚。赏者，政之大德也；罚者，政之大威也。人所以畏天地者，以其能生而杀之也。为治审持二柄，能使杀生不妄，则其威德与天地并矣。信顺者，天地之正道也；诈逆者，天地之邪路也。民之所好莫甚于生，所恶莫甚于死。善治民者，开其正道，因所好而赏之，则民乐其德也；塞其邪路，因所恶而罚之，则民畏其威矣。善赏者，赏一善而天下之善皆劝；善罚者，罚一恶而天下之恶皆惧者何？赏公而罚不贰也。有善，虽疏贱必赏；有恶，虽贵近必诛。可不谓公而不贰乎？若赏一无功，则天下饰诈矣；罚一无罪，则天下怀疑矣。是以明德慎赏，而不肯轻之；明德慎罚，而不肯忽之。夫威德者，相须而济者也。故独任威刑而无德惠，则民不乐生；独任德惠而无威刑，则民不畏死。民不乐生，不可得而教也；民不畏死，不可得而制也。有国立政，能使其民可教可制者，其唯威德足以相济者乎？[1]

【译文】

治理国家有两个根本方法，一个是奖赏，一个是处罚。奖赏，显示了执政者的大恩惠；处罚，表明了执政者的大威严。人们所以畏惧天和地，是因为天地能使人生也能使人死。治理国家只要

〔1〕《傅子·治体》，《全晋文》卷四十七，第480—481页。

审慎地运用这两种手段，不胡乱生人或杀人，那么君主的威严与恩德可与天地相提并论了。信从顺服，是天地的正直之道；欺诈反叛，是天地的邪僻之路。老百姓最想要的莫过于活着，最害怕的莫过于死掉。善于治理人民的，如果为人民开启正直之道，根据人民的喜好进行奖赏，那么老百姓就会感激他的恩德；如果防止人民走上邪恶之路，依据人民害怕的东西进行惩罚，那么人民就会畏惧他的威严。善于奖赏的，奖赏一个善人，那么天下的善人就会受到鼓励；善于处罚的，惩罚一个恶人，那么天下的恶人都会感到害怕，这是为什么呢？是因为奖赏得公平而惩罚得没有差错。凡是有善行的，即使是关系疏远、其人贫贱也一定要奖赏；凡是有恶行的，即使是达官显贵、关系亲密也一定要处罚。这不就是公平而没有差错吗？如果奖赏一个没有功劳的人，那么天下之人就会伪装欺诈；如果处罚一个没有犯罪的人，那么天下之人就会心生怀疑。因此，要弘扬美德，谨慎地进行奖赏和处罚，不能掉以轻心。威严和恩德，这二者相互依傍，都是治理国家所需要的。所以仅仅凭借严厉的刑罚而不施加德义恩惠，那么老百姓就感到活着没有乐趣；单施以德义恩惠而没有严厉的刑罚，老百姓就不会惧怕死亡。老百姓感觉不到活着的乐趣，就不能教导他们；老百姓不害怕死亡，就没法治理他们。对于治理国家从事政治来说，要想既能教导又可治理百姓，唯一的办法难道不是恩威并重吗？

【评述】

傅玄在此提出了治理国家的两种手段——德和威，傅玄分析了德和威的辩证关系：用德不用威，老百姓就没有畏惧感，难以治理，用威不用德，老百姓就感到生活无望，难以教导。因此，他提出，治理国家要德威并用，并且还强调了赏罚公正公平的重要性。

举贤任才，至公至平

【原文】

贤者，圣人所与共治天下者也，故先王以举贤为急。举贤之本，莫大正身而壹其听。身不正，听不壹，则贤者不至；虽至不为之用矣。古之明君，简天下之良材，举天下之贤人，岂家至而户阅之乎？开至公之路，秉至平之心，执大象而致之，亦云诚而已矣。夫任诚，天地可感，而况于人乎！傅说，岩下之筑夫也，高宗引而相之；吕尚，屠钓之贱老也，文武尊而宗之；陈平，项氏之亡臣也，高祖以为腹心。四君不以小疵忘大德，三臣不以疏贱而自疑，其建帝王之业，不亦宜乎！文王内举周公旦，而天下不以为私其子；外举太公望，天下称其公。周公诛弟而典刑立，桓公任仇①而齐国治。苟其无私，他人之于骨肉，其于诛赏，岂二法哉？唯至公然后可以举贤也。[1]

【注释】

①仇：仇敌。此处指管仲。

【译文】

贤能之士，是圣人与之共同治理天下的人，因此，从前的帝

〔1〕《傅子·举贤》，《全晋文》卷四十七，第481页。

王以推举贤才为紧要事务。推荐贤才的根本，莫过于端正自身、言行同一。自身不端正，言行不一致，那么就不会招到贤能之士；即使招到了，他们也不会为其所用。古代贤明的君主，拣选天下的优秀人才，推举天下的贤能之士，难道是挨家挨户地探访吗？开启一条最为公正的道路，秉持一种最为平等的态度，把握一个大的方向招致人才，这也算是诚恳了。只要心中诚恳，天地都能被感动，更何况是人呢？傅说，是在傅岩一带版筑的奴隶，商王武丁任用他为相国；吕尚，是持竿钓鱼的贫贱老头儿，周文王和周武王却对他尊崇之至；陈平，是项羽的逃兵，汉高祖刘邦却将他视为心腹加以重用。四位君主不因为他们的小缺点而无视他们的过人才能，三位大臣也不因为出身卑贱而自我否定，他们所建立的帝王伟业，不是很好吗？周文王从自家提拔了周公旦，可天下人不觉得他是在偏爱自己的儿子；在家外起用了姜太公，天下人都称赞他真是公平。周公旦诛杀了自己的弟弟，国家的刑法得以确立；齐桓公任用仇人管仲为相，而齐国得到治理成为强国。只要他们没有私情，对待外人和自己的骨肉，是诛杀还是奖赏，难道还会两样看待吗？只有秉持最为公正的态度，然后才能举荐贤才。

【评述】

傅玄提出，公平公正乃是引进人才的最重要的原则。是贤人必用，不论其出身贵贱；是恶人必诛，不论其身份高低。然后他以历史上著名的故事为例，进一步论证了公平原则对于举贤的重要性。

治理国家，先择栋梁

【原文】

夫裁径尺之帛，刊方寸之木，不任左右，必求良工者，裁帛刊木，非左右之所能故也。径尺之帛，方寸之木，薄物也，非良工不能裁之，况帝王之佐，经国之任，可不审择其人乎？故构大厦者，先择匠，然后简材；治国家者，先择佐，然后定民。大匠构屋，必大材为栋梁，小材为榱橑①，苟有所中，尺寸之木无弃也。非独屋有栋梁，国家亦然。大者为宰相，此国之栋梁也。审其栋梁，则经国之本立矣。经国之本立，则庶官无旷，而天工时叙矣。[1]

【注释】

①榱橑（cuī lǎo）：屋椽。

【译文】

裁剪几尺长的布帛，砍削数寸长的木头，不让身边的人来做，一定要找优秀的工匠，这是由于裁剪布帛、砍削木头这样的活，身边的人干不了的缘故。几尺长的布帛，数寸长的木头，是些微不足道的东西，除了优秀的工匠别人都没法裁剪、砍削，更何况帝王身边的大臣，治理国家的重任，能不审慎地选拔合适的人才吗？所以，建造高楼大厦时，必须先选择匠人，然后再搜寻材料；

〔1〕《傅子·授职》，《全晋文》卷四十七，第482—483页。

治理国家时，需要先选拔辅佐之臣，然后才能治理安定人民。匠人建造房屋时，一定是大的材料作为栋梁，小的材料作为屋椽，只要有所用处，即使很小的木头也不会丢弃。不光房屋有栋梁，国家也是这样。官职最大的为宰相，他就是国家的栋梁。只要选择好了栋梁，那么治理国家的根本就确立下来了。治理国家的根本确立之后，小的官职就不会有空缺，那么天下就会秩序井然了。

【评述】

傅玄以建造房屋为喻，指出治理国家需要先确立栋梁之才，即有宰相之能的人才，这是根本所在。根本确立之后，小的官职再选贤任能，不使其有空缺，这样国家就会得到有序的治理。

贵本贱末，重农抑商

【原文】

故明君止欲而宽下，急商而缓农，贵本而贱末，朝无蔽贤之臣，市无专利之贾，国无擅山泽之民。一臣蔽贤，则上下之道壅；商贾专利，则四方之资困；民擅山泽，则兼并之路开。而上以无常役，下赋一物，非民所生，而请于商贾，则民财暴贱；民财暴贱，而非常暴贵；非常暴贵，则本竭而末盈；末盈本竭而国富民安，未之有矣。[1]

〔1〕《傅子·检商贾》，《全晋文》卷四十七，第484—485页。

【译文】

因此贤明的君主收敛自己的欲望，宽厚地对待下属，以商业为急务，以农业为缓事，重视根本而轻视末业，使朝廷里没有埋没贤能的大臣，市场上没有独擅其利的奸商，国家没有霸占山泽的土豪。一个大臣遮蔽了贤才，那么人才选拔之路就会阻塞；奸商独擅其利，那么周围的人们就会资财困乏；土豪霸占山川水泽，那么兼并田产的道路就会被打开。国家因此没有了经常性的劳役，百姓们交上来的税赋，不是他们自己生产的，而是从商贾那里购买的，那么百姓的钱财就会越来越贬值；百姓的钱财越来越贬值，那么商品就会越来越贵；商品越来越贵，那么作为根本的农业就会衰竭而商业却发达起来；末业发达而根本却衰竭，要想达到国富民安，这是从未有过的事情。

【评述】

秦汉以后，重本抑末理论就成为封建正统的经济思想，长期处于支配地位。这种思想认为农业是富国强兵的本业，而工商业则是末业，要想保证农业生产的发展，国家必须打击或抑制工商业活动。傅玄在《检商贾》一文中即持此论。

安邦治国，恪守诚信

【原文】

盖天地著信，而四时不悖；日月著信，而昏明有常；王者体信，而万国以安；诸侯秉信，而境内以和；君子履信，而厥身以立。古之圣君贤佐，将化世美俗；去信须臾而能安上治民者，未之有也。

夫象天则地，履信思顺，以壹天下，此王者之信也。据法持正，行以不贰，此诸侯之信也。言出乎口，结乎心，守以不移，以立其身，此君子之信也。讲信修义，而人道定矣。若君不信以御臣，臣不信以奉君，父不信以教子，子不信以事父，夫不信以遇妇，妇不信以承夫，则君臣相疑于朝，父子相疑于家，夫妇相疑于室矣。小大混然而怀奸心，上下纷然而竞相欺，人伦于是亡矣。

夫信由上而结者也。故君以信训其臣，则臣以信忠其君；父以信诲其子，则子以信孝其父；夫以信先其妇，则妇以信顺其夫。上秉常以化下，下服常而应上；其不化者，百未有一也。夫为人上，竭至诚，开信以待下，则怀信者欢然而乐进，不信者赧然而回意矣。老子不云乎："信不足焉，有不信也。"故以信待人，不信思信；不信待人，信斯不信，况本无信者乎？

先王欲下之信也，故示之以款诚，而民莫欺其上；申之以礼教，而民笃于义矣。夫以上接下，而以不信随之，是亦日夜见灾也。周幽以诡烽灭国①，齐襄以瓜时致杀②，非其显乎！故祸莫大于无信。无信则不知所亲，不知所亲，则左右尽己之所疑，况天下乎！信者亦疑，不信亦疑，则忠诚者丧心而结舌，怀奸者饰邪以自纳。此无信之祸也。[1]

【注释】

①周幽以诡烽灭国：周幽王为了讨得宠姬褒姒的欢心，在夜

〔1〕《傅子·义信》，《全晋文》卷四十七，第486页。

宴时，让士兵点燃传报军情的烽火。各路诸侯看到警报，急急赶来，却只见周幽王正和褒妃在烽火台上哈哈大笑。被戏弄的诸侯们怒气冲冲地离去。不久，西方的犬戎发兵进攻都城镐京，幽王惊慌失措，连忙下令点燃骊山的烽火。各诸侯以为周幽王是故伎重演，谁也不发兵救援，结果镐京被西戎攻下，周幽王也被杀死了。

②齐襄以瓜时致杀：齐襄公十一年（前 687 年）秋，襄公派遣大夫连称和管至父率兵戍守葵丘（今山东淄博西）。临行前有约，明年瓜熟时派人替回。届时齐襄公却没有派遣军队去替换。连称、管至父几次请求调防都遭拒绝，于是二人便利用戍卒的不满情绪，联合襄公的叔伯兄弟公孙无知发动兵变，打回临淄，杀了齐襄公。

【译文】

天地讲诚信，春秋四时才不会错乱；日月讲诚信，白天黑夜轮换才有常规；君主以诚信治国，天下得以安宁；诸侯秉持诚信，境内才能平安；君子以诚信处事，自身得以立足。古代的圣君贤臣，着力于教化世人淳美风俗；离开诚信哪怕是一时片刻而能使国家安定、民众得到治理的，从来也没有过。

取法天地，以诚信与恭顺为行为准则来统一天下，这是君王之信。依据法规持守正义，行为保持一致，这是诸侯之信。说心中所说，并且能够守之不移，以此立身，这是君子之信。讲求诚信，谨修道义，那么为人之道就确定下来了。如果君主不以诚信对待大臣，大臣不以诚信侍奉君主，父亲不以诚信教导儿子，儿子不以诚信服侍父亲，丈夫不以诚信对待妻子，妻子不以诚信侍奉丈夫，那么，君主与大臣就会在朝廷上相互猜疑，父亲和儿子就会在家庭里相互怀疑，丈夫和妻子就会在房间里相互猜忌。长幼之间关系混沌，各怀奸诈之心，君臣之间竞相欺骗，人伦关系也就消亡了。

诚信是由身居上位的提倡而成的。因此，君主以诚信教导臣子，臣子就会以诚信忠于君主；父亲以诚信教诲儿子，儿子就会以诚信孝敬父亲；丈夫以诚信对待妻子，妻子就会以诚信侍奉丈夫。居上位者秉持诚信以教化在下位者，在下位者就会心怀诚信回应居上位者；那些不接受教化的，一百个里面也不会有一个。上级竭尽其诚意，以诚信对待下属，那么那些怀有诚意的下属就会非常高兴，乐于向上级靠近，没有诚信的人就会惭愧地回心转意。老子不是说过："如果一个人自己不讲诚信，就不会相信别人也会讲诚信。"因此以诚信待人，那些没有诚信的人就会想着诚信；不以诚信待人，有诚信的人也会变得没有诚信，更何况那些本来就没有诚信的人呢？

古代的君主想要属下信任自己，会在臣民面前表现出自己有足够的诚信，这样臣民就不敢欺骗君主；以礼乐教化训导臣民，那么臣民就会坚定地持有信义。居上位者与在下位者接触时，如果不待之以诚信，那么很快就会遭遇灾祸了。周幽王因为假传烽火而国家灭亡，齐襄公因为不守瓜代之约而被杀害，这难道不是活生生的事例吗？因此最大的灾祸莫过于没有诚信，不讲信用就不知道谁是自己的亲信，不知道谁是亲信，那么就会怀疑身边所有的人，更何况是天下的人呢？信任的人也怀疑，不信任的人也怀疑，那么忠诚的人就会丧失忠诚，口出不满之言，奸诈的人就会掩饰自己的行为，为自己谋取私利。这就是没有信用招致的灾祸呀！

【评述】

傅玄最重视立公与履信。他在《义信》篇中专题论述了“信”的重要性。本文一开始从乾坤万物均“信”说起，强调世间各种人群都跟“信”有密切联系，然后，从君臣、父子、夫妇三种人际关系的角度，分析一旦丧失诚信将会造成的不良后果，反证了“讲信修义”是人道、人伦的基本规定。第三段，在上位的君、父、夫应当首先有信，在下位的臣、子、妇才会有信，否则便无人“思信”。第四段回顾历史，说明“祸莫大于无信”，取信于民是最为重要的。作者以两个典故为例，从反面有力地证明了文章的论点：只要君主与诸侯互相信任，信守诺言，取信于民，天下自然太平。可见，取信于民是何等的重要。

欲官吏清，重爵厚禄

【原文】

爵禄者，国柄之本，而贵富之所由，不可以不重也。然则爵非德不授，禄非功不与，二教既立，则良士不敢以贱德受贵爵，劳臣不敢以微功受重禄，况无德无功，而敢虚干爵禄之制乎！

然则先王之用爵禄，不可谓轻矣。夫爵者位之级，而禄者官之实也。级有等而称其位，实足利而周其官，此立爵禄之分也。爵禄之分定，必明选其人而重用之。德贵功多者，受重爵大位，厚禄尊官；德浅功寡者，受轻爵小位，薄禄卑官。厚足以衔[①]宗党，薄足以代其耕。居官奉职者，坐而食于人，既食于人，不敢以私利经心；既受禄于官，而或营私利，则公法绳之于上，而显议废之于下。是以仁让之教存，廉耻之化行，贪鄙之路塞，嗜欲之情灭，百官各敬其职，大臣论道于朝，公议日兴，而私利日废矣。

明君必顺善制而后致治，非善制之能独治也，必须良佐有以行之也。欲治其民而不省其事，则事繁而职乱。知省其职而不知节其吏，厚其禄也，则下力既竭而上犹未供；薄其禄也，则吏竞背公义，营私利。此教之所以必废而不行也。

凡欲为治者，无不欲其吏之清也。不知所以致清而求其清，此犹浑其源而望其流之洁也。知所以致清，则虽举盗跖，不敢为非；不知所以致清，则虽举夷、叔，必犯其制矣。夫授夷、叔以事，而薄其禄，近不足以济其身，远不足以及室家，父母饿于前，妻子馁②于后；不营则骨肉之道亏，营之则奉公之制犯。骨肉之道亏，则怨毒之心生；怨毒之心生，则仁义之理衰矣。使夷、叔有父母存，无以致养，必不采薇于首阳，顾公制而守死矣。由此言之，吏禄不重，则夷、叔必犯矣。夫弃家门，委身于公朝，荣不足以庇宗人，禄不足以济家室，骨肉怨于内，交党离于外，仁孝之道亏，名誉之利损，能守志而不移者鲜矣。人主不详察，闻其怨兴于内，而交离于外，薄其名，必时黜其身矣。家困而身黜，不移之士，不顾私门之怨，不惮远近之谪，死而后已，不改其行；上不见信于君，下不见明于俗，遂委死沟壑，而莫之能知也。岂不悲夫？天下知为清之若此，则改行而从俗矣。清者化而为浊，善者变而陷于非，若此而能以致治者，未之闻也。[1]

---

〔1〕《傅子·重爵禄》，《全晋文》卷四十七，第488—489页。

【注释】

①衒（xuàn）：炫耀。

②餧（něi）：同“馁”，饥饿。

【译文】

爵位和俸禄，是国家政权的根本，富贵都是从这里而来，不能够不重视。然而不是有德之人不可授予爵位，不是有功之臣不可给予厚重的俸禄，这两个原则确立之后，那么即使是优秀的士人，只要其德性浅薄，就不敢接受高贵的爵位，即使是辛劳的大臣，只要其功劳微薄，就不敢接受厚重的俸禄，更何况既无德行又无功劳的人，怎敢妄自扰乱爵位和俸禄的制度呢？

前代的帝王在安排爵位俸禄时，应该说是相当的重视，因为爵位是官职的级别，俸禄是做官的待遇。级别有等差能够与其官位相称，待遇有多少能够与其官职对应，这就确立了爵位俸禄的分别。爵位俸禄的分别确定之后，就要明确地选拔合适的人才加以重用。德行高功劳多的，就授予较高的爵位，给以优厚的俸禄；德行浅功劳少的，就授予较低的爵位，给予微薄的俸禄。优厚的俸禄足以在其宗族中炫耀，微薄的俸禄也足以代替耕田自给。担任官职的人，不务农事而被人奉养，既然是被人奉养，就不敢谋取私利；既已接受国家的俸禄，而又谋取私利的话，那么朝廷就要根据国家法律进行制裁，人们也会众口评说使其名誉扫地。因此，仁义礼让的教导会存在不绝，廉耻的风气就会化行天下，贪婪鄙吝的道路就会阻塞，放纵的欲望就会灭除，官员们就会敬业守职，大臣们就会心系朝政，奉公守法的舆论日渐兴盛，而谋取私利的行为就会消隐不见。

圣明的君主必然会首先顺应良好的制度，然后致力于治理国家，并不是仅仅有了良好的制度就能治理国家，还必须有能够执行制度的优秀人才。想治理人民却不知减省其事，那么就会导致事务烦琐而职务混乱。知道减省职事却不知道节制其官吏，如果给以优厚的俸禄，那么百姓被挖空了，官员的俸禄却还不够；如果减少他们的俸禄，那么官吏就会竞相背弃职责，谋取私利。这样，教化必然会被废弃而得不到施行。

凡是想要国家得到治理的，没有不希望官吏清廉的。不知道怎样使官吏清廉而只希望其清廉，这就像不顾源头而希望其流清洁一样。知道怎样使官吏清廉，那么即使举荐盗跖这样的人为官，他也不敢为非作歹；不知道怎么使官吏清廉，即使任命伯夷、叔齐这样的人为官，也一定会违法乱制。授予伯夷、叔齐官职，却给他们很少的俸禄，从近处说，不能养活自己，往远里讲，更不能周济家庭，父母挨饿于前，妻子受饥于后；不想办法钻营就会损害亲情关系，钻营谋私就会触犯国家的法律。亲情关系损害了，就会心生怨恨；心生怨恨，所信奉的仁义之理就会衰退。如果伯夷、叔齐的父母尚在人世却无力养活，那么这二人一定不会逃到首阳山采薇为生，而会遵守国家制度一直到死。这样看来，如果官吏没有足够的俸禄，那么伯夷、叔齐也会违犯国家法律。那些离开家庭到朝廷里从政做官的，如果荣耀不足以荫庇宗族，俸禄不足以养活家人，那么家中的亲人就会心生埋怨，而外面的朋友也会与其断交，仁爱孝敬之道受到了损害，荣名利禄得不到满足，能够守志不移的实在是少之又少了。君主不对情况详察明辨，听到某人家里对他抱怨不迭，朋友与他断绝来往，就以为他名声很坏，必然会罢黜他。家境困顿又身遭黜免，那些守志不移的人，能够不在乎家人的怨恨，不害怕长远的谪迁，到死也不会更改其行为；对上不被君主信任，对下不被世俗理解，死了以后也没有人知道他，这不是很悲哀的事情吗？天下之人知道为人清廉却落得如此下场，一定会改变行为而随波逐流。清廉的人会变得贪浊，善良的人会变得邪恶，这样的国家还能得到治理，真是从没听说过。

【评述】

傅玄重爵禄之议是为了纠正汉魏吏制之弊而发的。汉末入晋，曾有两次讨论吏禄问题。第一次是在曹操执政时期。当时天下大乱，军用不足，选用官吏尚节俭。荀悦、徐幹、刘廙等人，都提出过禄养问题。如刘廙提出，“禄薄所以不得成其清”，吏清就须“重其禄”（《政论·备政》）。入魏以后，吏禄得以改善。第二次是在诛曹爽集团以后。由于魏明帝后期国库亏空，吏禄无法保障，为官与民争利的事时或可见。王昶在政论文章中，提出“约官实禄，励以廉耻”，说明吏禄是当务之急，应该解决。傅玄提出厚禄吏清的主张，显然与这两次讨论有关。

傅玄提出，官吏居官奉职，应该保证其俸禄能使他们安身立命。为政“致治”，就得“吏清”，“清”要先致后求，爵禄问题就是“致清而求其清”的“致治”之道。这是不能不重视的实际问题。

贵其所尚，抑其所贪

【原文】

上好德则下修行，上好言则下饰辩。修行则仁义兴焉，饰辩则大伪起焉，此必然之征也。德者，难成而难见者也；言者，易撰而易悦者也。先王知言之易而悦之者众，故不尚焉。不尊贤尚德，举善以教，而以一言之悦取人，则天下之弃德饰辩以要其上者不鲜矣。何者？德难为而言易饰也。夫贪荣重利，常人之性也。上之所好，荣利存焉。故上好之，下必趣之，趣之不已，虽死不避也。先王知人有好善尚德之性而又贪荣而重利，故贵其所尚而抑其所贪。贵其所尚，故礼让兴；抑其所贪，故廉耻存。夫荣利者，可抑而不可绝也，故明为显名高位，丰禄厚赏，使天下希而慕之。不修行崇德，则不得此名，不居此位，不食此禄，不获此赏，此先王立教之大体也。夫德修之难，不积其实，不成其名。夫言撰之易，合所悦而大用，修之不久，所悦无常，故君子不贵也。〔1〕

【译文】

君主喜好道德，臣民就会修习自己的品行；君主喜好谄言，臣民就会粉饰巧言。修习品行，仁义之道就会兴起，粉饰巧言，谎诈欺骗之风就会盛行，这是必然的现象。道德，是很难修成也很难显现出来的；言语，却是容易编造也容易引人高兴的。前代的帝王知道说好话很容易，并且喜欢听好话的人也多，所以不加提倡。不尊敬贤才崇尚德行，推举良善教化世人，而是根据一句好听的话选拔人才，那么天下之人不顾德行而粉饰巧言、邀媚于君主的就多了。为什么呢？这是因为德行难以修成而言语却容易粉饰。贪图荣名，看重利禄，这是常人的本性。君主喜好的东西，其中蕴涵着荣名与利禄。因此君主所喜欢的，臣民必然会去追逐，

〔1〕《傅子·戒言》，《全晋文》卷四十八，第491页。

并且追逐个不停，即使面临死亡也不知躲避。前代帝王知道人们有喜好良善、崇尚德行的本性，另外又贪图荣名，看重利禄，因此就重视他们所崇尚的，抑制他们所贪爱的。重视他们所崇尚的，礼让之风就会兴起；抑制他们所贪爱的，廉耻观念就会存在。荣名利禄，可以抑制却无法断绝，因此，公开地给以显耀的名声，授予很高的官职，给予丰厚的俸禄与奖赏，让天下之人怀着爱慕之心向往之。不修习行为崇尚道德的，就得不到这种名声，坐不到这个位子，拿不到这种俸禄，领不到这种奖赏，这就是前代的帝王设立教化的大致情况。修习德行的难处在于，没有落到实处就不会有好的名声。说话写文章非常容易，只要合于君主的心意就会受到重用，既不用长时间地修习，君主所喜欢的又不固定，所以君子不看重这点。

【评述】

“上好德则下修行，上好言则下饰辩”，“上好之，下必趣之”，都是在论述君主对社会风气的重要影响。傅玄在本篇首先分析了好言与好德的不同后果：说好听的话很容易，说出来也容易让人高兴；而德行却难以修成，也难以得见。因此，君主必须尚德而不能尚言。傅玄进一步指出，声名利禄是人之所尚，好善尚德亦出自人的本性，因此君主需要“贵其所尚”、“抑其所贪”，兴起礼让之风，加强其廉耻观念。

好奢无足，天下大祸

【原文】

天下之福，莫大于无欲；天下之祸，莫大于不知足。无欲则无求。无求者，所以成其俭也；不知足，则物莫能盈其欲矣。莫能盈其欲，则虽有天下，所求无已，所欲无极矣。海内之物不益，万民之力有尽。纵无已之求，以灭不益之物；逞无极之欲，而役有尽之力，此殷士所以倒戈于牧野，秦民所以不期而周叛。曲论之好奢而不足者，岂非天下之大祸邪？[1]

【译文】

天底下的福祉，莫过于没有欲望；天底下的灾祸，莫过于不知满足。没有欲望就没有需求。没有需求，所以能够成就其人的俭约；不知满足，那么无论什么东西都不能满足他的欲望。不能满足他的欲望，那么即使拥有天下，他的需求仍然无休无止，他的欲望仍然没有穷尽。天底下的事物不会增加，全体人民的能力亦有限度。放纵无休无止的需求，以此消耗不会增加的事物；显张无穷无尽的欲望，以此役使有限的人力物力：这就是殷商军队在牧野倒戈，秦朝百姓不约而同造反的缘由。一些歪理邪说中提出喜好奢侈而不知满足，这难道不是天下的大灾祸吗？

【评述】

傅玄通儒达道。他的无欲而俭是福、不知足而奢是祸的观点受到道家思想的影响。他提出，作为人主，应该近察天下物力民情，远鉴前代纵欲失民之祸变，做到去私寡欲，恬淡冲和，在此基础上体恤民情，只有这样，方能使自己立于不败之地。

---

〔1〕《傅子·曲制》，《全晋文》卷四十八，第494—495页。

精简吏治，重视小吏

【原文】

民富则安，贫则危。

明主之治也，分其业而一其事。业分则不相乱，事一则各尽其力；而不相乱则民必安矣。重亲民之吏而不数迁。重则乐其职，不数迁则志不流于他官；乐其职而志不流于他官，则尽心恤其下；尽心以恤其下，则民必安矣。附法以宽民者赏，克法以要名者诛。宽民者赏，则法不亏于下；克民者诛，而名不乱于上，则民必安矣。量时而置官，则吏省而民供。吏省则精，精则当才而不遗力；民则供顺，供顺则思义而不背上。上爱其下，下乐其上，则民必安矣。笃乡闾之教，则民存知相恤，而亡知相救；存相恤而亡相救，则邻居相恃，怀土而无迁志；邻居相恃，怀土无迁志，则民必安矣。度时宜而立制，量民力以役赋。役赋有常，上无横求，则事事有储，而并兼之隙塞。事有储，并兼之隙塞，则民必安矣。图远必验之近，兴事必度之民，知稼穑之艰难，重用其民，如保赤子，则民必安矣。

职业无分，事务不壹，职荒事废，相督不已，若是者民危。亲民之吏不重，有资者无劳而数迁，竞营私以害公，饰虚以求进，仕宦如寄，视用其民如用路人，若是者民危。以法宽民者不赏，克民为能者必进，下力尽矣，而用之不已，若是者民危。吏多而民不能供，上下不相乐，若是者民危。乡闾无教，存不相恤，而亡不相救，若是者民危。不度时而立制，不量民而〔有脱文〕，役赋无常，横求相仍，弱穷迫不堪其命，若是者民危。视远而忘近，兴事不度于民，不知稼穑艰难而转用之，如是者民危。

安民而上危、民危而上安者，未之有也。《虞书》曰："安民则惠，黎民怀之。"其为治之要乎？今之刺史，古之牧伯①也。今之郡县，古之诸侯也。州总其统，郡举其纲，县理其目，各职守不得相干，治之经也。夫弹枉正邪，纠其不法，击一以警百者，刺史之职也。比物校成，考定能否，均其劳逸，同其得失，有大不可而后举之者，太守之职也。亲民授业，平理百事，猛以威吏，宽以容民者，令长之职也。然则令长者，最亲民之吏，百姓之命也。国以民为本，亲民之吏，不可以不留意也。[1]

【注释】

①牧伯：《尚书正义》：《曲礼》曰，九州之长曰牧。《王制》曰，千里之外设方伯，八州八伯。然则牧、伯一也。伯者，主一州之长；牧者，言牧养下民。郑玄曰：殷之州牧曰伯，虞夏及周曰牧。后人称太守曰牧伯，本此。

【译文】

百姓富裕，生活就会安定；百姓贫困，生活就会陷入危机。

圣明的君主在进行治理时，将政事分属各个部门，让其各司其职。部门分开就不会产生混乱，各司其职就能尽力做事；部门之间不会混乱，那么百姓就会安定下来。重视贴近百姓的官吏，不要经常调换他们的职位。重视他们，他们就会对自己的官职感到满意；不经常调换职位，他们就不会惦记着担任其他官职。对

---

〔1〕《傅子·安民》，《全晋文》卷四十八，第495—496页。

自己的官职感到满意，并且不惦记着担任其他职位，那么就会尽心尽力地体恤民情；尽心尽力地体恤民情，那么百姓的生活必然会安定。对遵守法令宽惠待民的给予奖赏，对违背法令沽名钓誉的加以诛罚。对宽惠爱民的给予奖赏，于下，法律不会得到损害；对残害百姓的加以处罚，于上，名声不会受到扰乱，那么百姓的生活必然会安定。根据时机设置官职，吏员就会减省，百姓就愿供养他们；吏员减省就会精良，官吏精良就会尽其才能而不遗余力；百姓愿意供养，愿意供养就会思慕道义，不会犯上作乱。居上的爱护在下的，在下的喜欢居上的，那么百姓的生活必然会安定。重视乡闾间的教化，那么百姓在生活安定时能够相互关照，遇到危亡时能够相互救济；能做到这样，邻居之间相互依存，百姓就会安居本土而没有迁往别处的想法；邻居之间相互依存，安居本土没有迁往别处的想法，那么百姓的生活必然会安定。考虑时机以确立制度，根据百姓的能力征劳役收赋税。劳役赋税有一定之量，君主不要横征暴敛，那么任何事情都有所准备，堵塞侵夺征伐的空隙。事情有所准备，堵塞侵夺征伐的空隙，那么百姓的生活必然安定。征讨远方一定要根据近情，估量自己的能力，兴兵作战一定要考虑百姓的实际情况，要知道耕种收获的艰难，重视百姓，就像保护孩童一样，那么百姓的生活必然安定。

政事不分属各个职能部门，其所履行的职责混乱不一，官职荒缺，事务废顿，官员们互相检举揭发，这样百姓就会陷入危机。贴近百姓的官吏不加重用，有资历没做事情的却屡屡升迁，竞相谋取私利危害国家，矫饰欺骗以谋求仕进，官员们如同寄居在朝廷一样，征用百姓就像征用不相干的路人一样，这样百姓就会陷入危机。遵守法令宽惠爱民的不予奖赏，以残苛百姓为能事的却一定能升迁，百姓已经尽了全力却仍然徭役不断，这样百姓就会陷入危机。吏员冗多以致百姓无力供养他们，在上的与居下的不能相互信任，这样百姓就会陷入危机。乡闾之间没有道德教化，生活安定时不能相互关照，遇到危亡时不能相互救助，这样百姓就会陷入危机。不根据时机确立制度，不考量百姓的情况……征徭役收赋税，徭役赋税随意征收，横征暴敛没有满足，百姓穷困潦倒不堪活命，这样百姓就会陷入危机。征伐远方不顾及眼前的情况，兴兵作战不考虑百姓的承受能力，不知道耕种收获的艰难而随意征调民力，这样百姓就会陷入危机。

百姓生活安定而君主陷入危机，百姓陷入危机君主却生活安定，这种事情从来都没有过。《虞书》上说："要安民就要给百姓好处，这样黎民百姓就会心怀感戴。"这就是治理国家的要领吧?今天的刺史，相当于古代的牧伯。今天的郡县，相当于古代的诸侯。州之刺史总领政事，把握全局，郡守掌握其纲要，县令治理其细节，各级官员各司其职不得相互干预，这是治理国家的根本要领。弹劾徇私枉法，纠正邪僻，惩罚一个以达到警戒众人的目的，这是刺史的职责。比较官员的治理，校察他们的功绩，考定他们的能力，使其劳逸得到均衡，使其得失能够相同，有不称职或违犯法纪的进行检举，这是太守的职责。亲近百姓，授以知识，受理各种事情，其威严能够震慑小吏，其宽爱可以包容百姓，这是令长的职责。令长是最亲近百姓的官吏，关系到百姓的性命。国家以百姓为根本，因此，对于亲近百姓的官吏，不能大意，需要认真对待。

【评述】

傅玄的《安民》篇是专门讨论安民、富民问题的。他提出了七项对策，并从正反两方面予以论证，以为“明主之治”的参考。傅玄特别提出了重“亲民之吏”的观点。所谓“亲民之吏”，指州、郡、县三级地方官，其中县官的作用十分重要。傅玄此议跟他的重农思想紧密相关。县令直接管理百姓，关心农事、发展农业是他们最重要的职责。国以民为本，民以食为天，所以重“亲民之吏”就是重农的具体体现。

文中涉及散官亲耕与居官宜久的问题，也是在强调重农。晋初，一方面官吏队伍扩大，造成大量无职冗官的出现；另一方面，军队从农村大量抽调民丁，造成农业人口的流失。国用不足，官禄成了沉重的负担。因此，傅玄建议让散官归农亲耕，如此可一举两得。

傅玄主张以法宽民求安民，这在《治体》、《法刑》、《问刑》诸篇里，也有相近的表述。不过，《安民》篇的主旨在于以赏罚的手段纠正执法官吏贪赃枉法的时弊。傅玄的建议，综合了曹魏时期吏制讨论中关于郡县官吏设置的积极内容。

去私立公，可正天下

【原文】

政在去私。私不去，则公道亡；公道亡，则礼教无所立；礼教无所立，则刑赏不用情，而下从之者，未之有也。夫去私者，所以立公道也。唯公然后可正天下。[1]

---

〔1〕《傅子·问政》，《全晋文》卷四十八，第496页。

【译文】

为政在于去除私心。不去除私心，那么公平公正的道义就会丧失；公平公正的道义丧失了，那么礼义道德就无法确立；礼义道德无法确立，刑罚和奖赏就无法做到不徇私情，如此一来，下属能够遵从法令的，从来没有过。去除私欲的目的，在于确立公平公正的道义。只有公平公正了，才能够匡正天下。

【评述】

为政如果怀有私心，必然会为谋一己之私利而损害国家的利益。傅玄在《问政》篇中强调摒弃私欲的重要性。在他看来，只有去除私欲，公道才可确立，天下才可匡正。

第十二节　晋武帝司马炎

【人物简介】

晋武帝司马炎（236—290），晋朝开国皇帝，公元265—290年在位。280年，伐吴成功，中国社会自黄巾起义以来的分裂局面暂时获得统一。

总体说来，司马炎不是一个圣明之君，他罢废州郡武装，大肆分封宗室，允许诸王自选长吏和按等置军，无法处理少数民族内迁问题，为日后“八王之乱”与“永嘉之乱”种下了祸根。

亲临稼穑，以率天下

【原文】

夫国之大事，在祀与农。是以古之圣王，躬耕帝籍①，以供郊庙之粢盛，且以训化天下。近世以来，耕籍止于数步之中，空有慕古之名，曾无供祀训农之实，而有百官车徒之费。今修千亩之制，当与群公卿士躬稼穑之艰难，以率先天下。主者详具其制，下河南，处田地于东郊之南、洛水之北。若无官田，随宜便换，而不得侵民人也。[1]

【注释】

①籍：籍田，亦称“藉田”。中国古代为天子、诸侯举行籍礼（天子于正月农耕之前亲率诸侯耕田的典礼）而设置的田。

【译文】

国家的重大事情，是祭祀与农业。因此古代的先圣帝王，亲耕籍田，用来作为郊祀庙祭时的供品，并且以自己的实际行动教化天下百姓。近代以来，耕种籍田也就是在地上走几步，徒有企慕古人之名，没有供奉祭祀鼓励农耕之实，却是兴师动众劳民伤财。如今遵循千亩籍田的周代制度，要和诸位大臣亲身体验耕种劳作的艰辛，为天下人做表率。主管的官员详细制定有关制度，去黄河之南，在东郊的南面、洛水的北面找块田地。如果没有官

〔1〕《全晋文》卷三，第20页。

田，就根据情况调整更换，不许侵占百姓的田地。

【评述】

籍田是天子亲耕的田亩。君主躬耕于籍田，表明对农业之重视，并借此激励百姓专心于农业。历代统治者多有此举。晋武帝在诏书中指出，近来的耕种籍田流于形式，非但劳民伤财，更起不到应有的作用。因此，他要亲历亲为，去真实地体验一下务农之艰辛，并成为天下人的表率。这种务实的态度的确值得提倡。

举荐清能，提拔寒素

【原文】

兴化之本，由政平讼理也。二千石长吏不能勤恤人隐，而轻挟私故，兴长刑狱，又多贪浊，烦挠百姓。其敕刺史二千石纠其秽浊，举其公清，有司议其黜陟，令内外群官举清能，拔寒素。[1]

【译文】

振兴教化的根本，在于政治清平，没有冤假错案。现在的二千石官吏非但不能体恤百姓，而随随便便地因为个人的目的，使刑狱案件越来越多，并且多有贪赃枉法的行为，侵扰百姓。今令刺史二千石督察邪恶违法的人，推举公正清廉的人，由相关部门对其升迁或贬黜做出决定，令朝廷内外各位官员举荐清廉贤能的

〔1〕《全晋文》卷六，第49页。

人才，提拔贫寒清素的人才。

【评述】

这是司马炎在太康九年（288 年）下达的《纠举群吏诏》。诏书针对二千石官吏中所出现的腐败现象，让刺史进行督察，惩办违法之人，升迁清廉之人，并下令群臣“举清能，拔寒素”。但是，西晋政治是一种世族政治，门阀士族对于官员选拔有着绝对的控制权。社会基础如此，此诏令的效果也就可想而知了。

第十三节　晋元帝司马睿

【人物简介】

晋元帝司马睿（276—323），东晋开国皇帝。建兴四年（316 年），汉国刘曜攻陷长安，西晋灭亡。次年三月，在以王导为首的王氏家族辅佐下，司马睿即晋王位，始建国，并于 317 年即皇帝位，定都建康（今南京），据有长江中下游以及淮河、珠江流域地区，史称东晋。东晋初年，政治上由王导主持，军事上依靠王敦，时人谓之“王与马，共天下”。此后晋元帝企图排斥王氏权势，引起王敦谋反。同年，晋元帝忧愤而死。

宽众息役，惠益百姓

【原文】

昔之为政者，动人以行不以言，应天以实不以文，故我清静而人自正。其次听言观行，明试以功。其有政绩可述、刑狱得中、人无怨讼、久而日新及当官软弱、茹柔吐刚、行身秽浊、修饰时誉者，各以名闻。令在事之人仰鉴前烈，同心戮力，深思所以宽众息役，惠益百姓，无废朕命。远近礼贽，一切断之。[1]

【译文】

以前执政的人，以行动而不以言语指挥人，以实际行动而不以外在形式顺应天时，因此自己清正，别人自然会正直。然后听其言观其行，根据政绩检验功劳。那些有政绩可称、处理刑狱得当而使人没有怨言、居位长久而时时更新的，以及那些遇见长官就示弱、欺软怕硬、行为邪秽、弄虚作假而取悦于人的，都把他们揭发出来。使居职为官的人仰慕并借鉴前人的功业，同心协力，认真思考使百姓宽舒、停息徭役的方法，使恩惠施于百姓，不要无视我的命令。远近之人的见面之礼，全都废止。

【评述】

司马睿在诏书中对官员如何从政作了分析，他指出居官从政要脚踏实地，"以实不以文"。他下令，对于治理清正、政绩优秀的官员，以及居官不良、沽名钓誉之辈，要做到奖罚有别。他告诫手下大臣，要心系百姓，行使宽惠爱民的政策，很有些苦口婆心的意味。考虑到他的偏安政权依赖世家大族的鼎力维护，其心情也就可以理解了。他的诏令却也是廉政之举。

---

〔1〕《全晋文》卷八，第69页。

第十四节 梁武帝萧衍

【人物简介】

梁武帝萧衍（464—549），南朝梁的建立者，公元502—549年在位。曾任齐雍州刺史，镇守襄阳。后乘齐内乱，起兵夺取帝位。萧衍在执政初期政绩非常显著。他勤于政务，广泛纳谏，重视对官吏的选拔任用，并要求地方长官清正廉明。萧衍多才多艺，学识广博，并且笃信佛教，大建寺院，曾三次舍身同泰寺，大大地促进了佛教在中国本土的传播。

为政便民，勿侵农事

【原文】

观时设教，王政所先，兼而利之，实惟务本，移风致治，咸由此作。顷因革之令，随事必下，而张弛之要，未臻厥宜，民瘼犹繁，廉平尚寡，所以伫旒纩①而载怀，朝玉帛而兴叹。可申下四方，政有不便于民者，所在具条以闻。守宰若清洁可称，或侵渔为蠹，分别奏上，将行黜陟。长吏劝课，躬履堤坊，勿有不修，致妨农事。关市之赋，或有未允，外时参量，优减旧格。〔1〕

〔1〕《全梁文》卷三，第24—25页。

【注释】

①旒纩（liú kuàng）：以垂旒和黈（tǒu）纩为装饰的帝王冠冕。

【译文】

观察时势设立教化，是国家政令首先需要考虑的，要想一举两得，兼收其利，只有致力于根本，移风易俗达到治世，都要由此出发。近来有关因袭变革之令，根据周围事物的变化而颁布，然而政令的严与宽，还没有恰到好处，人民生活依然困苦，廉洁公平的事情还是很少，因此，我身居朝内而心怀感想，手执玉帛而生发兴叹。可下令国内，政事有不利于百姓的，所在之处详备列举奏报。地方长官如有清廉值得称道的，或者作奸犯科侵害百姓的，那么分别上奏，我将对他们或黜免或升迁。长吏要鼓励督责，亲自巡行堤防，不能出现没有修缮的地方，以致妨害农事。关口市场的赋税，如果有不妥当的，负责官员要时常斟酌考量，对以前的规定进行宽减。

【评述】

梁武帝萧衍深刻地认识到农业的重要性，关心百姓的疾苦，对政令的宽严以及官员的清浊相当重视。他在诏令中指出当前的政策还有不适当之处，百姓的生活还很困苦，官吏的廉洁情况还不够乐观，因此提出了整治之道，即不利于百姓的政事及时奏报，清廉及贪浊的官员都要上奏，对其进行罢免或升迁。并下令长吏对农业设施要亲自巡察，及时修缮，不要妨碍农事。此外，萧衍还关心商业，提出关市的赋税如有不妥，要进行宽减。这都是作为一位英明的君主宽惠爱民的表现。

第十五节　葛洪

【人物简介】

葛洪（约281—341），字稚川，自号抱朴子，丹阳句容（今江苏省句容县）人。东晋道教学者，著名炼丹家、医药学家。东晋初年曾受封为关内侯，后隐居罗浮山炼丹。著有《抱朴子》、《肘后备急方》、《西京杂记》、《神仙传》等多部著作。

葛洪继承并改造了早期道教的神仙理论，在《抱朴子内篇》中，他全面总结了晋以前的神仙理论，系统地梳理了晋以前的神仙方术和炼丹成就，记载了古代大量的丹经和丹法，对隋唐炼丹术的发展具有重大的影响，成为炼丹史上一位承前启后的著名炼丹家。他在《抱朴子外篇》中，专论人间得失、臧否世事。主张治乱世应用重刑，提倡严刑峻法，匡时佐世，对儒、墨、名、法诸家兼收并蓄。他不满于魏晋清谈之风，主张文章德行并重，立言当有助于教化。

太学教育，必择良师

【原文】

朋友师傅，尤宜精简。必取寒素德行之士，以清苦自立，以不群见惮者。其经术如仲舒、桓荣者，强直若龚遂、王吉者，能朝夕讲论忠孝之至道，正色证存亡之轨迹，以洗濯垢涅，闲邪矫枉，宜必抑情遵宪法，入德训者矣。[1]

【译文】

朋友与老师尤其需要精挑细选。一定要选取出身寒门德行高洁的士人，在清苦中依靠自己的力量有所建树，以介然不群让人畏惧的人。他们的经学能力应该像董仲舒和桓荣，他们的倔强直率应该像龚遂和王吉，能够从早至晚地讲解忠孝的最高道义，严肃地论证国家存亡的历史轨迹，以便洗涤污垢尘滓，防止邪恶，纠正褊狭，应该抑制情欲，遵循法度，以道德教化于人。

【评述】

《抱朴子外篇·崇教》讲述"王孙公子"的教育问题，这些人出身高贵，生活优越，不懂民生疾苦，因此需要有良师益友对他们施以教育。葛洪在此处提出了选择师友的标准，提出这些人的出身、品行、学识、能力等各方面都应能为人师表，要像董仲舒和桓荣那样有广博的知识，又要像龚遂和王吉那样有正直高尚的品行。

无偏无私，从善黜恶

【原文】

君人者，必修诸己以先四海，去偏党以平王道，遣私情以标至公，拟宇宙以笼万殊。真伪既明于物外矣，而兼之以自见；听

〔1〕《抱朴子外篇校笺》（上）卷之四《崇教》，第156页。

受既聪于接来矣，而加之以自闻。仪决水以进善，钧绝弦以黜恶，昭德塞违，庸亲昵贤。使规尽其圆，矩竭其方，绳肆其直，斤效其斫。器无量表之任，才无失授之用。[1]

【译文】

统治人民的君主，必须修身养性，让自己成为天下的表率，清除偏党，使君王之道畅通无阻，抛开私情，标举最公正的准则，师法天地，统御世上千差万别的事物。既能从表面认清事物的真伪，又加上自己的见解；既能清楚地理解所听到的言论，又加上自己的分析。听取善言如同流水，贬斥恶语如断琴弦。昭明德行，杜绝无道；任用良才，亲近贤人。让圆规尽可能地发挥其画圆的能力，方矩彻底施展其画方的作用，墨线完全表现其画直线的效能，斧子全部展示其砍削的特长。对于有用之才，不会只看表面就加任用，也不会授官不当，使其无法发挥才能。

【评述】

葛洪由内而外地对君主如何统治国家做了分析，认为君主首先应该注重修身，以品行之高洁成为世人之表率。进而要有鉴识人才的能力与一颗公正之心，能够透过现象看到本质，认清事物的真伪、言论的善恶，任用贤能之才，远离奸佞之人。

〔1〕《抱朴子外篇校笺》（上）卷之五《君道》，第174页。

考名责实，刑德治民

【原文】

考名责实，屡省勤恤，树训典以示民极，审褒贬以彰劝沮，明检齐以杜僭滥，详直枉以违晦吝。其与之也，无叛理之幸；其夺之也，有百氏之揜①。匠之以六蓺②，轨之以忠信，莅之以慈和，齐之以礼刑。扬仄陋以伸沉抑，激清流以澄臧否。使物无诡道，事无非分。立朝牧民者，不得侵官越局；推毂即戎者，莫敢惮危顾命。悦近以怀远，修文以招携。阜百姓之财粟，阐进德之广涂，杜机伪之繁务，则明罚敕法，哀敬折狱；淳化洽，则匿瑕藏疾，五教在宽。[1]

【注释】

①揜（yǎn）：通“掩”，捕取、袭取之意。百氏当为伯氏，为齐国大夫，食邑三百家被管仲夺取，伯氏到死没有怨言。

②蓺：同“艺”。

【译文】

要根据实效来考察官员的名声，经常省察，多加体恤，树立先王的训导典范来向百姓展示规则，审慎地进行褒贬以昭明奖惩，明确法度以杜绝赏罚失当，详查是非曲直以避免灾祸。奖赏的时候，不存在侥幸获得的；夺取的时候，就像管仲剥夺伯氏封邑一

---

〔1〕《抱朴子外篇校笺》（上）卷之五《君道》，第177页。

样理由充足。用六艺去培养他们，用忠信等道德规范来约束他们，以慈祥和善的态度对待他们，用礼教和刑罚来戒敕他们。高扬有才能却无地位的人，使埋没的人才得以出头；任用嘉德懿行之才，以澄清善良与丑恶。让人们不行诡诈之道，事情没有理所不当。从政为官的，不能越权从事侵犯其他官员；领兵作战的，不能贪生畏死临阵脱逃。让周围的百姓感到安定愉悦，让远处的人们怀德归附；加强文治以招引尚未臣服的人。使百姓生活富足，以开辟增进道德的宽广大道，杜绝机巧伪诈的烦琐事务，明确刑罚，整顿律法，以同情敬慎之心审理讼案；使敦厚的教化布施天下，那么就会像美玉匿瑕、山泽藏疾一样量大能容，五常之教根本在于宽厚。

【评述】

本篇论述君王治理之道。葛洪指出，君主要明辨是非以明奖惩，宽严得当会使臣下尽职尽责，而明辨是非的标准是六艺、五教、礼刑、忠信等。

居安思危，处政果断

【原文】

是以贤君抱德[1]惧不足，而改过恐有余。谋当计得，犹思危而弗休焉；战胜地广，犹戒盈而夕惕焉。象浑穹以遐焘①，式坤厚以广载。运重光以表微，致远思乎未兆。资春景以妪煦，范秋霜

〔1〕原文缺，据杨明照《抱朴子外篇校笺》注引徐济忠的观点，补“德”字。

以肃物。询②谘以校同异，平衡以铨群言。虚己以尽下情，推功以劝将来。御之以术，则终始可竭也；整之以度，则参差可齐也。嶷③若阆风之凌霄，而诸下不得以轻重料焉；窈若玄渊之万仞，而褒近不能以少多量焉。然则君之流源不穷，而百僚之才力毕陈矣；我之涯畔无外，而彼之斤两可限矣。

发号吐令，则輷④若震霆之激响，而不为邪辩改其正；画法创制，则炳若七曜之丽天，而不以爱恶曲其情。宏略远罩，则蔼若密云之高结；居贞成务，则确若嵩、岱之根地。料倚伏于未萌之前，审毁誉于巧言之口。不使敦朴散于雕伪，不使一体浇于二端。虽能独断，必博纳乎刍荛；虽务含弘，必清耳于浸润。[1]

【注释】

①焘（dào）：覆盖。

②询（chóu）谘：访问，询问。

③嶷（nì）：高峻，高大。

④輷（hōng）：拟声词。形容车声、雷声等巨大声响。

【译文】

因此贤明的君主心怀道德却总怕不够，改正错误却总担心有遗留。谋略合适，计划得当，还要不断地考虑到危险；战争胜利，国土广袤，还要戒除自满而勤于政事。要取法苍穹广阔地笼罩四方，模仿大地博大地承载万物。借助日月二重的光亮以烛显隐微之事，在事情没有出现征兆时就有长远的筹划。借助春天的阳光

〔1〕《抱朴子外篇校笺》（上）卷之五《君道》，第184、187页。

来生养抚育，效法秋天的严霜来清肃万物。靠咨询来比较事情的异同，以称量来权衡大家的言论。虚心待物以全面地了解百姓的情况，论功行赏以鼓励臣民在将来更加为国出力。用恰当的手段来统御臣民，他们就会自始至终尽心竭力；用正确的法度进行治理，那么就不会出现参差不齐的不公正现象。高峻得如同凌霄之山，那么下属就不能以轻重来权衡它；深邃得好像万丈之渊，那么亲随们就不能用多少来度量它。这样，君主手下的人才就会源源不断，而大臣们的能力也就会尽行施展；君主的权力广阔无边，那么大臣的权力就会得到限制。

发号施令，就要像雷霆霹雳一样轰响有力，不要因为邪恶巧辩而改变其正义；制定法令制度，就要像日月星辰挂在天上一样清明可鉴，不会因为喜爱或厌恶而歪曲实情。宏图大略笼罩四方，其繁茂就像浓云密布于天空；遵守正道而成就事业，其坚定就像嵩山岱岳扎根于大地。在事物萌芽之前就能预料其吉凶祸福，能够分辨出善于巧言之人的话是好是坏。不让敦厚淳朴之风由于浮夸虚伪而毁灭，不让上下同心的整体因为分歧而出现内乱。即使能够一人独断，也一定要广泛采纳哪怕是牧人樵夫的建议；虽然为人宽厚包容，也必须排除谗言的干扰。

【评述】

葛洪进一步指出，君主要广纳善言，强干固本，及时杜绝国家倾覆的微小征兆。要有一颗仁爱之心，关心百姓疾苦；要胸怀宽广，善于察纳雅言。生活上要求节俭，戒除奢华，斥退谗言。对于政事要言出必行，不为奸佞所动，同时要广泛地采纳臣民的意见。只有做到这样，国家才能长治久安。

公于奖惩，长于用人

【原文】

怒不越法以加虐，喜不逾宪以厚遗。割情于所爱，而有犯者无赦；采善于所憎，而有劳者不遗。倾下（脱一字）以纳忠，闻逆耳而不讳。广乞言于诽谤，虽委抑而不距。掩细瑕而录大用，忘近恶而念远功。[1]

【译文】

发怒了不会超越法律加重处罚，高兴时也不会违背原则给以厚赏。对喜爱的人要割舍情感，犯了过错不能宽宥；对憎恨的人要采纳其善言，有了功劳莫忘奖赏。倾身下问以察纳忠言，听到逆耳之言不会介怀忌讳。广泛地征求批评意见，即使贬斥否定也不拒绝。任命人才要考量其有用之处，不必计较其细微缺点，顾念其长远作用，忽略其最初的不善行为。

【评述】

葛洪在此指出，君主对臣下的奖惩要做到公平公正，不能以自己的好恶违法越礼。此外，在任用人才时，要从长远考虑，不必计较其小过，并举齐桓公任用箭射自己的管仲、汉宣帝任用有罪在身的张敞为例，进一步强调这种用人之道。此与曹操所提出的“唯才是举”的用人理念有相合之处。

---

〔1〕《抱朴子外篇校笺》（上）卷之五《君道》，第213页。

善于用贤，从容治国

【原文】

诚能事过乎俭，临深履冰，居安不忘乘奔之戒，处存不废虑亡之惧，操纲领以整毛目，握道数以御众才，韩、白毕力以折冲，萧、曹竭能以经国，介一人之心致其果毅，谋夫协思进其长筭①；则人主虽从容玉房之内，逍遥云阁之端，羽爵腐于甘醪，乐人疲于抃儛②，犹可以垂拱而任贤，高枕以责成。何必居茅茨之狭陋，食薄味之大羹，躬监门之劳役，怀损命之辛勤，然后可以惠流苍生，道洽海外哉?〔1〕

【注释】

①筭（suàn）：通“算”。算计。

②抃儛（biàn wǔ）：拍手跳舞。抃，通“抃”，拍手。儛，通“舞”，舞蹈。

【译文】

君主如果真能做到凡事厉行节约，如临深渊，如履薄冰，行事谨慎，社会安定时不忘骑马奔驰战事四起的警戒，国家存在时铭记破家亡国的忧惧，提纲挈领式地把控全局，掌握道的精髓去统御人才，使韩信、白起一样的武将能够竭力冲锋战斗，萧何、曹参一样的文臣能够尽力治理国家，兵士们万众一心，在战场上

〔1〕《抱朴子外篇校笺》（上）卷之五《君道》，第232页。

全力以赴，谋臣们尽心穷智，提出良好的计谋，那么即使君主在华美的居室里悠闲自得，在高耸的楼阁中逍遥无事，手中的雀形酒杯整日装满美酒，身边的伶人天天击掌跳舞，仍然可以垂衣拱手，毫不费力地任用贤才，高枕无忧地取得成功。何必居住在茅草盖顶的狭小简陋的屋子里，吃那寡淡乏味的食物，亲自去做看门之类的苦事，付出有损生命的劳动，才能广施恩惠于百姓，远播道义于海外呢？

【评述】

葛洪指出，君主如果能够居安思危，凡事做到未雨绸缪，能够把握全局，然后合理地任用人才，使他们各尽其能，那么国家就会安定富强，君主就可以高枕无忧，即使在日常生活中多些享乐也无妨，不必非要衣食简陋、生活清苦才能施惠于百姓。葛洪此处的观点有些标新立异却又直指本质。

为臣之节，先贤可蹈

【原文】

君必度能而授者，备乎覆悚[①]之败；臣必量才而受者，故无流放之祸。夫如影如响，俯伏惟命者，偷容之尸素也。违令犯颜，蹇蹇[②]匪躬者，安上之民翰也。先意承指者，佞谄之徒也；匡过弼违者，社稷之鲠也。必将伏斧锧而正谏，据鼎镬而尽言。忠而见疑，诤而不得者，徒放可也；必死无补，将增主过者，去之可也。

其动也，匪训典弗据焉；其静也，匪宪章弗循焉。请托无所容，申绳不顾私。明刑而不滥乎所恨，审赏而不加乎附己。不专命以招权，不含洿③而谈洁。进思尽言以攻谬，退念推贤而不蔽。夙兴夜寐，戚庶事之不康也；俭躬约志，若策奔于薄冰也。

纳谋贡士，不宣之于口；非义之利，不栖之乎心。立朝则以砥矢④为操，居己则以羔羊⑤为节。当危值难，则忘家而不顾命。擘衡执铨，则平怀而无彼此。仪萧、曹⑥之指挥，美张、陈⑦之奇画，追周勃之尽忠，准二鲍⑧之直视，蹈婴、弘⑨之节俭，执恬、毅⑩之守终；甘此离、纪⑪炙身之分，戒彼韩、英⑫失忠之祸。出不辞劳，入不数功，归勋引过，让以先下，专诚祗栗，恒若天威之在颜也；宵夙虔竦，有如汤镬之在侧也。[1]

【注释】

①覆餗：语出《易·鼎》："鼎折足，覆公餗。"意指鼎中美食倾倒而出，比喻力不胜任而败事。

②蹇（jiǎn）蹇匪躬：出自《易·蹇》："六二，王臣蹇蹇，匪躬之故。"指为君为国犯颜直谏。蹇，通"謇"，正直之义。

③洿（wū）：同"污"。

④砥矢：磨石和箭，象征坦荡正直。出自《诗·小雅·大东》："周道如砥，其直如矢。"

⑤羔羊：出自《诗·召南·羔羊》，其序文言："召南之国化文王之政，在位皆节俭正直，德如羔羊也。"后以羔羊之德喻人操行洁白、进退有节。

⑥萧、曹：萧何与曹参。

⑦张、陈：张良与陈平。

〔1〕《抱朴子外篇校笺》（上）卷之六《臣节》，第251、255、257页。

⑧二鲍：东汉鲍永、鲍恢。二人皆为官抗直，不惧强势。

⑨婴、弘：晏婴、公孙弘。晏婴为战国时期齐相，公孙弘曾任西汉武帝时期博士，二人皆生活节俭。

⑩恬、毅：秦国大将蒙恬、蒙毅兄弟。二人皆受始皇信任，后被赵高陷害致死。

⑪离、纪：要（yāo）离、纪（jǐ）信。要离为战国时人，被吴王夫差请去刺杀其对手庆忌，要离得手后亦自杀。纪信为汉人，追随刘邦，在一次战争中扮做刘邦骗过项羽，被项羽烧死。

⑫韩、英：韩信、英布。二人皆为汉初功臣，后因谋反被刘邦剿灭。

【译文】

君主必须根据一个人的才能授予官职，以防备他因不胜其职而败事；臣子必须根据自己的才能接受官职，这样才不会有因犯罪而遭受流放的祸患。如影随形、如响附声、俯首帖耳、唯命是从的人，是偷合苟容、尸位素餐的人。那种违抗法令犯颜直谏的人，是使君主安于其位、国家安定的重臣。预先揣测君主之意，一味迎合奉承的人，是巧言谄媚之徒；能够纠正君主过失的人，是国家的骨干人才。如果必须准备伏身于斧子与砧板间去向君主直言劝谏，身倚烹人的鼎镬来尽忠言。一片忠心却遭到怀疑，直言相劝却不被接纳，那就等待放逐好了；如果一定要死却于事无补，还会增加君主的过失，那离开就行了。

他们行动时，依据的都是先王的训典；他们静处时，遵循的都是典章制度。不会容许托关系走后门的行为，执行法律不顾私情。刑罚分明，不会胡乱地惩处所恨的人；奖赏审慎，不会随意地给予亲近的人。不把持权力独断专行，不身陷污垢却枉谈廉洁。居政为官就想着进直言驱除荒谬，去职下野就想着举荐贤才不使埋没。打理政事夙兴夜寐，心中常怀忧虑，担心各种事务没有处理妥当；个人生活节俭自律，如持鞭策马奔跑于薄冰之上一样小心翼翼。

进献了计策，举荐了人才，不会常常挂在嘴边；不该得的好处，不会放在心里。居官就要像磨石和箭矢一样坦荡正直，立己就要像羔羊一样操行清洁。国家危难的时刻，要忘掉家庭不顾自己的性命；选拔人才，要公平持正而没有偏私。要学习萧何、曹参的指挥能力，仰慕张良、陈平的机智聪明，追随周勃的忠心报效，取法鲍永、鲍恢的刚正无私，效仿晏婴、公孙弘的节俭度日，秉承蒙恬、蒙毅的守终不移；赞赏要离、纪信被烧而死坚守本分的行为，以韩信、英布的叛乱遭祸为警戒。外出不辞辛苦，回来不表功劳，功勋让给别人，自己承担过错，遇事谦让，真诚专一并心存敬畏，上天的威严如在眼前，整日地虔诚敬肃，就像沸腾的刑镬设立身旁。

【评述】

葛洪在此处对臣子应有的道德节操作了分析。他认为臣子首先应该根据自己的才能接受官职，良臣应该遵循法典，公平处事，勤政廉洁，刚正不阿，生活节俭，尽忠不移。他历数古来的忠臣贤士，如萧何、曹参、张良、陈平、鲍永、晏婴、公孙弘、蒙恬等，号召大臣以这些先贤为榜样，学习他们的节操。

居身清正，远离悔辱

【原文】

人臣勋不弘，则耻俸禄之虚厚也；绩不茂，则羞爵命之妄高也。履信思顺，天人攸赞；畏盈居谦，乃终有庆。举足则蹈道度，抗手则奉绳墨，褒崇虽淹留，而悔辱亦必远矣。若夫损上以附下，废公以营私，阿媚曲从，以水济水，君举虽谬，而谄笑赞善，数进玩好，陷主于恶，巧言毁政，令色取悦，上蔽人主之明，下杜进贤之路，外结出境之交，内树背公之党，虽才足饰非，言足文过，专威若赵高，擅朝如董卓，未有不身膏剡锋，家糜汤火者也。然而愚瞽舍正即邪，违真侣伪，亲览倾偾，不改其轨，殃祸之集，匪降自天也。[1]

【译文】

身为臣子没有大功劳，就会耻于接受优厚的俸禄；政绩不好，应当羞于身居徒有其名的高官显位。履行承诺，心怀忠顺，上天和世人都会给予帮助；畏惧自满，自居谦和，最终总会得到善果。行事就要遵循道义法度，依据规律准则，那么即使广受褒奖久居高位，也会远离灾祸和屈辱。如果损害君主而使百姓亲附自己，败坏公事而谋取私利，阿谀献媚，曲意迎从，就像以水给水调味，君王行为荒谬失当却谄媚称好，不断地进献珍宝玩物，使君主耽于玩乐而陷入恶行，以巧言令色败坏政事，博取欢心，对上遮蔽

---

〔1〕《抱朴子外篇校笺》（上）卷之六《臣节》，第267页。

了君主的清明，对下堵住了进纳贤才的道路，对外私自结交国外的君主，对内树立有悖朝廷的私党，那么，即使其才能足以掩饰错误，其语言足以遮蔽过失，像赵高、董卓一样把持朝政，作威作福，也没有不身受屠戮、家境败亡的。那些愚蠢盲视的人舍弃正义而走向邪途，违背真实，情愿虚伪，眼见别人覆灭却不思改过，那么灾祸就不是从天上降下来的了。

【评述】

葛洪对大臣如何远离祸患作了分析。他指出，身为臣子，行事就要遵守道义法度，保持一种谦和知足的心态，只有这样才能远离灾祸。那些处事不端，靠巧言令色阿谀奉承蒙蔽君主、阻止进贤之途、满足个人私利的大臣，像赵高、董卓之流，终究会遭到败亡。

招贤用才，立功立事

【原文】

故招贤用才者，人主之要务也；立功立事者，髦俊之所思也。[1]

【译文】

招纳贤士，任用人才，这是君主应当思考的重要事情；建立功劳，成就事业，此乃豪杰俊士需要考虑的主要问题。

---

〔1〕《抱朴子外篇校笺》（上）卷之十一《贵贤》，第311页。

【评述】

葛洪在《贵贤》篇中，划定了人主和臣下的职能。他重申招贤用才的重要性，提出这是君主的“要务”，而立功立事则是臣子所要做的事情。他在接下来的《任能》和《钦士》等篇也一再重申这一观点，无疑反映了当时的人才选拔制度所存在的严重弊端。

不辞辛苦，致贤得士

【原文】

是以明主旅束帛于穷巷，扬滞羽于瘁林，飞翘车于河梁，辟四门而不倦，不吝金璧，不远千里，不惮屈己，不耻卑辞，而以致贤为首务，得士为重宝。举之者受上赏，蔽之者为窃位。[1]

【译文】

因此英明的君主把招聘贤才的礼帛送到偏僻的街巷，使困顿的鸟儿从朽败的树丛中飞扬高举，让礼聘贤士的车子在河桥上飞驰，打开广纳人才的大门而不倦怠，不吝惜黄金玉璧，不惧怕千里之远，不担心委屈自己，不以言辞谦卑为耻，而以招致贤才为首要目标，以得到能士为重要追求。推荐贤士的要给予优厚的赏赐，埋没人才的实乃窃居其位。

【评述】

“钦士”即恭敬士人的意思。葛洪指出，英明的君主无不以得

〔1〕《抱朴子外篇校笺》(上) 卷之十三《钦士》，第325页。

到英才贤士为首要事务。为此，明主应该礼贤下士，不吝惜花费金钱，不担心委屈自己，并且对推荐贤士的人要大加褒奖。只有这样，才能得到贤士。

明赏存正，必罚闲邪

【原文】

故明赏以存正，必罚以闲邪。劝沮之器，莫此之要。观民设教，济其宽猛，使懦不可狎，刚不伤恩。五刑①之罪，至于三千②，是绳不可曲也；司寇行刑，君为不举，是法不可废也。绳曲则奸回萌矣，法废则祸乱滋矣。[1]

【注释】

①五刑：中国古代的五种刑罚，指墨（刺面或额，染上黑色）、劓（yì，割掉鼻子）、剕（fèi，砍脚）、宫（毁坏生殖器）、大辟（死刑），从商、周时即已施行，后略有变化。

②三千：指三千条目。出自《尚书·吕刑》："墨罚之属千，劓罚之属千，剕罚之属五百，宫罚之属三百，大辟之罚其属二百：五刑之属三千。"

【译文】

因此要奖赏分明以维持正义，惩罚严备以防止奸邪。鼓励和防止的手段，没有比这更重要的了。审视民情而设立教化，用宽

〔1〕《抱朴子外篇校笺》（上）卷之十四《用刑》，第336—337页。

严结合的办法加以补充，使得柔和但不被轻视，刚猛而不失其恩爱。五种刑罚的罪名多至三千条，这表明法律的准绳是不能歪曲的；司寇在行刑的时候，国君要为此除去盛馔，撤乐偃息，这显示了法律是不可废除的。准绳歪曲，奸恶邪僻就会萌芽；法律废除，祸患动乱就会滋生。

【评述】

葛洪指出奖赏与惩罚两种手段都要使用，但重点论述惩罚。他以夏代确立的五刑条款多至三千为例，强调刑法的准确不可歪曲，并且法律不可废除，进一步强调了他的重刑观念。

圣明之君，不释法度

【原文】

夫赏贵当功而不必重，罚贵得罪而不必酷也。鞭朴废于家，则僮仆怠惰；征伐息于国，则群下不虔。爱待敬而不败，故制礼以崇之；德须威而久立，故作刑以肃之。班、倕①不委规矩，故方圆不戾于物；明君不释法度，故机诈不肆其巧。

唐、虞其仁如天，而不原四罪；姬公友于兄弟，而不赦二叔。仲尼之诛正卯②，汉武之杀外甥③，垂泪惜法，盖不获已也。[1]

【注释】

①班、倕：指鲁班和工倕，均为古代著名巧匠。

---

〔1〕《抱朴子外篇校笺》（上）卷之十四《用刑》，第339—340页。

②仲尼之诛正卯：少正卯为鲁国士人，曾聚徒讲学，主张革新。孔子做鲁国摄相时，指出其五大罪状，即“心达而险”（通晓古今之变，敢于革命），“行辟而坚”（违背周“礼”，坚持革新道路），“言伪而变”（透彻讲述革新道理），“记丑而博”（深知奴隶制腐朽和不稳），“顺非而泽”（义正词严地支持革命思想）将其诛杀。此记载最早出于《荀子》，此后已有多人指出此事并非史实，乃荀子的杜撰。

③汉武之杀外甥：汉武帝之妹隆虑公主，生有一子昭平君，骄纵蛮横，经常惹是生非。隆虑公主临终前曾以“金千斤、钱千万为昭平君豫赎死罪”。隆虑公主死后，昭平君在一次醉酒之后杀死了隆虑公主的“主傅”，汉武帝忍痛将外甥处以极刑。

【译文】

奖赏，贵在符合功劳，不一定非要重赏；处罚，贵在与罪行相当，不一定非要严惩。如果家里面的鞭打责罚不用了，奴仆们就会懈怠懒惰；如果国家的法律制裁停止了，群臣下民就会不敬爱君上。爱，需要尊敬才能不衰败，所以需要制定礼，让人们尊崇它；德，需要威严才能长久确立，所以需要制定刑，让人们恭敬它。鲁班和工倕离不开圆规方矩，所以制作的东西不违背方圆；贤明的君主不放弃法度，所以狡诈的人不能任意地逞巧。

尧舜的仁德可与天相比，却不宽宥共工、驩、三苗和鲧四位罪人；周公旦与兄弟和睦友善，却不赦免管叔和蔡叔。孔子诛杀少正卯，汉武帝处死外甥，都是心中不忍却顾惜法律，不得已而为之。

【评述】

葛洪此处还是在重申刑法的重要意义。他举出历史上的几个著名事例，如孔子诛杀少正卯，汉武帝处死外甥，强调刑罚是维系礼与德的手段，应该明于法令，不以私情而枉法。惟其如此，才能树立法律的尊严，使任何人都无机可乘。

仁为脂粉，刑乃辔策

【原文】

善为政者，必先端此以率彼，治亲以整疏，不曲法以行意，必有罪而无赦。若石碏之割爱以灭亲①，晋文之忍情以斩颉②。故仁者为政之脂粉，刑者御世之辔策；脂粉非体中之至急，而辔策须臾不可无也。[1]

【注释】

①石碏（què）之割爱以灭（miè）亲：石碏为春秋时期卫国大夫。其子石厚与公子州吁交情深厚。鲁隐公四年（前 719 年）春，公子州吁弑卫庄公而自立，让石厚询问其父安抚百姓的计策。石碏建议通过陈桓公的关系拜见周王。州吁与石厚听从石碏的建议前往陈国，却被陈人抓住押回卫国，原来石碏暗中已派使者告知陈桓公二人弑君之事。之后，石碏派人将石厚杀死。灭，“滅”的古字，灭亡，熄灭。

②晋文之忍情以斩颉：晋文公即公子重耳。公元前 637 年，

〔1〕《抱朴子外篇校笺》（上）卷之十四《用刑》，第 344 页。

重耳流亡至曹国，受到曹君的无礼对待，而曹国大臣僖负羁曾将玉璧藏在饭中赠给重耳。后来晋文公带兵攻打曹国，下令不许侵犯僖负羁的家族，以报答他当年的款待。晋文公的两名部将魏犨（chōu）和颠颉擅自进攻僖负羁，并纵火焚烧了他的家。魏犨在进攻中受伤。晋文公知道后打算处死两人，因爱惜魏犨的勇力而将其赦免，忍痛处死了颠颉。

【译文】

善于从政的人，必须首先端正自己的行为，从而成为他人的表率，治理好自己亲近之人，从而能够驾驭疏远之人；不要因为自己的意图而歪曲法律，对真正有罪之人绝对不能宽赦。就像石碏大义灭亲让人杀死自己的儿子，晋文公隐忍自己的感情处斩了颠颉。所以仁德只是从政的脂粉，刑法才是统驭社会的缰绳和马鞭；脂粉不是身体所急需的东西，而缰绳和马鞭却是一刻也不能离开的。

【评述】

葛洪认为，单纯依靠君主的贤明和道德教化无法达到治世，因此他重视对刑罚的使用，提出“刑为仁佐”，主张恢复刺面涂墨、割鼻剁腿等酷刑。他在上文以石碏杀死儿子石厚、晋文公处死爱将颠颉的史实为例，强调当政者应该严格执法，大义灭亲，有罪必罚。他的观点是仁教相当于政治的脂粉，可有可无，而刑法相当于政治的缰绳与马鞭，须臾不可离开。

公平选举，严于试对

【原文】

夫铨衡不平，则轻重错谬；斗斛不正，则少多混乱；绳墨不陈，则曲直不分；准格倾侧，则滓杂实繁。以之治人，则虐暴而豺贪，受取聚敛，以补买官之费；立之朝廷，则乱剧于棼丝。引用驽庸，以为党援，而望风向草偃，庶事之康，何异悬瓦砾而责夜光，弦不调而索清音哉！何可不澄浊飞沉，沙汰臧否，严试对之法，峻贪夫之防哉！殄瘁攸阶，可勿畏乎？[1]

【译文】

秤杆不平，称东西的轻重就会弄错；斗斛放得不正，量东西的多少就会混乱；墨绳不拉开，那么曲直就分不清楚；筛子的框格倾斜，那么渣滓杂物就会多了。用这种人来治理人，就会暴虐而贪婪，收取贿赂，横征暴敛，以补上买官的花费；这种人身在朝廷，就会使朝纲比乱丝还要混乱。他们会选用愚钝平庸的人作为自己的党羽，指望他们以好的品德去引导百姓，凡事都会处理得顺利，这何异于悬挂起瓦片就想让它夜里发光，不调整琴弦就希望听到清扬的音乐呢？怎能不澄清污浊，超拔隐贤，明鉴忠奸善恶，严格考校对策的方法，对贪婪之徒严加防范呢？由此导致国家灭亡，人民困苦，能不戒惧吗？

---

〔1〕《抱朴子外篇校笺》（上）卷之十五《审举》，第385页。

【评述】

葛洪在《审举》篇中评述魏晋时期的人才选拔制度，对选官过程中所出现的买卖官位、用人非贤等腐败现象予以严厉批评，认为这导致了社会风气的败坏，提出应该严格考校，防治此类歪风邪气。

试经答策，严惩不端

【原文】

知人则哲，上圣所难。今使牧守皆能审良才于未用，保性履之始终，诚未易也。但共遣其私情，竭其聪明，不为利欲动，不为属托屈；所欲举者，必澄思以察之，博访以详之，修其名而考其行，校同异以备虚饰；令亲族称其孝友，邦闾归其信义；尝小仕者，有忠清之效，治事之干，则寸锦足以知巧，刺鼠足以观勇也。

又秀、孝皆宜如旧试经答策，防其罪对之奸，当令必绝，其不中者勿署，吏加罚禁锢。其所举书不中者，刺史太守免官，不中左迁。中者多不中者少，后转不得过故。若受赇[①]而举所不当，发觉有验者除名，禁锢终身，不以赦令原，所举与举者同罪。今试用此法，治一二岁之间，秀、孝必多不行者，亦足以知天下贡举不精之久矣。过此，则必多修德而勤学者矣。

又诸居职，其犯公坐者，以法律从事；其以贪浊赃污为罪，不足至死者，刑竟及遇赦，皆宜禁锢终身，轻者二十年。如此，不廉之吏，必将化为夷、齐矣。若乃临官受取，金钱山积，发觉则自恤得了，免退则旬日复用者，曾、史[②]亦将变为盗跖[③]矣。如此，则虽贡士皆中，不辞于官长之不良。[1]

【注释】

①赇（qiú）：贿赂。

②曾、史：指孔子的弟子曾参和卫国大夫史鳝。曾参安贫乐道，史鳝为卫国贤臣，临死前“治丧于北堂”，欲以尸谏卫灵公进用贤者蘧伯玉，斥退佞幸弥子瑕。

③盗跖：原名展雄，又名柳下跖，春秋、战国之际奴隶起义的领袖，后成为恶人的指称，在先秦古籍中被称为“盗跖”或“桀跖”。

【译文】

能够透彻地察知一个人，堪称明智，这对于大圣人来说也是困难的。现在让州郡牧守在任用人才之前都能明察审慎，保证他们的性行始终如一，实在不是容易的事情。只要能够排除他们的私情，尽力发挥他们的聪明才智，不为利欲所动，不为请托屈服；对所要荐举的人才，一定深思熟虑，全面考察，广泛走访，详细了解，根据其名声探考他们的行为，比较异同以详细了解虚名之下实际的不足；让他的亲戚族人称赞他孝敬父母，友爱兄弟，街坊邻居褒奖他讲求信义；曾经做过小官的，能够忠于朝廷，为官清廉，并且有从政的才干，那么，通过方寸之锦就能够知道织工的精巧，刺杀老鼠也足以知道一个人的勇敢了。

此外，秀才、孝廉都应该用以前的方法，考试经籍，设问求

〔1〕《抱朴子外篇校笺》（上）卷之十五《审举》，第403—406页。

答，防止置对时的伪诈，应当杜绝这种情况。其中不合格的不安排官职，对于官吏则加以处罚，革除官职，不准做官。那些所贡举的人全不合格的，就要罢免刺史太守的官职，给予降职处分。如果所贡举的合格的多不合格的少，以后调任不得超过原职。如果收受贿赂并且所贡举的人不合格，发现以后证据确凿者罢免官职，终身不得为官，不能用赦免的命令宽恕，所贡举的人和贡举者同罪。现在如果试用这种方法，施行个一两年，秀才、孝廉肯定多有不合格的，也就足以知道天下贡举的弊病存在很长时间了。用这种方法，必然会使修养品德勤于学习的人多起来。

那些从政为官的，如有渎职犯罪的，就要根据律法治罪；那些因为贪污受贿犯罪，又不足以判处死刑的，在服刑之后或者遇到赦免，都应该终身禁锢不得为官，轻的也要禁锢二十年。如能做到这样，那么，那些不廉洁的官员，也一定会成为伯夷、叔齐了。如果当上官之后就收受财物，家中金钱堆积如山，事发之后自己赎救就能了结，罢免官职不久又被任用的话，那么曾参和史鳝也会变成盗跖了。如果这样做，那么即使贡举的士人全都合格，也不能解决在上为官者的不良行为。

【评述】

这是葛洪针对当时选官之弊给出的对策。他提出郡守在选拔官员时要秉持公平之心，不要受到金钱、人际关系等外在因素的干扰；对于所要选拔的人，要详察博访，通过他的名实是否相符，在家族中的表现怎样，乡人对他的评价如何等进行多方面的了解。针对具体的秀才、孝廉贡举之弊，葛洪提出了进行试经策问的方法，即进行考试，不合格的进行处罚。这种观点可谓隋唐时的科举考试制度的先声。葛洪进一步强调应该加强刑法，对于渎职犯罪的官员应该严加惩处，并且禁锢终身，不许为官。

试经之法，防范欺人

【原文】

余意谓新年当试贡举者，今年便可使儒官才士豫作诸策，计足周用。集上禁其留草殿中，封闭之，临试之时，亟赋之，人事因缘于是绝。当答策者，皆可会著一处，高选台省之官亲监察之；又严禁其交关出入，毕事乃遣。违犯有罪无赦。如此，属托之冀窒矣。夫明君恃己之不可欺，不恃人之不欺己也，亦何耻于峻为斯制乎？若试经法立，则天下可以不立学官，而人自勤乐矣。[1]

【译文】

我的想法是，如果明年应当对贡举的人进行考试，那么今年就可以让教师学士们预先准备各种对策，设想周全，准备充分。考试前将他们封闭在临时的屋子里，不准出入，考试的时候，即时进行创作，各种关系的请托说情于是可以断绝。应当答策的，全都可以聚集到一处，严格地选取尚书台的官员，亲自监管督察他们；还要严格禁止他们结交出入，直到考试结束方可遣散。违犯的人判处有罪，绝不赦免。这样的话，私下请托的想法就不会存在了。贤明的君主应当依靠自己不被欺骗，不能依靠别人不欺骗自己。又为什么耻于严格地施行此种制度呢？如果考试经过法

〔1〕《抱朴子外篇校笺》（上）卷之十五《审举》，第417页。

律来确立，那么国家即使不设立学校，人们也会自然勤奋并乐于学业了。

【评述】

这是葛洪对贡举考试与答策时防止作弊现象而想出的策略。在考试前将考生封闭，考试时让考生即时创作；答策时严选尚书台官员进行监督，对于违犯规定的人严惩不贷。在葛洪看来，这样就可以杜绝作弊现象了。葛洪的观点无疑很有前瞻性。在隋唐科举制度出现以后，为了防止考生舞弊，就是进行的封闭式考试。

招贤用才，不拘出身

【原文】

故明君勤于招贤，而汲汲于擢奇，导达凝滞，而严防壅蔽。才诚足委，不拘于屠钓；言审可施，抽之于戎戍。或举于牛口之下，而加之于群僚之上；或拔于桎梏之中，而任以社稷之重。故能勋业隆济，拓境服远，取威定功，垂统长世也。[1]

【译文】

圣明的君主勤于招贤纳才，急切地选拔卓越的人才，疏导阻碍士人上进的道路，严格防止滞塞阻蔽。如果人才确实值得任用，就不要管他是不是屠夫、渔夫这样的出身；如果他的进言可以实施，即使他是戍边的士卒，也要选调上来。有的人从低贱的位置

〔1〕《抱朴子外篇校笺》（上）卷之二十《名实》，第494页。

得到提拔，委身于众官之上的位置；有的人从监禁中选拔出来，被任命为社稷大臣。所以能够使伟业成功而昌盛不衰，开拓疆土，招服远人，获得威望，奠定功勋，使国家长治久安。

【评述】

葛洪在《名实》篇中还是探讨人才的选拔任用问题。他指出，君主要想选拔卓越的人才，就应该广开仕进之途，不拘其身份之低贱，不管是屠夫、渔夫，还是贩夫走卒，只要身怀才具，就可以加以任命，使其为国家服务。葛洪所反对的，是晋一代由世家大族垄断人才选举，官人看重门第出身而不看实际才能的弊端。

穷贱危苦，身怀才具

【原文】

德薄位厚，弗交也；名与实违，弗亲也；荣华驰逐，弗务也；豪侠奸权，弗接也；俗说细辨，不答也；胁肩所赴，弗随也。貌愚而志远，面垢而行洁。确乎若嵩、岱，铨衡所不能测也；浩乎若沧海，斗斛所不能校也。峻其重仞之高，隐其百官之富。观彼佻窃，若草莽也。邈世之操，眇焉冠秋云之表；遗俗之神，缅焉栖九玄之端。虽穷贱，而不可胁以威；虽危苦，而不可动以利。[1]

---

〔1〕《抱朴子外篇校笺》（上）卷之二十《名实》，第501页。

【译文】

品德差地位高的，不要和他交往；名声与实际不相符合的，不要和他亲近；奔走追逐荣华富贵的事情，不去做；豪侠与奸诈的权贵，不去交往；平庸的言谈、琐碎的论辩，不要回答；胁肩谄媚者去的地方，不要跟随。有的人外貌愚蠢却志行高远，面目肮脏却品德高洁。其坚定就像嵩山、岱岳，不是用杆秤所能称重的；其浩瀚就像大海，不是用斗斛所能测量的。增加数丈高的围墙，隐藏起犹如众多房屋般的才能。看那些窃取功名官位的，就像丛生的野草。拥有超过世人的节操，其高可达秋天的云霄之外；身具脱离世俗的精神，其辽远可达九天之上。即使贫穷下贱，却不能用威力胁迫；即使危险困苦，却不能用利益诱惑。

【评述】

葛洪先是提出对于名实不符的权贵，不要去交往，对追逐名利和荣华富贵的事，不要去做。然后主张那些外貌愚蠢却志行高洁、心怀才具的，拥有过人的节操与超拔的精神，这样的人才真正值得交往。

清人不染，廉人不贪

【原文】

体冰霜之粹素，不染洁于势利者，清人也。……识多藏之厚亡①，临禄利而如遗者，廉人也。[1]

---

〔1〕《抱朴子外篇校笺》（上）卷之二十二《行品》，第535、537页。

【注释】

①语出《老子》四十四章："甚爱必大费，多藏必厚亡。"

【译文】

身上能够体现出冰霜的纯粹素洁，而不被权势利益所熏染的人，可以称之为"清人"……懂得财富越多必定损失越大，面对利禄就像丢弃掉东西一样的人，可以称之为"廉人"。

【评述】

在《行品》篇中，葛洪以人物品藻的方式，从德行、才能等方面品定了各种各样的人。他所指的"清人"与"廉人"，都是历代廉政建设所标举鼓励的人物典范。

身体之欲，不可纵恣

【原文】

目之所好，不可从也；耳之所乐，不可顺也；鼻之所喜，不可任也；口之所嗜，不可随也；心之所欲，不可恣也。故惑目者，必逸容鲜藻也；惑耳者，必妍音淫声也；惑鼻者，必茝①蕙芬馥也；惑口者，必珍羞嘉旨也；惑心者，必势利功名也。五者毕惑，则或承之祸为身患者，不亦信哉！[1]

---

〔1〕《抱朴子外篇校笺》（上）卷之二十四《酒诫》，第568页。

【注释】

①茝（chǎi）：即白芷，一种香草。

【译文】

眼睛所乐意看到的，不可以盲从；耳朵所喜欢听到的，不可以偏信；鼻子所喜欢闻到的，不可以任情；口中所愿意吃的，不可以听凭；心中所乐于要的，不可以恣纵。这是因为迷惑眼睛的，必然是出色的容貌和华丽的外表；迷惑耳朵的，必然是妍丽淫逸的声音；迷惑鼻子的，必然是馥郁芬芳的香气；迷惑口舌的，必然是佳肴美味；迷惑人心的，必然是功名利禄。五个方面全都被迷惑，那么很可能就会身遭祸患了，难道不是确实如此吗！

【评述】

老子在《道德经》中曾经说过："五色令人目盲，五音令人耳聋，五味令人口爽，驰骋畋猎令人心发狂，难得之货令人行妨。"即是认为欲望层面的追求会遮蔽人的心智，使人耽于享乐而妨害人的正常发展。葛洪在此处继承了老子的观点，指出感官的享受、权势的追求都会迷惑人的心志，造成人的败亡。这点确实值得所有从政为官的人思考。

用非其人，在于任私

【原文】

三台九列，坐而论道；州牧郡守，操纲举领。其官益大，其事愈优。烦剧所钟，其唯百里。众役于是乎出，诛求之所丛赴。牧守虽贤，而令长不堪，则国事不举，万机有阙，其损败，岂徒止乎一境而已哉！令长尤宜得才，乃急于台省之官也。用之不得其人，其故无他也，在乎至公之情不行，而任私之意不违也。

或父兄贵重，而子弟以闻望见选；或高人属托，而凡品以无能见叙。或是所宿念，或亲戚匪他，知其不可而能用。此等亦时有快者，不为尽无所中也。要于不精者率多矣，其能自独立，勉修清约，夙夜在公，以求众誉，惧风绩之不美，耻知己之谬举，鲜矣！

庸猥之徒，器小志近，冒于货贿，唯富是图，肆情恣欲，无止无足。在所司官，知其有足赖主人，举劾弹纠，终于当解；虑其结怨，反见中伤，不敢犯触，而恣其贪残矣。如此，黎庶亦安得不困毒而离叛。离叛者众，则不得不屯聚而为群盗矣。[1]

【译文】

三公和九卿这样的高级官僚，侍奉君王左右，居于庙堂坐而论道就可谋划国家大事；州牧和郡守级别的官员，需要把握事情的大纲要领。做的官越大，政事就越悠闲。最繁重的工作，莫过于县令之类的官员所做的。大量的劳役要出自这里，各种赋税都来自这里。即使州牧、郡守是个好官，如果县令不能胜任其职，那么国家的政事就无法施行，大量事情就会有所缺漏，它所造成的损失也绝不仅仅止于一个县境。因此县令一级的官员尤其应该选拔合格的人才，甚至比选拔朝廷里的大员还要重要。没有任用

〔1〕 杨明照：《抱朴子外篇校笺》（下）卷之二十八《百里》，中华书局1997年10月第1版（下同），第49—52页。

合适的人才，原因不在别的，就在于心中没有秉持至为公正的想法，而怀有私心私念。

有的是由于父亲兄长担任要职，位高权重，子弟们就会依靠他们的声望而被选用；有的是因为有地位高的人请托疏通，无能的庸才也会被授予官职；有的是旧友宿交，有的是亲戚，明知他们没有才能却还是要任用。当然，有时也有令人满意的，并非全都一无是处。关键是大多数都是平庸之人，而那些能够独立不群，从政勤勉清简，早起晚睡忙于公务，以求得众人的赞誉，害怕政绩不好，耻于亲友对自己胡乱举荐的人，实在是太少了。

那些庸俗猥琐的人，没有才能，胸无大志，贪要贿赂，只图财富，放纵情欲，毫不知足。主管的官员，清楚他们占有着足够的好处，如果列举罪状上奏弹劾，最终一定会被解职；但是担心会和他们结下仇怨，自己反而受到伤害，所以不敢触犯，而听任他的贪婪凶残。像这样下去，百姓们怎么会不遭受困顿痛苦而离心背叛呢？离心背叛的人多了，就只能聚在一起成为强盗了。

【评述】

葛洪首先指出，县令一级的官员因为政务繁忙，关系重大，尤其需要选拔合适的人担当。而所以用非其人，是因为存在着各种各样的私情。有的是因为父兄都身为高官而获选，有的是托关系走后门得到的官职，这些人大多不能胜任其职，而贪赃枉法的现象严重，主管的人考虑到自身利益又不敢检举。这样下去，百姓无法生活，只能聚众作乱了。葛洪对晋代的社会现状表现出了强烈的忧虑。

简约无过，用少无苛

【原文】

夫约则易从，俭则用少。易从则不烦，用少则费薄。不烦，则莅事①者无过矣；费薄，则调求者无苛矣。

拜伏揖让之节，升降盘旋之容，使足叙事，无令小碎；条牒②各别，令易案用。[1]

【注释】

①莅事：即“莅任”。官吏到职任事。

②条牒：条例、文书。

【译文】

简约就容易使人依此行事，节省就可以减少开支用度。容易施行就不烦琐，用度很少花费就会很小。不烦琐，主管官员就不会有过失；费用小，对老百姓的征调就不会严苛。

宾主相见的礼节，升堂降阶的形式，能够使事情正常进行就可以了，不要过于琐屑；规章条例要清楚明了，使人容易照此施行。

【评述】

葛洪在此提出应当精简政事，节约用度。如此，则当政者不

〔1〕《抱朴子外篇校笺》（下）卷之三十一《省烦》，第87、91页。

会因为事情烦琐而出现问题，也不会因为花费太多而出现苛捐杂税。

葛洪进一步指出官场上的礼仪也不必过于琐屑，只要能够使事情正常进行且容易施行就可以了。这种清简思想带有道家的意味，对于执政者也有很实际的意义。

清者福集，奢者祸赴

【原文】

故列子不以其乏而贪郑阳之禄，曾参不以其贫而易晋、楚之富。夫收微言于将坠者，周、孔之遐武也；情孳孳以为利者，孟叟之罪人也。造远者莫能兼通于岐路，有为者莫能并举于耕学。体瘁而神豫，亦何病于居约。

且又处塉①则劳，劳则不学清而清至矣；居沃则逸，逸则不学奢而奢来矣。清者，福之所集也；奢者，祸之所赴也。福集则虽微可著，虽衰可兴焉；祸赴则虽强可弱，虽存可亡焉。此不期而必会，不招而自来者也。

故君子欲正其末，必端其本；欲辍其流，则遏其源。故道德之功建，而奓②靡之门闭矣。[1]

【注释】

①塉（jí）：土地瘠薄。也指瘠薄的土地。

②奓：古同“奢（shē）”，又通“侈（chǐ）”。

〔1〕《抱朴子外篇校笺》（下）卷之三十五《守塉》，第188—190页。

【译文】

列子不因为生活穷困而贪图郑子阳给的俸禄，曾参不会以自己贫穷的生活去交换晋国、楚国的高官厚禄。收集整理将要失传的古圣贤的隐微之言，是继承了周公、孔子的事迹；一心要追求利益的人，是孟子所说的罪人。行远路的人不能同时走分岔的两条路，有作为的人也不能同时既耕种又求学。身体疲惫而精神却愉快，又怎么会对身处穷困而感到痛苦呢？

况且身处穷困就会勤劳，勤劳了，即使不着意于清俭，清俭也会自然来到；身处富有就会安逸，安逸了，即使不学习奢侈，奢侈也会自然随身。清俭就会带来福气，奢侈就会招致灾祸。带来福气，那么隐微也可以变得显著，衰败也可以兴起；招致灾祸，那么强大也能够变得弱小，存在也可以灭亡。这都是不用预期而必然遇见，不用招致而自然到来的。

所以君子想要端正末梢，先要从根本入手；想要中断流水，先要阻遏水源。建立了道德的功业之后，奢侈淫靡的大门就会关闭。

【评述】

葛洪以历代人物为例，论述清俭与奢侈所造成的不同后果。他认为身处穷困的人容易清俭，而清俭会带来福气，而奢侈的人会遭受灾祸。所以他提出，君子欲正其末，先端其本，要消除奢侈，需要修正自身的德行。

第十六节 颜之推

【人物简介】

颜之推（531—约590以后），字介，原籍琅邪临沂（今山东省临沂市），世居建康（今南京市），生于世族官僚家庭。他博览群书，为文辞情并茂，得梁湘东王赏识，十九岁就被任为国左常侍。后投奔北齐，历二十年，累官至黄门侍郎。公元577年，北齐为北周所灭，他被征为御史上士。公元581年，隋灭北周，他又于隋文帝开皇年间被召为学士，不久以疾终。传世著作有《颜氏家训》和《还冤志》等。

《颜氏家训》共二十篇，是他一生关于士大夫立身、治家、处事、为学的经验总结，在封建家庭教育发展史上有重要的影响，后世称此书为“家教规范”。

施而不奢，俭而不吝

【原文】

笞怒废于家，则竖子之过立见；刑罚不中，则民无所措手足。治家之宽猛，亦犹国焉。孔子曰：“奢则不孙，俭则固；与其不孙也，宁固。”又云：“如有周公之才之美，使骄且吝，其余不足观也已。”然则可俭而不可吝已。俭者，省约为礼之谓也；吝者，穷急不恤之谓也。今有施则奢，俭则吝；如能施而不奢，俭而不吝，可矣。[1]

【译文】

家庭之中不使用鞭笞责骂的手段，孩子的过失会立刻显现出来；如果刑律惩罚等措施不适当，那么老百姓就不知如何规范自己的行为。治理家庭的宽松与严格，跟治理国家是一个道理。孔子说过："奢侈就会使人变得不谦逊，节俭就会让人变得固执；与其不谦逊，宁愿固执。"又说："如果一个人拥有周公的才能与美行，却既骄傲又吝啬，那么别的方面就不值得一看。"因此一个人可以节俭却不能吝啬。节俭，说的是减省节约合于礼的要求；吝啬，是指面对他人的穷困危急却不加体恤。现在的情况是布施的人很奢侈，节俭的人很吝啬；如果能做到能施舍却不奢侈，会节俭却不吝啬，就可以了。

【评述】

古代中国社会家国一体，颜之推以治国比之治家，此处重在论述奢与俭的问题。当时出现的问题是大方的人太奢侈，节俭的人太吝啬。他提出"施而不奢，俭而不吝"的观点，希望能够革除弊病。

读书治学，利于行止

【原文】

夫所以读书学问，本欲开心明目，利于行耳。未知养亲者，

〔1〕 王利器：《颜氏家训集解》卷第一《治家第五》，中华书局1993年版（下同），第41—42页。

欲其观古人之先意承颜，怡声下气，不惮劬①劳，以致甘腝②，惕然惭惧，起而行之也；未知事君者，欲其观古人之守职无侵，见危授命，不忘诚谏，以利社稷，恻然自念，思欲效之也；素骄奢者，欲其观古人之恭俭节用，卑以自牧，礼为教本，敬者身基，瞿然自失，敛容抑志也；素鄙吝者，欲其观古人之贵义轻财，少私寡欲，忌盈恶满，赒③穷恤匮，赧然悔耻，积而能散也。[1]

【注释】

①劬（qú）：劳累，辛苦。

②腝（ruǎn）：柔软。

③赒（zhōu）：救济。

【译文】

读书做学问的目的，本来是要开拓心智，扩展视野，以利于自身的行为。不知道奉养亲人的，希望他能看到古人是如何揣摸父母的意思，奉承恭顺，对他们和颜悦色，细声慢语，不怕辛苦，给他们奉上甘美柔软的饭菜，然后心生惭惧，开始学习的；不知道侍奉君主的，希望他能看到古人是如何恪守职责无所侵害，危机时刻接受任命，不会忘记真诚地提出谏言，以利于国家社稷，然后恳切地反思自己，想着效仿的；平素骄横奢侈的人，希望他能看到古人是怎样俭朴节约，让自己保持谦卑的心态，以礼为教化的根本，以恭敬为立身的基础的，然后翻然悔悟，若有所失，收敛自己，改变以前的奢侈行为；平素浅薄吝啬的人，希望他能

〔1〕《颜氏家训集解》卷第三《勉学第八》，第165—166页。

看到古人是怎样重视义气，看轻财富，少有私利之心，不愿自得自满，周济穷人，体恤贫困的，然后对自己的行为感到羞愧，做到既能聚财又能散财。

【评述】

颜之推在此分析了读书治学问的重要意义。他认为，读书不仅能利于人们知识的增长，更能改变人们的行为。古代的先贤如何立身行事，书本中都有记载，读书人应该以古人为榜样，改变自己不好的操行。不知道孝敬父母的可以学习如何孝敬父母，不知道侍奉君主的可以学习如何忠于君主。骄横奢侈的人可以学习古人的俭朴节约，浅薄吝啬的可以学习古人的仗义疏财。当然，颜之推所指的书籍，是指儒家经典。

君子处世，有益于物

【原文】

士君子之处世，贵能有益于物耳，不徒高谈虚论，左琴右书，以费人君禄位也。〔1〕

【译文】

君子从政为官，重要之处在于能够对国家作出贡献，而不是高谈阔论，耽于琴书玩乐，白白浪费君主的俸禄和官位。

〔1〕《颜氏家训集解》卷第四《涉务第十一》，第315页。

【评述】

魏晋谈玄之风盛行，不懂玄学不会谈玄会遭到轻视，此种风气在一定程度上影响了对政事的处理，更影响了从政者的心态。时人及后人站在儒家积极入世的角度，对谈玄之风多有批评。不过谈玄之风在南北朝时期仍有影响，许多士人渴慕其风，纷纷效仿。颜之推对此提出了批评，认为那是高谈虚论，无益于世，官员这样做，只是尸位素餐而已。

第十七节 刘昼

【人物简介】

刘昼（514—565），字孔昭，渤海阜城人，北齐文学家。其生平事迹不详。刘昼生活的年代，正是南北分裂，阶级矛盾、民族矛盾异常尖锐的时期。《刘子》一书的作者，迄今没有定论，有的学者倾向于为刘昼所撰，本书取此观点。《刘子》一书，针对当时的社会弊病，表达了治国安民的思想主张和为国建功立业、施展个人才能的政治抱负。

乐道忘贫，贵身忘贱

【原文】

七窍者，精神之户牖也；血气者，五脏之使候也。耳目之于声色，鼻口之于芳味，肌体之于安适，其情一也。七窍蔽于攻取，则精神驰骛而不守；血气縻于趣舍，则五脏滔荡而不安。嗜欲连绵于外，心腑壅塞于内。蔓衍于荒淫之波，留连于是非之境，而不败德伤生者，盖亦寡矣。是以圣人清目而不视，静耳而不听，闭口而不言，弃心而不虑。贵德而忘贱，故尊势不能动；乐道而忘贫，故厚利不能倾。容身而处，适情而游，一气浩然，纯白于衷。故形不养而性自全，心不劳而道自至也。[1]

【译文】

人的耳目等七窍，是精神出入的窗口；血气则是五脏的使役。耳朵眼睛之于声音色彩，鼻子嘴巴之于芳香味道，肌肤身体之于安闲舒适，它们的关系是一样的。如果七窍沉迷于索取外物，那么精神就会涣散而不专一；如果血气被进退取舍所羁绊，那么五脏就会摇荡而不安宁。外在嗜欲层出不穷，牵连不断，内在脏腑又被情思搅扰，阻滞而不得畅通，整天流连于荒靡淫乱的环境里，盘桓徘徊在是非争端的漩涡中，如此，却不败坏德性、亏损生命的人，恐怕是太少了。所以圣人不迷乱于五色，常保视觉的清明，不沉迷于五音，常保耳根的清净，谨言不轻易开口，以保持缄默，委弃心术智虑，使心常保空明。重视内在德性的修养，忘记出身的卑贱，如此则威势不能使他屈服动摇；乐守圣贤之道而忘记清贫，因而重利也不能倾其心志。居处但求容身，游赏但求怡情适性，心中一团浩然之气，纯洁质朴常留心中。因此，不刻意养形而天真的本性自然得以保全；心神不受拘累，则自然符合大道。

---

〔1〕 傅亚庶：《刘子校释》卷之一《清神章一》，中华书局 1998 年 9 月第 1 版（下同），第 1—2 页。

【评述】

从上文可以见出，刘昼深受老子道家影响。他首先提出身体欲望的满足与放纵会败坏德行，伤害性命；接着列举圣人的举止，他们“清目而不视，静耳而不听，闭口而不言，弃心而不虑”，绝私寡欲，贵身忘贱，安贫乐道，因此能够常保浩然之气，达于大道。

有欲于廉，不如无欲

【原文】

使信士分财，不如投策探钩；使廉士守藏，不如闭扃全封。何者？有心之于平，不若无心之于不平也；有欲之于廉，不若无欲之于不廉也。[1]

【译文】

在分配财产时，与其让一个讲究诚信的人来主持，不如使用抽签抓阄的方法更为公平；让一个廉洁不贪的人看守仓库，还不如封锁门窗来得可靠。为什么呢？这是因为有心所达到的均平不是真正的均平，不如无心任其自然的不平；刻意所达到的清廉不是本然的清廉，不如无心任其自然的不廉。

【评述】

刘昼指出，有心于廉洁，不如无心于不廉洁。也就是说，有

〔1〕《刘子校释》卷之一《去情章三》，第20—21页。

心于廉洁仍是未能忘情于腐败，心中不存在廉与不廉的问题，才能真正做到廉。当然，这是从理论上而言，对于现实中的执政者来说，要想做到无心于不廉，何其难哉！因此，还是要从观念与制度上加强廉政建设。

诚信为贵，其德大矣

【原文】

故言必如言，信之符也。同言而信，信在言前；同教而行，诚在言外。君子知诚信之为贵，必抗信而后行。指麾动静，不失其符。以施教则立，以莅事则正，以怀远则附，以赏罚则明。由此而言，信之为行，其德大矣。[1]

【译文】

因此，说过的话必须如其所说，这是诚信的标志。所做与所说相符而表现出诚信，说明诚信的品质在说话之前就已经具备了；所施行与所教导相符而表现出诚信，说明诚信的品质在语言之外就已经存在了。君子知道诚信的可贵之处，就会遵守诚信然后有所行动。无论是领导三军，还是日常处事，都不会失去诚信。用诚信施行教育就会成功，处理事情就会正确得当，招怀远人就会使其归附，进行赏罚就会公开明朗。这样说来，诚信作为一种行为，其道德力量是非常大的。

[1]《刘子校释》卷之二《履信章八》，第89页。

【评述】

刘昼分析了言与诚、信的关系：言是信的标志，信在言前，诚在言外。他指出了诚信的重要性：如果人们能够秉持诚信的原则，一定在教育、政治、外交、法治方面都会有所作为。

善为总纲，不可离也

【原文】

善者，行之总，不可斯须离也；若可离，则非善也。人之须善，犹首之须冠，足之待履。首不加冠，是越类也，足不蹑履，是夷民也。今处显而循善，在隐而为非，是清旦冠履而昏夜倮①跣也。[1]

【译文】

善，是行为的总纲，一刻也不能离开；如果可以离开，那么就不是善了。人们需要善，就像头必须戴帽子、脚必须穿鞋一样。头不戴帽子，是南越之人的习俗；走路不穿鞋子，是东夷之民的行为。如果身在明处时遵循善的约束，一旦躲在暗处就做坏事，这就像早晨戴着帽子穿着鞋而晚上却裸体赤足一样。

【注释】

①倮（luǒ）：古同“裸”。

---

〔1〕《刘子校释》卷之二《慎独章十》，第105页。

【评述】

刘昼指出，人们必须始终如一地坚持“善”，尤其是在独处时，更应如此。如果处于大庭广众下就做善事，暗地里却为非作歹，那么这种行为实在是可鄙的。

衣食为本，生人所由

【原文】

故建国者必务田蚕之实，而弃美丽之华，以谷帛为珍宝，比珠玉于粪土。何者？珠玉止于虚玩，而谷帛有实用也。假使天下瓦砾悉化为和璧，沙石皆变为隋珠，如值水旱之岁，琼粒之年，则璧不可以御寒，珠未可以充饥也。虽有夺日之鉴，代月之光，归于无用也。何异画为西施，美而不可悦，刻作桃李，似而不可食也。衣之与食，唯生人之所由，其最急者，食为本也。[1]

【译文】

因此治理国家者必须抓住种田养蚕等农业实务，丢掉华而不实的东西，把谷物、布帛作为珍贵的宝物，视珍珠美玉如粪土。为什么要这样呢？珍珠美玉不过是供人玩赏的东西，谷物、布帛却有实在的用途。即使天底下的瓦砾都化成了和氏之璧，沙石都变成了隋侯之珠，如果碰上大涝大旱颗粒无收的年份，那么不能拿玉璧御寒，不能用宝珠充饥。虽然它们如日月那样晶莹照人，也是毫无用处。就像画成的西施，虽然漂亮却不能悦人心意，雕

〔1〕《刘子校释》卷之三《贵农章十一》，第113页。

刻成的桃李，虽然形似却无法食用。衣服与食物，才是使人生命得以延续的东西，而其中最为重要的，食物才是根本。

【评述】

刘昼延续了历代以来的贵农重农的思想，提出执政者必须务根本而弃浮华。他认为，谷物与珠玉相比，前者为生民之根本，珠玉不过是虚玩之物，不能御寒充饥，因此，执政者必须务本，重视衣食，摒弃浮华。

政教为务，仁爱为本

【原文】

天生蒸民而树之君。君者，民之天也。天之养物，以阴阳为本；君之化民，以政教为务。故寒暑不时则疾疫，风雨不节则岁饥。刑罚者，民之寒暑也；教令者，民之风雨也。刑罚不时则民伤，教令不节则俗弊。故水浊则无掉尾之鱼，土埆①则无葳蕤②之木，政烦无逸乐之民。政之于人，犹琴瑟也。大弦急则小弦绝，小弦绝则大弦阙矣。

夫足寒伤心，民劳伤国。足温而心平，人佚而国宁。是故善为理者，必以仁爱为本，不以苛酷为先。宽宥刑罚，以全民命；省彻徭役，以休民力；轻约赋敛，不匮人财；不夺农时，以足民用，则家给国富，而太平可致也。[1]

〔1〕《刘子校释》卷之三《爱民章十二》，第122—123页。

【注释】

①塙（què）：土地瘠薄。

②葳蕤（wēi ruí）：植物生长繁盛的样子。

【译文】

上天生养了万民，给他们树立了君主。君主就是人民的上天。上天生养万物，以阴阳为根本；君主化育人民，以政治教令为根本。所以寒暑不依时令就会使人生病，风雨不调就会造成饥荒。刑罚就是人民的寒暑，教令就是人民的风雨。刑罚没有规则，人民就会受到伤害；教令没有约束，风俗就会凋敝。因此，河水浑浊了就没有再往回游的鱼儿，土地瘠薄了就生长不出枝叶茂盛的树木，政令烦苛了就不会有安逸快乐的民众。政令之于人就像琴瑟一般，大弦的声音太大了，就会听不到小弦的声音；小弦没有声音了，大弦的声音也会受到削弱。

足部寒冷就会伤害心脏，人民劳苦就会伤害国家。足部温暖，心脏就会平静；人民愉快，国家也会安宁。因此善于治理国家的，必然将仁爱作为政治的根本，不会重视使用苛暴残酷的手段。放宽刑罚，以保全人民的生命；减省徭役，让人民得到休养生息；减轻赋税，使人民不缺乏财产用度；不要耽误农时，让人民有充足的口粮。做到这样，人民家用就会充足，国家就会富裕，天下就会达到太平。

【评述】

统观《刘子》一书，作者刘昼深受儒、道两家思想的影响。在《爱民章》中所透出的贵农爱民的思想倾向，无疑是儒家的观念。他提出统治者应以仁爱作为政治的根本，通过宽宥刑罚、省彻徭役、轻约赋敛、不夺农时等手段保障人们的生活，而人民生活安定了，国家才会富强。这个提法体现出强烈的民本思想。

赏罚为国，必须分明

【原文】

故君者，赏罚之所归，诱人以趣善也。其利重矣，其威大矣。空悬小利，足以劝善，虚设轻威，可以惩奸，矧复张厚赏以饵下，操大威以驱民哉。故一赏不可不信也，一罚不可不明也。赏而不信，虽赏不劝；罚而不明，虽刑不禁。不劝不禁，则善恶失理。是以明主之赏罚，非为己也，以为国也。适于己而无功于国者，不加赏焉；逆于己而便于国者，不施罚焉。罚必施于有过，赏必加于有功。苟善赏信而罚明，则万人从之，若舟之循川，车之遵路，亦奚向而不济，何行而弗臻矣？〔1〕

【译文】

君主，掌握着赏罚的大权，劝诱人民多做善行。赏罚有着足够的利益和巨大的权威。空言诱以小利，就足以鼓励人民行善，虚张声势地设立轻威，就足以惩罚奸人，更何况提供丰厚的资财劝诱下属，制定严格的律法治理人民呢。因此，每一次奖赏都要做到守信用，每一次处罚都要做到明明白白。奖赏不守信用，即使奖赏了也收不到鼓励的目的；处罚如果不严明，即使动了刑罚

〔1〕《刘子校释》卷之三《赏罚章十五》，第150页。

也难以禁止人们干坏事。不鼓励善不惩处恶，那么善恶就会失去规范。因此圣明的君主所进行的赏罚，不是为了自己，而是为了国家。符合自己的意愿却对国家没有好处的，就不进行奖赏；违背自己的意愿却有利于国家的，就不加以处罚。处罚一定要针对犯了过错的人，奖赏一定要施予有功之人。如果奖赏有信而处罚严明，那么众人一定会纷纷服从，就像小船沿着河川行驶，大车顺着道路前进，什么方向不能抵至，什么目标不能达到呢？

【评述】

赏罚是治理国家的两种手段，汉魏以来的思想家对此多有论述。刘昼在此重申了君主之奖罚对于劝善惩恶的重要意义，提出赏罚是为了国家得到更好的治理，因此一定要赏罚分明。赏必赏有功之士，罚必罚有过之人。

参考文献：

《三国志》，中华书局 1959 年 12 月版。

严可均辑：《全三国文》，商务印书馆 1999 年 10 月版。

严可均辑：《全晋文》，商务印书馆 1999 年 10 月版。

严可均辑：《全梁文》，商务印书馆 1999 年 10 月版

杨明照：《抱朴子外篇校笺》（上），中华书局 1991 年 12 月版。

杨明照：《抱朴子外篇校笺》（下），中华书局 1997 年 10 月版。

王利器：《颜氏家训集解》，中华书局 1993 年 12 月版。

傅亚庶：《刘子校释》，中华书局 1998 年 9 月版。

本章执笔：李修建

第五章　隋代廉政思想

公元581年，杨坚代周建隋，并于589年灭了南方的陈国而重新统一了全国。建国后，隋朝增强了与周边民族和国家的交往，在政治上确立了重要的制度——三省六部制，创建了影响深远的科举制度；在军事上继续推行和改革府兵制度；在经济上，一方面实行均田制和租庸调制，另一方面则采取了“大索貌阅”和“输籍定样”等措施，以增加政府的财政收入。

隋炀帝杨广篡位后，虽一度有所作为，但不久便穷奢极欲，劳民伤财，大兴土木，又好大喜功，对外不断发动战争，极大地加重了人民的负担。隋朝末年，终于爆发了瓦岗军、河北及江淮等地的农民大起义，618年隋朝灭亡。

隋时廉政思想得到了进一步发展，隋文帝有许多爱民言论，并且重视对贪官的惩治。本章主要介绍隋文帝杨坚和思想家王通的廉政思想。

概述

隋朝（581—618）虽然开启了一个兴盛的王朝时期，但它的历史极其短暂，仅仅存在了两代共三十八年的时间。短暂的隋王朝引起许多政治家和思想家的思考，这一时期的廉政思想，对于后代盛唐的廉政思想具有极其重要的影响，盛唐的许多廉政思想都与隋代廉政思想密不可分。

概括而言，隋朝重要的廉政思想主要有以下几点：

一、爱民思想

爱民思想在隋文帝杨坚和王通的言论中能明显地看到。隋文帝注重民生；继承儒家思想的王通主张恢复“王道”，行“仁政”，官吏在施政时，“夫能遗其身，然后能无私；无私，然后能至公；至公，然后以天下为心矣，道可行矣”〔1〕。

隋文帝杨坚目睹了北周政权的腐败，建立隋朝后，也汲取了历代成败的教训，做到了勤政爱民。他在执政时期：“昧旦临朝，不敢逸豫，一日万机，留心亲览，晦明寒暑，不惮劬劳，匪曰朕躬，盖为百姓故也。”〔2〕“每旦听朝，日昃忘倦……乘舆四出，路逢上表者，则驻马亲自临问。或潜遣行人采听风俗，吏治得失，

〔1〕 郑春颖：《文中子中说译注》，黑龙江人民出版社2003年版，第150—151页。
〔2〕《隋书》卷二《帝纪第二·高祖下》。

人间疾苦，无不留意。”〔1〕文帝执政时，关中遇到饥荒，他发现百姓“有得豆屑杂糠而奏之者”，便“流涕以示群臣，深自咎责，为之彻膳不御酒肉者殆将一期”〔2〕。在去泰山拜祭的路上，文帝遇到从关中奔赴洛阳求生的百姓，他告诫士兵“逢扶老携幼者，辄引马避之，慰勉而去。至艰险之处，见负担者，遽令左右扶助之”〔3〕。隋文帝对待民众比较宽平，他颁布诏令，诸州被判处的死囚，需“三奏而后行刑”，避免了冤假错案的发生。

隋代思想家王通对于为政爱民更是有深刻的阐述：“古之从仕者养人，今之从仕者养己。”〔4〕这是他对以前和当时为政官吏的看法。他认为“从仕者养人”和“从仕者养己”是从政理念的重大区别，基于此，才能区别是否爱民。

隋朝仅仅存在了三十八年，正是由于这个原因，后继的唐代帝王非常重视吸取其灭亡的教训，他们吸收了隋朝两代帝王爱民思想的精髓，“以铜为镜，可以正衣冠；以古为镜，可以知兴替；以人为镜，可以明得失。”在以史为鉴的视野下，才有“水可载舟，亦可覆舟”的言论概括。可以说，唐代的某些廉政思想与隋代密不可分。

二、节俭

隋文帝杨坚和思想家王通对于节俭多有论述。

隋文帝注重节俭。《隋书》称：“高祖大崇惠政，法令清简，

---

〔1〕〔2〕〔3〕《隋书》卷二《帝纪第二・高祖下》，第54页。
〔4〕《文中子中说译注》，第46页。

躬履节俭，天下悦之。”[1] 并且“居处服玩，务存节俭，令行禁止，上下化之。”[2] 他认识到要使民众安居乐业，就必须“以德代刑”，任用贤士，了解民情，表彰善德善行。为此他对皇宫的御用物品及衣食等严格控制。他甚至在遗诏中规定对自己的丧事“务从节俭，不得劳人”，要求无须事事按旧规办，“律令格式，或有不便于事者，宜依前敕修改，务当政要”[3]。

因为隋朝宫廷内外节俭成为风习，官吏对民众的强取豪夺大为减轻。那些豪强官吏，也不敢胡作非为。隋文帝首先在宫中倡导“以俭素为美”，严禁妃嫔锦衣玉食。并在法律上规定，对挥霍无度者，严惩不贷。在文帝统治的二十多年间，“开皇、仁寿之间，丈夫不衣绫绮，而无金玉之饰，常服率多布帛，装带不过以铜铁骨角而已”。

对于帝王的奢侈，王通有深刻的认识：“封禅之费，非古也，徒以夸天下。其秦、汉之侈心乎?”[4] 认为这只是帝王的摆场，对百姓毫无益处。

三、反贪

隋朝两代皇帝对官吏要求极严。对于下级官吏，随文帝采取给田养廉等措施，使官吏不至于太清贫而走向贪污道路，颇类似于现在的“高薪养廉”制度。对于官吏考绩优秀者，给予提升并布告天下，隋文帝采取的奖励措施，虽未必促使官吏一定清廉，但他明确改善吏治的方向，所采取的措施对于防止官吏贪污起到

[1] 《隋书》卷一《帝纪第一·高祖上》。
[2] [3] 《隋书》卷二《帝纪第二·高祖下》。
[4] 《文中子中说译注》，第 12 页。

了一定的作用。

对于不法官吏，隋文帝主张严惩不贷。他派人侦察京城内外官吏，甚至秘密派人给官吏行贿，官吏如果收受即严加重罚。总的来说，由于隋文帝执法严明，官吏皆有所畏惧，贪赃枉法的行为确实减少了很多，百姓少受其害。

此外，在选拔人才方面，隋代创立了科举制度，打破了过去门阀大族垄断做官的局面。杨坚称帝后，废除魏晋南北朝时期实行的九品中正制度，改为实行州、县两级荐举人才的制度。从开皇七年（587 年）开始，隋文帝下诏规定，每州每年选举贡士三人，选举标准主要以文章华美为主，初期只设志行修谨、清平干济两科，及至隋炀帝时又增设了进士科，标志着科举制度的最终形成。科举制度后来被各朝代所沿用，它使百姓均可凭文才来竞争高低，是封建社会选拔人才的一大进步。

第一节　隋文帝杨坚

【人物简介】

隋文帝（541—604），即杨坚，隋代的开国皇帝，弘农华阴（今属陕西）人。其父杨忠，北周时封隋国公。周武帝时杨坚为大将军，袭封父爵。后宣帝死，子静帝年幼，由杨坚辅政。坚自为左大丞相，总揽军政大权。为了夺取帝位，杨坚先后平定了尉迟迥等人的反杨武装力量，又大杀周室诸王。大定元年（581 年）二月，杨坚代周称帝，建立隋朝，改元开皇。隋文帝即位后，采取了一系列加强中央集权、发展经济、促进民族融合的措施，为灭陈统一全国做好了准备。开皇九年（589 年）灭陈，统一全国。仁寿四年（604 年）七月，文帝在病中猝死。

隋文帝在位期间，汲取了南北朝时期政治风气腐败和人民生活痛苦的教训，注意减轻人民的负担，严惩贪污，实行廉政。在他统治期间，“躬节俭，平徭赋，仓廪实，法令行，君子咸乐其生，小人各安其业，强无陵（凌）弱，众不暴寡，人物殷阜，朝野欢娱。二十年间，天下无事，区宇之内晏如也”〔1〕。

分职设官，各有等差，严肃律令

【原文】

分职设官，共理时务，班位高下，各有等差。若所在官人不相敬惮，多自宽纵，事难克举①。诸有殿失，虽备科条，或据律乃轻，论情则重，不即决罪，无以惩肃。其诸司论属官，若有愆犯，听于律外斟酌决杖。〔2〕

【注释】

①克举：做成。

【译文】

分别职位设置官吏，共同管理时事政务，职位高低，各不相同。假如任职的人不能相互敬畏，经常宽容放纵自己，事情就难以做成。若是有过失，即使有完备的法令条文，可能依据律令处

〔1〕〔2〕《隋书》卷二《帝纪第二·高祖下》。

罚很轻，依据实情就显得很重，不立即惩处罪行，就不能够惩戒整肃。各有关部门下属官吏，假如有过失违法，允许在法令外斟酌判处杖罚。

【评述】

这是隋文帝对设置官吏职位和严肃法律条文的看法。他认为在设置官吏时，要使他们的职位高低各不相同，行使不同的职责，这样才有效率并能互相制约。在此过程中，如果出现官吏违法的情况，要依据有关法律条文严肃处理。隋文帝的这段话主要涉及廉政的两个层面：一为德治，不能过多地放纵自己。二为法治，在设置官吏职位时考虑到如何使官吏廉洁。他的看法偏重于后者，并且认为如果官吏违法，除了依法严惩外，还可以再适当加以杖罚，这在以德治为主的封建社会是极其重要的。隋文帝将这些实施到现实中，他对待官吏的要求非常严格，经常派人去监督官吏的所作所为，甚至还秘密派人去给官吏送贿，一旦官吏接受贿赂，不论职位高低和受贿多少，一律处死。隋文帝的设置官职并严肃吏治的观点，对隋代廉政制度建设起着重要的作用。

务从节俭

【原文】

但国家事大，不可限以常礼。既葬公除，行之自昔，今宜遵用，不劳改定。凶礼①所须，才令周事。务从节俭，不得劳人。〔1〕

〔1〕《隋书》卷二《帝纪第二·高祖下》。

【注释】

①凶礼：葬礼。

【译文】

只是国家的事大，不能够拘泥于通常的礼节。入葬后即宜除去丧服，这是自古就施行的，如今应当遵行，不必烦劳改变。丧葬之礼所须有的，只需足以成事，务必节俭，不能烦扰民众。

【评述】

这是隋文帝晚年的诏文，对自己死后葬事宜节俭做了说明。晚年的他仍认为节俭是保持人格的重要品质，对于帝王的葬礼，仍要求务必节俭，这样才不劳烦百姓，保持国家长治久安。为此，隋文帝还特别加以说明，在他死后，各州总管、刺史以上，应各统领其职守，不必奔丧，这样可以节省费用。从隋文帝的言行来看，他是将节俭贯穿一生的。

第二节　王通

【人物简介】

王通（584—617），字仲淹，隋河东郡龙门县通化镇人。隋朝著名的思想家、哲学家、教育家。死后其门人私谥为“文中子”。

王通著述较多，著有模仿六经体例的《续六经》：《续书》、《续诗》、《元经》、《礼论》、《乐论》、《易赞》，可惜在唐代就全部失传了。现存的《中说》十卷是由其子福郊、福畤记录下来的王通与一些弟子的谈话。这是研究王通思想的基本材料。他的廉政思想也就主要体现在其中。王通主要继承了传统的儒家思想，对儒家的爱民思想多有阐述。

稽德则远

【原文】

或安而行之，或利而行之，或畏而行之，及其成功，一也。稽德则远。[1]

【译文】

有的人为追求安乐而做事，有的人为追求私利而做事，有的人因为害怕上司责罚而做事。从取得成功的角度看，他们是相同的，而用德的标准来考核，他们之间则相差甚远。

【评述】

王通注意到官吏行政的情况不同：或因安乐，或因利益，或因畏惧。既然官吏施政的情况各异，那么对于官吏如果全部以统一的标准——德行来考核，显然是有弊端的。这里，王通注意到官吏的行政结果虽然是一样的，但达到结果的目的却大相径庭。王通的言论触及了官吏考核的标准问题，但他只是意识到这样考核的弊端，并没有提出具体的解决办法。

---

〔1〕《文中子中说译注》，第10页。

封禅浪费

【原文】

封禅之费，非古也，徒以夸天下。其秦、汉之侈心乎?[1]

【译文】

封禅泰山这项耗费，并非由来已久，只不过是向天下夸耀（自己的文治武功和赫赫权势）。这大概是秦、汉两朝的奢侈之心吧！

【评述】

对于封禅泰山，王通明确指出这只是浪费民脂民膏，其目的只是帝王向天下夸耀自己的文治武功和赫赫权势，满足自己好大喜功的欲望，对于百姓和国家是没有什么益处的。这体现了王通的节俭思想。他首先将国家的节俭指向古代最高统治者——帝王，对于一些好大喜功的国家行为进行了规劝。

无赦刑平，多敛必剥

【原文】

无赦之国，其刑必平；多敛之国，其财必削。[2]

---

〔1〕《文中子中说译注》，第 12 页。
〔2〕同上书，第 13 页。

【译文】

不赦免罪犯的国家，它的刑法必定公平；横征暴敛多的国家，它的财政必定亏空。

【评述】

王通对于一些国家现象的观察至深，他认为不赦免罪犯的国家，说明它的刑法是公正的，故无须赦免；而多横征暴敛的国家，必多消耗，它的财政也必然会亏空。这对于喜欢赦免的帝王来说，无疑是一种巨大的讽刺；对于横征暴敛的帝王，也是善意的规劝。所以他主张宽刑政，少赋税，以此来缓和社会矛盾。在中国古代社会，民众的经济负担过重，往往是社会不安定的根源。王通能够正视当时的社会现实，预感到民力殆尽的隐忧，表明他对于社会问题有一定的见识。

兵卫少征求寡，则国不费民不劳

【原文】

叔恬曰："舜一岁而巡五岳，国不费而民不劳，何也？"子曰："无他道也。兵卫少而征求寡也。"〔1〕

【译文】

叔恬问："舜一年之中巡察了五岳，国库没有多耗费，民众也不辛劳，为什么会这样呢？"文中子答："没有其他的原因，扈从

〔1〕《文中子中说译注》，第14页。

的队伍少，又不多搜刮，才能这样。”

【评述】

这是王通对叔恬提问的回答。他认为舜一年之中巡察了五岳，却没有损耗多少财产，是因为扈从的队伍少，又不多搜刮，这样百姓必会安居乐业。

不以天下易一民之命

【原文】

李密问王霸①之略。子曰：“不以天下易一民之命。”〔1〕

【注释】

①王霸：王业与霸业。

【译文】

李密问实现王业霸业的谋略。文中子说：“不因为天下之大而轻视任何一个百姓的性命。”

【评述】

这里假托李密询问王霸谋略，表明王通认为民众是国家根本的思想。如果君王不重视民众的利益，就会失去他们的支持，也就谈不上王霸事业了。王通将民众置于王霸事业的首要位置，体

〔1〕《文中子中说译注》，第30页。

现了“得民心者得天下”的王业霸业理念。

先德后刑

【原文】

古之为政者，先德而后刑，故其人悦以恕。今之为政者，任刑而弃德，故其人怨以诈。[1]

【译文】

古代的当权者，先以德化，后用刑罚，所以百姓喜悦并且宽厚。现在当权的人，滥用刑罚而放弃德育，所以百姓怨恨并且狡诈。

【评述】

这是王通对古今官吏施政的优劣之判。古人是先德化而后刑治，所以吏治清明；今人是先刑治而弃德育，所以吏治混乱，易致腐败。在此，王通对国家治理的两个层面——德治和刑治——作出了自己的思考。他认为德治优先，刑治其次。君王要先以德治天下，然后再施以必要的刑治，国家才会长治久安。当然，这里的德治，帝王的思想德行是一个重要方面，但更多的是指对百姓宽厚仁爱。

〔1〕《文中子中说译注》，第46页。

仕者养人

【原文】

古之从仕者养人，今之从仕者养己。[1]

【译文】

古时候的官员体恤百姓，当今的官吏只知关爱自己。

【评述】

这也是王通对隋代官吏施政的判断。他认为古时的官吏是体恤百姓，现在的官吏只知关爱自己，这是容易导致腐败的原因。王通尤其强调，官吏施政不能从自己的私欲出发，一定要以仁爱为出发点。儒家思想对王通的影响至深。

仕者行其道

【原文】

古之仕也以行其道，今之仕也以逞其欲，难矣乎?

吏而登仕，劳而进官，非古也，其秦之余酷乎！古者士登乎仕，吏执乎役，禄以报劳，官以授德。[2]

---

〔1〕《文中子中说译注》，第46页。

〔2〕同上书，第64页。

【译文】

古人做官是为了施行他的“道”，今人做官是为了满足自己的欲望，这样，天下难得太平啊！

胥吏做官，有功劳晋爵，并非古制，而是秦朝暴政的余孽！古时俊杰当官，胥吏只执行力役，用俸禄来奖励他的功勋，而官职只授予有德行的人。

【评述】

这是王通对官吏德的要求。他认为官位只能授予有德之人，如果授予只知满足私欲的人，会使腐败横生，天下难至太平。这里，王通从“以德治天下”的论点，探索到官吏选拔层面的问题。

议而兼采博听

【原文】

议，天子所以兼采而博听也，唯至公之主为能择焉。[1]

【译文】

“议”，天子用它来兼采百官之计，博听万民之声，只有以天下为公的君王才会选择这种方式。

【评述】

王通认为，议论讨论，会使君王兼采百官之计，博听万民之

〔1〕《文中子中说译注》，第112页。

声，这样也是体恤民生的表现，能使天下太平的一条途径。在这里，王通的思路是，倾听官民的心声，从而颁布惠及民众的措施。所以，他将博听兼采作为评价至公君王的重要标准。

节俭公正

【原文】

越公问政。子曰："恭以俭。"邳公问政。子曰："清以平。"安平公问政。子曰："无斗人以名。"[1]

【译文】

越公杨素询问从政之道，文中子说："恭敬并且节俭。"邳公长孙顺德询问从政之道，文中子说："清白公正。"安平公李德林询问从政之道，文中子说："不要凭借名气与人争斗。"

【评述】

王通对不同的人询问从政之道，回答都是不一样的，因为每个人的背景和性格均不一样。不过从中我们可以看到王通对从政之道的看法：节俭、清白、不因名气与人争斗。其中节俭是爱民思想的表现，也是自身修养中的重要一环，只有节俭才不会为自己谋利，才能保持自己的清白和廉洁。

---

〔1〕《文中子中说译注》，第 114 页。

生民有庇即吾君

【原文】

董常曰："《元经》之帝，元魏何也?"子曰："乱离斯瘼①，吾谁适归②？天地有奉，生民有庇，即吾君也。"〔1〕

【注释】

①瘼：指疾病、疾苦。

②吾谁适归：我将归向谁呢？

【译文】

董常问："《元经》中以北魏为帝，这是为什么?"文中子说："天下百姓饱受离乱疾病之苦，我将把帝号归于谁呢？北魏的君主奉行天地之道，庇护百姓，所以他就是我君。"

【评述】

王通认为，不能使"生民有庇"的君主，至少不是一个好君主。他理想中的君王是奉天地之道、爱护百姓的君主。由此可见王通的爱民思想。

〔1〕《文中子中说译注》，第129页。

惜民力

【原文】

御河之役①，子闻之曰："人力尽矣。"〔1〕

【注释】

①御河之役：指隋炀帝开永济渠的事。

【译文】

隋炀帝开永济渠。文中子听到这件事后，说道："民力耗尽了！"

【评述】

南北朝时期，人民的徭役负担十分沉重。隋初经过一段时间的安定后，又由于隋炀帝的好大喜功，民众忍受着极大的痛苦。针对这一情况，王通提出了薄赋敛、省徭役的主张。这是他听到隋炀帝开凿永济渠时的态度。

以天下为心

【原文】

房玄龄问正主庇民①之道。子曰："先遗其身。"曰："请究其说。"子曰："夫能遗其身，然后能无私；无私，然后能至公；至

〔1〕《文中子中说译注》，第148页。

公，然后以天下为心矣，道可行矣。”[1]

【注释】

①正主庇民：匡正君主，庇护百姓。正，使……走正道。

【译文】

房玄龄问使君主行正道和庇护百姓的方法。文中子说：“首先忘掉自己。”房玄龄说：“请您详细地说一说。”文中子说：“能够忘记自己，然后才能做到没有私心；没有私心，才能做到最公正；最公正，之后才能以天下为己任，这样使君主行正道和庇护百姓的想法也就可以畅通无阻了。”

【评述】

王通认为，使君主行正道，同时使百姓得到庇护，作为大臣来说，首先是要忘记自身。做到自己没有私心，才能以天下为己任，敢于向君主进尽忠言，同时全心全意为百姓着想。在中国历代廉政思想中，帝王的道德往往被置于重要的位置，因为在中国古代社会，人治是最重要的。如果帝王贤明，则政治就会清廉。所以，大臣要敢于忠言直谏，约束帝王的道德，使他行正道。只有这样，才能达到庇护百姓的目的。

〔1〕《文中子中说译注》，第150—151页。

荐人才，明赏罚

【原文】

杜如晦问政，子曰：“推尔诚，举尔类，赏一以劝百，罚一以惩众，夫为政而何有？”[1]

【译文】

杜如晦问从政之道，文中子说：“推行你的诚心，推荐与你相同的人，赏一人来鼓励百人行善，罚一人来惩戒众人，从政之道除此之外还能有什么呢？”

【评述】

这是王通对于如何为政的论述。他认为诚心是第一位的，其次还要举荐忠臣良吏，提高官吏队伍的素质，同时还提到了赏罚的重要性。这些都是官吏为政之道。

行王道

【原文】

魏徵问：“议事以制何如？”子曰：“苟正其本，刑将措焉，如失其道，议之何益？故至治之代，法悬而不犯，其次犯而不繁，故议事以制。噫，中代之道也，如有用我，必也无讼乎？”[2]

---

〔1〕《文中子中说译注》，第169页。
〔2〕同上书，第179页。

【译文】

魏徵问："以制度的方式来议事怎么样?"文中子说："如果能匡正其根本，刑罚将被废弃不用；如果失去先王正道，讨论又有什么益处? 在三皇盛世，律法高悬却没有人触犯，在次一等的中代，虽有人触犯律法但不频繁，所以用制度的方式来议事可行。唉！中代的治国之道啊！如果有明君任用我，必定也会出现无诉讼的盛世景象。"

【评述】

对于魏徵询问以制度的方式来议事，王通认为这样的治理只是其次的，在三皇盛世的时候，律法高悬却没有人触犯，这才是天下无为而治的典范。在有人触犯律法但不频繁的时代，才可以施行议事。这里，王通将德治置于治理国家的首要地位，然后辅以必要的法治。但他没有注意到法治在治理国家中也是非常重要的，关键在于认真实施与否。

参考文献：

《隋书》，中华书局2008年版。

郑春颖译注：《文中子中说译注》，黑龙江人民出版社2003年版。

本章执笔：毛夫国